로마서 장편(掌篇) 강의 Handbook
살아도 주를 위하여 죽어도 주를 위하여

⋯→ 일러두기

본문에 사용한 성경은 개역한글판으로 현재의 맞춤법을 무시하고 성경의 본문 그대로 인용했습니다.

'하나님나라', '하나님언약', '하나님심판', '아버지하나님', '사단나라'는 저자의 의도에 의해 일반적인 띄어쓰기 규칙을 적용하지 않은 하나의 명사로 취급했습니다.

'어린 양'과 '어린양' 둘 다 맞는 표현이므로 예수님을 예표할 때 '어린양' 혹은 '어린 양'으로 혼용해서 사용했습니다.

성경이나 학자들의 의견에서 인용한 단어 및 문장은 큰따옴표로 처리하였습니다. 저자가 강조할 때에는 작은따옴표를 사용했습니다.

D. M. Lloyd Jones를 꿈꾸는 괴짜의사 Dr. Araw의
쉽고 바르게 읽는 장편(掌篇) 강해서 4 - 로마서

살아도 주를 위하여
죽어도 주를 위하여

HANDBOOK

이선일 · 이선호 · 최영일 지음

산지

공저자 이선호 /듣는 마음 이선호 정형외과 원장

공저자는 하나님의 신실함에 두 손을 든 '행복한 예수쟁이'이다. 부산의 '듣는 마음 이선호 정형외과'의 원장으로, 개원한 지 이제 4년이 지났다. 그는 솔로몬이 하나님께 구했던 지혜, 하나님의 말씀을 듣는 마음(레브 쇼메아)을 소유하고 지금까지 교회와 공동체를 위해 몸부림치며 살아왔다. 육신의 장막을 벗는 그날까지도 그렇게 살아갈 것이라 말하곤 한다.

그는 하나님의 마음에 합한 교회에 대한 꿈을 꾸어오다가 의과대학 1학년 시절, 멘토이자 선배인 정형외과의사 이선일 선생님을 만났다. 그 이후로 그가 이끄는 공동체인 HRC(소망학당, 영성과 전문성의 청년지도자 모임) 속에서 지금까지 함께해 왔다. 이십 년 전부터는 멘토이신 선생님께 특별훈련을 받으며 선생님의 정체성을 따라 성경 교사로, 청년사역자로, 의료선교사로서의 동일한 길을 걷고 있다.

대학시절, 같은 의과대학의 공동체(HRC, CMF)에서 만나 결혼한 아내 염명인 교수(안과의사)와는 네 자녀를 두고 진정한 사명자(4명의 자식을 둔)의 길을 걷고 있다. 주례였던 멘토 이선일 선생님의 권면을 따라 4개의 화살이 채워진 전통을 받기는 하였으나 육아의 단맛 쓴맛을 동시에 겪고 있다.

그는 하나님의 크신 은혜를 받은 4명의 아이들에게 '어떻게 살다가, 무엇을 하다가 하나님 나라에 가야 할까'를 가르친다. 아비로서 그의 자녀들에 대한 교육 방향이다. 그런 그는 지난 십수 년 동안 한번도 빠짐없이 매일 아침 민수기 6장 24-26절 말씀과 더불어 아이들 머리 위에 손을 얹고 축복하며 기도를 했다.

그는 지난번 로마서 장편(掌篇) 주석의 공저자였다. 뒤이어 2번째 공저(共著) 로마서 장편(掌篇) 주석의 Handbook을 저술하는 일에 참여하라고 요청받았다. 잠시 머뭇거리다가 멘토의 깊은 마음을 아는지라 곧 받아들였다.

그 스스로는 아직도 영성과 전문성이 부족하다고 생각하고 있다. 그러나 공저자를 아는 주변의 선후배들은 그의 깊이를 잘 알고 있다. 그의 장점은 정통교리에 입각하여 말씀을 해석하는 일에 누구보다도 탁월하다는 것이다. 그런 그는 여생을 멘토인 저자와 동고동락할 것을 결심했고 그렇게 살아가고 있는 중이다. _공저자 이메일 leeseonho0119@gmail.com

공저자 최영일 /고신의대 외과학교실 간이식센터 교수

그는 저자의 멘티로, 대대로 기독교 가정에서 자란 6대째 기독교인이다. 어릴적 어머니로부터 고조 할머니, 증조 할머니의 얘기를 많이 들었다.

고조 할머니는 평양에서 큰 여관을 운영하셨다. 독실한 기독교인이셨던 할머니는 까만 가방(당시 전도인들의 트레이드 마크)을 들고 다니시며 적극적으로 하나님의 은혜의 복음을 전하셨다고 한다. 아픈 사람들이나 귀신들린 사람들을 위하여 심방 가서 땀과 눈물로 기도해 주시곤 하셨다. 그랬던 신앙 유산이 증조 할머니에게서 할머니에게로, 그리고 공저자에게로 이어졌다.

그의 아버지는 미래형 하나님나라로 옮겨가시기 전까지 트레일러 운전을 하셨는데 불규칙한 근무시간, 육체적 피로는 평균 이상이었다. 그럼에도 불구하고 새벽예배를 단 한번도 빠지지 않았다고 한다. 거의 반평생을 주일학교 교사로 섬겼으며 아들인 공저자에게는 '오직 말씀', '오직 예수', '오직 복음'이라는 핵심가치를 놓치지 말라고 신신당부하곤 했다고 한다.

그에게 자그마한 소원이 있다면 장차 미래형 하나님나라에 가서 할머니들을 만나 1900년대 당시의 평양 상황, 그리스도인들의 모습, 초대교회의 모습들을 물어보고 싶은 것이다. 동시에 장대현 교회에 대해, 당시 평양에서 활동했던 닥터 셔우드 홀 가(家)(Dr. Sherwood Hall(1893-1991), 처; Dr. Marian Bottomley Hall(1896-1991), 부; William James Hall(1860-1894), 모; Rosetta Sherwood Hall, 1865-1951)의 사역에 대하여도 묻고 싶다. 또한 아버지를 만나 새벽마다 만났던 주님에 대하여도 꼭 여쭤보고 싶다고 한다.

의과대학 시절, 그는 한국대학생선교회(CCC)에서 활동했다. CCC에 입문하게 된 것은 공저자가 고등학생 시절, 당시 대학생이었던 누나(CCC선배로서)가 몽산포 여름 수련회와 거지 순례 이야기를 들려주곤 하였는데 그렇게 부러울 수가 없었다고 한다. 그리하여 의과대학에 입학하자마자 한국대학생선교회(CCC)를 찾아갔다. 세월의 흐름과 함께 CCC 대표 순장을 맡게 되었고 고신의대 기독학생회 대표를 맡아 의료선교에도 힘썼다. 동시에 당시 영성과 전문성을 가진 신앙선배들을 만나 교제하며 그들을 닮으려고 애썼다.

의과대학 졸업 후, 남들이 좀처럼 가지 않으려는 외과를 택했다. 돈과 명예를 멀리하라시던 아버지의 가르침 때문이었다.

현재 동료(소아과 의사)이자 아내, 슬하에 3남매와 함께 행복한 가정을 이어가고 있으며 의과대학 교수로서 교육자로, 성경 교사로, 의료선교사로 살아가고 있다. 수년 전, 저자이신 멘토 이선일 선생님을 만나 주니어 교수들로 구성된 성경말씀 연구팀에서 정기적으로(수요일마다) 말씀과 교리 공부를 해오고 있다.

개념화 작업(Conceptualization)을 통한 말씀과 교리에 대한 공부와 더불어 정경 66권의 전체 흐름과 개혁주의적 정통교리를 통한 디테일의 맛을 느끼며 비로소 말씀의 단맛을 보고 느끼고 있는 중이다. 점점 더 깊고 보다 더 넓은 곳으로 가고픈 또 다른 갈증도 있다.

그는 대대로 이어져 온 빛과 소금의 삶을 원한다. 그리스도의 향기 나는 삶을 원한다. 그런데 현실이 녹녹치 않음을 느끼며 '오직 말씀', '다시 말씀'을 붙들며 몸부림친다. 이 일에 멘토이신 저자는 권면과 도전을, 때로는 따끔한 채찍을 드시곤 한다.

이번에 로마서 장편(掌篇) 주석 〈살아도 주를 위하여 죽어도 주를 위하여〉의 핸드북을 공저하는데 나선 것은 멘토의 무서운 눈빛 때문이다. 그런 공저자는 실력이 아니라 순종하는 마음으로 동참하여 많은 땀과 눈물을 흘렸다. _공저자 이메일 tsojc7@gmail.com

추·천·사

하나님 나라 소속임을 확실히 알게 하는 책

김원철 목사_ 오산리최자실기념금식기도원 원장

"복음에는 하나님의 의가 나타나서 믿음으로 믿음에 이르게 하나니 기록된 바
오직 ^(나의) 의인은 믿음으로 말미암아 살리라 함과 같으니라" _롬 1:17

'믿음 3총사'

그가 정경 3권의 별명을 지었다. '이신칭의, 이신득의'에 대하여는 로마서를, 〈오직 믿음, 믿음, 그리고 믿음〉은 히브리서를, 그렇게 '믿음으로 살아가라'에 대하여는 갈라디아서라고.

머리에 쏙 들어온다.

나는
이선일 박사를 오래 전에 만났다. 그래서 그의 삶을 안다.
이선일 박사를 오래 전부터 알았다. 그래서 그를 아낀다.
이선일 박사는 실력만큼이나 겸손하다. 그래서 그를 인정한다.

이선일 박사를 인정하기에 나는 서슴없이 그의 저서들을 추천한다. 지난번 히브리서 장편(掌篇) 주석의 핸드북 〈오직 믿음, 믿음, 그리고 믿음〉도 그랬다. 이번의 로마서 장편(掌篇) 주석의 핸드북 〈살아도 주를 위하여, 죽어도 주를 위하여〉도 마찬가지이다.

그는 신학을 공부(고신, 백석 신대원 수료)했으며 의학박사(정형외과)이자 생리학 박사이며 작가, 설교 목사, 성경 교사이다. 그를 떠올리면 앞서 갔던 영국의 마틴 로이드 존스(1899-1981)와 많이 오버랩 된다. 그는 어느 것에도 뒤떨어지지 않는다.

그가 주창하는 것은 '오직 말씀(Sola Scriptura), 다시 말씀(Iterum Scriptura)'이다. 그런 그는 주로 성경 교사로서 전문인 사역과 청년사역을 하고 있다.

이번에 출간되는 로마서 장편(掌篇) 주석의 핸드북 〈살아도 주를 위하여, 죽어도 주를 위하여〉에는 하나님나라 소속(하나님의 것)임을 분명히 한 후 주신 소명(Calling, 부르심)과 사명(Mission, 보내심)을 따라 알차게 살아가라는 메시지를 담고 있다.

"우리가 살아도 주를 위하여 살고 죽어도 주를 위하여 죽나니 그러므로 사나 죽으나 우리가 주의 것이로다" _롬 14:8

나는 그를 알기에 흔쾌히 이 책을 추천한다.

'말씀을 삶으로 번역하려는 고백적 해석'이 담긴 책

김형근 목사_ 부산 순복음 금정교회 담임

하늘로부터 쏟아부으신 성령님의 음성인 로마서는 죄와 죽음의 쇠사슬을 끊고 자유케 해주시는 복음의 진수이다. 그렇기에 죄인이 의롭다 함을 얻는 길, 율법의 무게를 이기고 은혜의 강물 속에 잠기는 구원의 비밀이 이 책에 응축되어 있다.

로마서를 통해 아우구스티누스(Augustinus Hipponensis, 354~430)의 회심(롬 13:11-14)이 일어났고 M. 루터(독, 1483~1546)는 종교개혁의 불씨를 지폈으며 J. 웨슬리(영, 1703~1791)는 감리교 운동을 시작했다. 오늘의 우리가 다시 영적 각성과 교회의 회복, 세계 선교를 향해 달려가려면 가장 먼저는 로마서가 제시하는 복음의 정수로 돌아가야 한다.

이 책, 로마서 장편(掌篇) 주석 핸드북 〈살아도 주를 위하여, 죽어도 주를 위하여〉는 오직 말씀, 다시 말씀(Sola Scriptura, Iterum Scriptura)이라는 절박한 외침 아래, 한 평생을 성경 교사, 설교 목사, 청년 멘토, 의사로 살아온 Dr. Araw 이선일 박사님과 그의 멘티, 공저자들의 삶과 헌신이 녹아 있는 복음의 결실이다. 그런 이 책은 저자들의 고백과 간증임은 물론이요 성령님의 감동을 따라 써 내려간 하나님의 이야기이다.

성령의 검으로서의 말씀은, 사모하는 심령 심령에게 양날의 검으로 작동되어 잘라내어야 할 부분은 세미하고도 과감하게 도려낸 후 다시 살려낸다.

이 책, 로마서 장편(掌篇) 주석 핸드북 〈살아도 주를 위하여, 죽어도 주를 위하여〉는 교리와 삶, 복음과 사명, 개인과 교회, 가정과 열방을 하나의 맥락으로 꿰뚫고 있다. 또한 원어에 대한 섬세한 주해, 정통신학에 뿌리 내린 통전적 해석, 그리고 무엇보다 한 영혼을 향한 하나님의 불타는 사랑이 잘 담겨져 있다. 더 나아가 말씀을 삶으로 번역하려는 저자의 전심전력, 기도와 금식, 눈물의 씨앗이 이 책에 가득 담겨있다.

나는 이 책의 진가를 '말씀을 삶으로 번역하려는 고백적 해석'에서 보았다. 이 책에는 단어 하나하나, 문장 하나하나에 기도와 눈물, 전심전력의 몸부림이 배어 있다. 그래서 이 책의 단어와 토씨는 우리가 어느 곳에서 무엇을 하든지 우리에겐 살아움직이는 생명의 말씀이 된다.

나는 이 책, 로마서 장편(掌篇) 주석 핸드북 〈살아도 주를 위하여, 죽어도 주를 위하여〉가 성령님께서 사용하는 귀한 도구로서 한국교회와 세계선교 현장에 널리 읽히고 쓰이기를 간절한 마음으로 동시에 매우 기쁜 마음으로 강력하게 추천한다.

바울의 글을 풀어 쓴 한 편의 논문

이종삼 목사_ 성경 통독 인도자, TN Mission 대표, 꿈의학교 명예교장,
인도 IBS 신학교 교육 심리학 강사

유대인이 아니라 이방인이었던 나는 매번 로마서를 읽을 때마다 "우리가 아직 죄인 되었을 때에 그리스도께서 우리를 위하여 죽으심으로

하나님께서 우리에 대한 자기의 사랑을 확증하셨느니라"는 말씀으로 큰 위로를 받는다. 또한 "유대인이나 헬라인이나 차별이 없이 누구든지 주의 이름을 부르는 자는 구원을 받으리라"는 말씀을 인하여 한없는 은혜와 더불어 말로 다 표현할 수 없는 기쁨이 있다. 그리하여 예수 그리스도로 인해 의롭게 된 우리가 하나님이 기뻐하시는 거룩한 산제사로 드려져야 하고 그리스도인답게 살아야 한다는 말씀은 논리적 구성에서도 나를 압도했다. 또한 이제는 내가 그리스도 예수 안에 있는 생명의 성령의 법 아래에서 살기에 죄와 사망의 법으로부터는 온전히 해방되었다는 믿음으로 살아가게 된 것이 내겐 큰 기쁨이다.

로마서는 3차 선교 중 바울이 고린도에 3개월 머무는 동안에 더디오가 대필한 것으로 겐그리아 교회 여자 집사 뵈뵈가 로마에 전달한 서신서이다.

예전에 나는 로마서를 읽으며 바울이 복음에 대한 자신의 신학 체계를 정리한 박사학위 논문 정도로 생각했다. 이유는 로마서가 잘 쓰여진 현대 논문처럼 논리적일 뿐만 아니라 구약을 많이 인용함 때문이다.

예를 들면 이런 것이다. 아브라함은 무할례시인 75세에 부름을 받았다. 이후 99세에 할례를 받아 이방인과 유대인의 믿음의 조상이 되었다. 이는 하나님이 세상을 이처럼 사랑하셨음을 보여준 것이다. 그리고 보면 저자인 이선일 박사와 공저자인 이선호 원장, 최영일 교수의 로마서 장편(掌篇) 주석 핸드북 〈살아도 주를 위하여 죽어도 주를 위하여〉를 읽게 되면 바울의 글을 풀어 쓴 한 편의 논문이라는 생각이 들기도 한다.

이 책에는 수많은 참고 문헌과 각주가 있고 본문에는 자세한 설명이 있다. 이는 저자와 공저자가 성경을 얼마나 사랑하고 깊이 연구했는지를 잘 알 수 있는 간접적 증거이다. 특히 로마서를 둘로 나누어 제1부는 1장부터 11장까지, 제2부는 12장부터 16장까지로 설명하고 해석하는 시도가 내겐 감동이었다.

1부에서는 이신칭의, 이신득의에 대한 복음과 교리에 관한 이야기가, 2부에서는 복음과 십자가로 살아가고 복음과 십자가만 자랑하며 살라는 삶의 이야기가 있다.

나는 성경 통독을 인도하면서 학생들로부터 다음과 같은 질문을 자주 받는다.

"선생님, 로마서는 믿음으로 구원받았다 주장하고 야고보서는 행함없는 믿음은 죽은 믿음이라 주장하는데 우리가 예수님을 믿음으로 구원받습니까 아니면 행함으로 구원받습니까."

나는 그들에게 로마서의 구조(1~2부)에 대해 설명하며 상기의 두 서신(로마서는 피스티스를, 야고보서는 피스튜오를; 결국 둘 다 믿음에 관한 말씀)은 충돌하지 않는다고 말했다. 더하여 앞으로 로마서와 야고보서가 충돌한다고 의문을 가지는 학생들에게 이 책을 소개해 주면 좋겠다는 생각을 했다.

사도 바울은 예수님을 믿는 자들을 결박하고 죽이려고(잔멸, 뤼마이노마이) 땅 끝 다메섹에까지 가다가 그 도상에서 부활의 예수님을 만나(AD 35년) 회심하였다. 이후 그는 3차 전도 여행(AD 53-57년) 중 고린도에서 로마에 있는 성도들을 위해 로마서를 기록했다.

바울이 기록한 로마서는 오고 오는 모든 세대에게 우리의 죄가 어떻게 사해졌는지, 믿음이 무엇인지를 알려주고 믿음을 가진 자가 어떻게 살아야 하는지를 알려주고 있다. 우리가 하나님과 예수님에 대해 아무런 지식이 없었을 때, 예수님은 우리가 죄인 되었을 때 일방적으로 찾아오셔서 구원해 주셨다. 그러니 이제 〈살아도 주를 위하여 죽어도 주를 위하여〉라는 고백을 할 수 있는 것이다. 저자들이 이 책의 제목을 왜 이렇게 정했는지를 알고 나면 하나님의 은혜에 깊이 감사하며 살아가지 않을 수가 없다.

로마서에 대해 더 깊게 넓게 이해하고 싶은 분들에게 이 책, 로마서 장편(掌篇) 주석 핸드북 〈살아도 주를 위하여, 죽어도 주를 위하여〉를 강력하게 추천한다. 이미 출간된 이선일 박사님의 히브리서 장편(掌篇) 주석 〈오직 믿음, 믿음, 그리고 믿음〉과 갈라디아서 장편(掌篇) 주석 〈예수 믿음과 하나님의 계명을 붙들라〉를 함께 읽으면 믿음에 대해 명료하게 정립을 하게 될 것이다.

누에가 실을 뽑아내듯 진리의 말씀을 풀어내고 있는 책

하상선 목사_ 마성침례교회 담임, GEM(세계교육선교회) 대표

오늘날 점점 더 세속화 되어가는 교회와 성도들은 유일한 길이요 진리요 생명 되시는 예수님으로부터 벗어나게 되자 올바른 삶의 목적과 방향을 잃어버리고 방황하며 표류하고 있다.

격랑하는 폭풍우 속에서 나침판을 부여잡고 키를 조정하는 선장의 심정으로 지난날 이선일 박사는 로마서 장편(掌篇) 주석 〈살아도 주를 위하여, 죽어도 주를 위하여〉를 출간했다. 뒤이어 이번에는 여전히 방황하는 무리들을 위해 로마서 장편(掌篇) 주석의 Handbook 〈살아도 주를 위하여, 죽어도 주를 위하여〉를 편찬했다.

아모스 선지자가 외쳤던 말씀이 생각난다.

"주 여호와께서 가라사대 보라 날이 이를찌라 내가 기근을 땅에 보내리니 양식이 없어 주림이 아니며 물이 없어 갈함이 아니요 여호와의 말씀을 듣지 못한 기갈이라" _암 8:11

이 시대는 유튜브, ChatGPT, Perflexity 등으로부터 쏟아지는, 넘쳐나는 말씀의 홍수시대임에도 불구하고 그리스도인들은 오히려 참된 여호와의 말씀을 듣지 못하여 영적 목마름에 더하여 배고픔에 허덕거리고 있다. 곧 영적 기갈(飢渴, hunger & thirst)이다.

해석학(解釋學, Hermeneutics)이라는 학문 영역이 있다. 이는 특별히 성경이나 지혜문학, 철학을 해석하는 방법론이다. 기존에는 텍스트를 해석했으나 현대해석학은 언어적 혹은 비언어적 요소와 함께 전제, 선이해 혹은 전이해(pre-understanding) 및 적용 기술에 따라 매우 다양하게 해석한다. 그 결과 성경해석을 잘못하여 독버섯 같은 이단 사이비 세력들이 우후죽순 생겨났다. 그 가운데 끼여있는 성도들과 교회 공동체는 영적 혼란스러움과 더불어 영육간에 많이 힘들어하고 있다.

이러한 때 이선일 박사는 공저자들과 더불어 올바른 성경해석의 원리를 근거로 로마서 장편(掌篇) 주석 Handbook 〈살아도 주를 위하여, 죽어도 주를 위하여〉를 출간하게 된 것이다. 이 책은 우리 모두에게 영적에 지력을 바탕으로 우리가 살아가야 할 방향을 제시하고 있다.

로마서는 역사적으로도 많은 사람들에게 큰 영향을 끼쳤던 예수, 그리스도, 생명이라는 복음의 핵심과 더불어 이신칭의, 이신득의를 표방하는 정경이다.

로마서는 M. 루터(독, 1483~1546)에게 종교 개혁의 용기를 주었고 감리교 설립자 J. 웨슬리(영, 1703~1791)를 회심시켰으며 천로역정 저자 J. 번연(영, 1628~1688)에게 확신을 주었고 방탕아 아우구스티누스(Augustinus Hipponensis, 354~430)를 성자로 바꾸었다. 일본의 성서학자였던 우찌무라 간조(1861~1930)나 개혁 장로교회로 이끈 장 칼뱅(프, 1509~1564, 롬 3:25) 또한 로마서의 영향을 받았다.

일반적으로 로마서는 첫째, 복음: 믿음으로 인한 구원의 기쁜소식(1-11장)과 둘째, 행함: 그리스도인은 어떻게 살 것인가(12-16장)로 나눌 수 있다. 이선일 박사는 1~2부로 나누어 16회의 레마이야기로 더욱 섬세하고 구체적으로 진리의 말씀을 풀어내고 있다. 마치 누에가 실을 뽑아내듯 줄줄이 진리의 말씀을 풀어내고 있는 본서를 통해 이 시대에 꼭 필요한 영적 거장들이 점점 더 많이 출현되리라 확신한다.

썩어가는 세상 속에서 무력한 것도 문제이고 암흑같이 변해가는 어두운 세상을 바라만 보고 있는 것도 문제이다. 이러한 때 빛과 소금의 역할을 감당하도록 부르심과 보내심을 받은 성도들이 맡은 자에게 구할 것은 충성(고전 4:1~2)이라는 말씀을 따라 알차게 살아가길 바라며 이 책, 로마서 장편(掌篇) 주석 Handbook 〈살아도 주를 위하여, 죽어도 주를 위하여〉를 통해 참다운 예수쟁이들이 많아졌으면 한다.

나는 이선일 박사를 잘 안다. 그렇기에 영육의 나침반이 될 이 책을 강력하게 추천하는 바이다.

기독교의 핵심 교리를 담은 보석 중의 보석

신인철 목사_한국침례신학대학교 신약학 교수

기독교의 핵심 교리를 담은 보석 중의 보석이 이선일 박사의 지적 이성과 심오한 영성을 거쳐 세상에 태어났다. 저자는 본서의 저술 목적이 로마서를 보다 깊이 묵상하려는 청년 리더십을 위한 핸드북이라 밝힌다. 동시에 로마서에 관심있는 한국교회 성도들을 위한 지침서로서의 역할임을 천명하고 있다.

본서는 로마서의 고전적 그리고 현대적 연구 관점을 적절하게 접목시켰다.

저자는 로마서의 구조를 전통적 방식인 전반부와 후반부로 나누었다. 바울서신의 특성이 교리와 교훈을 구분한 구조임을 반영한 분석이다. 더하여 각 장의 주제를 분석하며 로마서 본문을 해석해 나가는 방법에서는 구체적이며 치밀하기도 하다. 또한 유대인의 복음이냐 이방인의 복음이냐를 대조적으로 나열하며 로마서 신학의 깊이를 we/they로 규정한 현대 로마서 학자들의 논리를 정확하게 이해한 본문의 해석 과정은 아주 도드라져 보인다. 특히 유대인과 이방인에 대한 복음 전도 내용을 다론 9장을 육신의 자녀와 영적인 자녀로 구분하여 현대 목회 현장에 적용하려 한 점에는 박수를 보낸다.

로마서 후반부에 관한 저자의 연구는 기독교인의 삶에 집중되어 있다. 그는 개인의 영적 생활에 대한 권면으로부터 성도의 교회생활, 이웃과의 관계, 그리고 국가에 대한 바른 태도를 제시한다. 로마교회의 강한 자와 약한 자의 대립을 영적인 관점에서 해석한 부분은 멋지다. 이는 하나님 나라에 소망을 둔 그리스도인의 삶을 이해하는 방향으로 해석한 것으로 독자들에게 희망의 메시지를 던진다.

저자가 밝힌 것처럼 본서는 로마서를 공부하고 이해하려는 독자들에게 아주 좋은 길잡이가 될 것이다. 이 책을 통해 모든 독자가 한 차원 더 높은 신학 관점으로 기독교의 가르침을 깊이 깨달으리라 확신하며 강력하게 추천하는 바이다.

'공부하는 책'이 아니라 '경험하는 책'으로 바꾸어줄 것

홍민기 목사_ 라이트하우스무브먼트 대표, 브리지임팩트사역원 이사장

이선일 박사님은 말씀의 사람입니다. 조용하지만 깊이 있는 통찰로, 늘 하나님의 마음을 정확히 짚어내는 강의와 글을 통해 보고 듣는 이로 하여금 항상 큰 울림을 줍니다.

예전에 출간했던 로마서 장편(掌篇) 주석 〈살아도 주를 위하여, 죽어도

주를 위하여〉에 뒤이어 이번에는 로마서 장편(掌篇) 주석의 Handbook을 출간합니다. 나는 보내 온 원고를 찬찬히 읽으며 깊은 감동 가운데 다시 한 번 더 놀라운 경험을 하였습니다.

이 책은 로마서의 복잡하고 깊은 구조를 누구보다 명확하게 풀어내면서도 예수, 그리스도, 생명이라는 복음의 본질을 따뜻하게 그리고 친근하게 전하고 있습니다.

특히 깊은 연구와 더불어 쉽게 써 내려간 글들은 그의 진솔한 삶을 통한 해석이라 생각됩니다. 토씨와 단어들로 이루어진 수려한 문장들은 독자들로 하여금 로마서를 '공부하는 책'이 아니라 '경험하는 책'으로 바꾸어줄 것이라 확신합니다.

'오직 말씀(Sola Scriptura), 다시 말씀(Iterum Scriptura).'

이선일 박사님이 주창하는대로 이 책이 불씨가 되어 이 시대에 다시 한번 더 복음의 불꽃이 활활 타오르게 되길 간절히 소망합니다. 더불어 많은 이들이 말씀을 통한 위로와 도전을 경험하게 되기를 진심으로 바랍니다.

나는 그런 그를 알기에 그의 삶으로 주해한 로마서 장편(掌篇) 주석의 Handbook 〈살아도 주를 위하여, 죽어도 주를 위하여〉를 적극 추천합니다.

프·롤·로·그

2023년 11월!

어느덧 한 해도 꺾이고 꺾여 풀이 많이 죽은 듯 보인다. 마치 세월의 흐름에 순응하기라도 하듯……. 어쩌면 노년이 된 나의 모습일지도 모르겠다. 나는 언제부터인가 세월의 흐름에 약간은 자포자기(自暴自棄) 상태이다.

마구 다가오는 세월,
막을 수 없어 슬프다.
하염없이 흘러가는 세월,
잡을 수 없어 아프다.

점점 더 '탄노가(嘆老歌)'는 입에 익숙해지고 있다. 1728년의 김천택[1]이 손짓하는가 하면 고려 후기의 유학자였던 우탁[2] (1262-1342, 역동선생) 또한 눈웃

---

[1] "한 손에 막대 들고, 또 한 손에 가시를 쥐어 늙는 길 가시로 막고, 오는 백발 막대로 치렷더니 백발이 제 먼저 알고, 주름길로 오매라"(청구영언)

[2] "춘산(春山)에 눈 녹인 바람 건듯 불고 간 데 없다. 져근 듯 비러다가 마리 우희 불니고져 귀 밋에 해 묵은 서리를 녹여 볼가 하노라(봄 산에 쌓인 눈을 녹인 바람이 잠깐 불고 어디론지 간 곳이 없다. 잠시동안 (ㄱ 봄바람을) 빌려다가 머리 위에 불게 하고 싶구나. 귀 밑에 여러 해 묵은 서리(백발)을 다시 검은 머리가 되게 하여 녹여 볼까 하노라)"

음 짓고 있다. 조선 후기 충남 예산에서 활동했던 문신 신계영[3](1577-1669, 동부승지, 조선시대 승정원에 속한 정3품 관직)은 아예 내 손을 잡고 강압적으로 끌고 가는 듯하다. 종종 달음박질하는 세월을 바라보며 약간은 무기력감에 빠지기도 한다. 육신적 죽음(아날뤼시스, ἀνάλυσις, nf)은 익숙해진지 이미 오래가 되었다.

2019년 11월! 중국 후베이성 우한시(우한 폐렴)에서 처음으로 발생했던 COVID-19(Coronavirus disease)는 내겐 아픔이기도 했지만 절호의 찬스이기도 했다. 그 암울한 시기 동안에 나는 좌고우면(左顧右眄) 하지 않고 말씀을 묵상, 연구하며 열정적으로 글을 썼다. 이상 야릇했던 정부의 압제와 더불어 악한 영적 세력들의 준동(蠢動, be active, stir, show wriggling)에 전혀 흔들림 없이 나는 나의 일을 했던 것이다. 당시 나의 역할은 한국교회를 무너뜨리려는 이단 사이비를 고사(枯死, defoliate)시키는 일이었다.

나는 조직신학의 7대 기둥[4]을 따라 7권의 장편(掌篇) 주석을 저술했다. 그리고 이제는 지난날 저술했던 7권 장편(掌篇) 주석의 Handbook을 하나씩 쓰고 있다. 이미 요한계시록 〈예수 그리스도 복음의 계시라, 2024. 2. 28〉, 요한복음 〈은혜 위에 은혜러라, 2024. 6. 27〉, 히브리서 〈오직 믿음, 믿음, 그리고 믿음, 2024. 9. 5〉이 출간되었다.

그리고 이젠 4번째로 로마서 장편(掌篇) 주석의 Handbook 〈살아도 주

---

3 "아이 적 늙은이 보고 백발을 비웃더니 그동안에 아이들이 날 웃을 줄 어이 알리 아이야 하 웃지 마라 나도 웃던 아이로다 사람이 늙은 후에 거울이 원수로다 마음이 젊었으니 옛 얼굴만 여겼더니 센 머리 씽건 양자보니 다 죽어만 하아랴 늙고 병이 드니 백발을 어이하리 소년행락이 어제론듯 하다마는 어디가 이 얼굴 가지고 옛 내로다 하리요"

4 7대 기둥이란 기독론(Christology), 구원론(Soteriology), 교회론(Ecclesiology), 신론(Theology), 인간론(Anthropology), 종말론(Eschatology), 총론(Introduction)을 말한다.

를 위하여 죽어도 주를 위하여)를 출간하고자 성령님의 세미하신 음성에 온 맘 다해 귀기울이고 있다. 그리하여 진리의 영이신 성령님께서 주신(휘포밈네스코, ὑπομιμνήσκω) 말씀, 그리고 주실(디다스코, διδάσκω) 말씀을 차분히 써 내려가려 한다.

매사 매 순간 앞서가시는 나하흐의 성부하나님, 함께하시는 에트의 성자하나님, 동행하시는 할라크의 성령하나님께 그저 감사할 뿐이다.

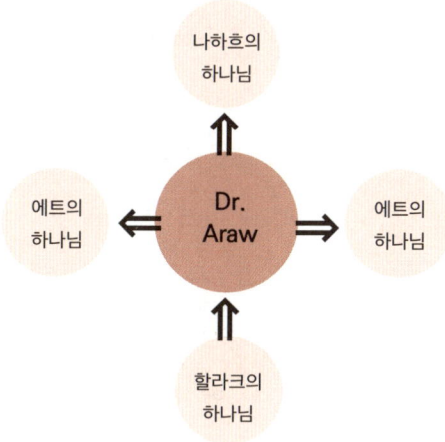

이번에도 동역자(최영일 교수, 이선호 원장은 나의 멘티로서 평생을 함께 할 소중한 지도자들이다)가 있어 든든하다.

나는 기독교 4대째이다. 가장 먼저 복음을 접했던 증조할아버지(이름도 얼굴도 모른다. 얼떨결에 예수를 믿고 행복해하셨던 분이라고 들었다)를 필두로 순교하셨던 할아버지(용현교회 영수 이붕현), 아버지(이윤화 목사)의 영향을 오롯이 받았다. 나는 'Spiritual Loyal & Royal Family'에 자존감을 느낀다. 그래서 사위와 딸에게, 그리고 두 아들에게 '오직 말씀(sola Scriptura)', '다시 말씀(Iterum Scriptura)'

만을 강조해왔다

〈요한복음(주석과 핸드북)〉, 〈요한계시록(주석과 핸드북)〉, 〈기독교의 3대 보물〉의 공저자는 나의 큰 아들 이성진 전도사(전도사, BAMer, HRC 빌딩 대표)이다. 갈라디아서의 공저자는 나의 사위 황의현 대표(전도사, 분당 사랑의 병원, 의왕 이롬 종합병원 및 복지재단)이다. 〈히브리서(주석과 Handbook)〉의 공저자는 나의 딸 이성혜 대표(주, 리빔, 한국기독교영화제(KCFF) 위원장, GFH(그린 이너프 출시) 프로젝트)이다. 〈사도행전〉의 공저자는 나의 막둥이 아들 이성준(법 전공)이다. 〈로마서〉의 공저자는 나의 멘티 이선호 원장(정형외과)과 최영일 교수(간이식 외과)이다. 잘 준비되고 훈련된 이들이 내 곁에 있어 행복하고 든든하다.

나는 성경주석가, 학자이기도 하지만 하나님의 말씀을 지극히 사모하고 말씀을 정통교리(조직신학의 7 기둥)에 따라 통전적(holistic)으로 그리고 집중적(intensive)으로 연구한 후 목회자, 전도사, 전문인들과 나누기를 즐겨하는 '성경 교사(엡 4:11-14, διδάσκαλος & ποιμήν)'이기도 하다. 그런 나는 지난날 실력의 일천함(신대원(고신, 백석 M.Div)을 2 번 수료) 때문에 초지일관(初志一貫)되게 수많은 책들(주변의 학자, 교수들이 추천한 책들)을 모조리 구매하여 읽고 요약하며 말씀을 묵상, 해석, 연구했다. 동시에 하루도 빠지지 않고 매일매일 글을 써왔다(대략 5시간 이상).

책을 출간하는 이유는 분명하다. 나처럼 말씀을 사모하나 제대로 배울 곳이 없어 고민하는 풀타임 사역자들, 말씀 그대로를 알기 원하며 하나님의 음성을 따라 민감하게 살려고 몸부림치는 리더십들에게 6대 속성,

3대 영감[5]을 만족하는 정경 66권[6](TNK & 역서예)을 기초부터 좀 더 쉽고 바르게 알려주어 영적 싸움에서 수많은 총알(영육을 꿰뚫는 하나님의 말씀들)을 풍성하게 제공해 주고자 함이다. 그렇기에 지금까지 내가 썼던, 쓰고 있는, 쓰게 될 모든 글들은 대단한 학자적 논문은 아니다(footnote나 reference 또한 너무 기대하지 말라). 순전한 독창적인 창작물은 더더욱(even more) 아니다. 앞서갔던 많은 신앙선배들의 글들을 읽고 고민하며 기도하며 성령님의 인도하심을 따라 선명하게 개념화하여 만든 책이다. 다시 말하면 나의 것으로 쉽게 명료하게 개념화(conceptualization)한 책들이다.

돌이켜보면 나는 문과가 아닌 이과를 공부하고 의대를 졸업하여 의사가 된 사람이기에 글쓰기는 물론이요 논리력과 상상력에서는 약간 얕기까지 하다. 그런 나에게조차도 소명(Calling)과 사명(Mission)을 주셔서 지금까지 장편(掌篇) 주석들과 그 주석들의 Handbook을 쓰게 하신 신실하고 고마우신 삼위일체 하나님께는 그저 감사할 것밖에 없다. 할렐루야!

'오직 말씀, 다시 말씀(Sola Scriptura, iterum Scriptura)'으로.

나는 상기의 모토(motto)를 붙들고 살아간다. 그러다 보니 정작 나 자신이 말씀의 최고 수혜자가 되었다. 31,173구절 정경 66권의 한 절 한 절

---

[5] 6대 속성이란 정경의 무오류성, 완전성, 충분성, 명료성, 권위성, 최종성(BC 1,500~AD 100, 1600년간 40여명의 기록자, 구약 AD 90, 신약 AD 397년 정경화 작업)을 말하며 3대 영감이란 완전영감, 축자영감, 유기영감을 말한다.

[6] 정경 66권에서 구약은 히브리정경인 타나크(24권(=39권)) 분류로, 신약은 역서예(27권)로 구분한다. 타나크(TNK)란 Torah(5; 모세 5경), Nebiim(8; 선지서; 전선지서(역사서; 수, 삿, 삼상하, 왕상하/후선지서(예언서); 사, 렘, 겔, 12소선지서), Ketubiim(11; 5 메길롯(5 축; 룻, 전, 아, 렘애, 에), 3 역사서(스-느, 대상하, 단), 3 시가서(욥, 시, 잠))를 말한다. 역서예란 역사서(5; 막,마,눅,요,행), 서신서(14 바울서신, 7 사도서신), 예언서(1 계)를 말한다.

말씀을 누구보다도 더 갈망하였기에, 좋으시고 신실하신 하나님은 내게 풍성한 말씀을 넘치도록 주셨다. 감사하지 않을 수 없다.

매번 글을 쓸 때마다 성령님은 조용하고도 분명하게 말씀하셨다.
"너는 기록자이고 내가 저자이다."

나는 이 말이 왠지 너무 정겹다. 이유는 알 수 없지만 간혹 왈칵 눈물이 쏟아지기도 한다.

나는 주중 병원 예배와 매 주일예배의 강해설교 목사로 사역을 감당하고 있다. 또한 의료선교사로서, 작가로서, 성경 교사 및 주석가로서 내게 주신 정체성을 따라 목회자들에게, 전도사들에게, 신대원생들에게, 의과대학 교수들에게, 전문인들에게, 중직자들에게 월, 화, 수(고신대 복음병원), 목, 금요일 저녁 6시 30분에서 8시 10분까지 100분간 울산 소망정형외과 병원 6층 성경말씀회복센터(HBRC: HOPE Biblical Retreat Center, 홈페이지 www.hbrc.kr)에서 말씀(성경강해)과 교리(조직신학의 7 기둥; 성경해석의 길라잡이)를 가르치고 있다. 물론 진료와 시술, 그리고 수술(이제는 약간 늙어서 간단한 수술만 새벽에 집도)도 게을리하지 않는다. 토요일과 주일은 외부 집회(1박 2일)와 더불어 성경연구모임을 인도하고 있다.

로마서를 보다 폭넓게 이해하려면 어거스틴(St. Augustine, AD 354-430, 북아프리카)과 그의 어머니 모니카(Monica), 그리고 암브로시우스(Ambrosius, 340-397, 독일) 주교를 아는 것이 스토리텔링(storytelling)에 도움이 된다. 또한 마틴 루터(M Luther, 1483-1546, 독일), 얀 후스(Jan Hus, 1372-1415, 체코, 'Hus'는 체코어로 거위), 존 위클리프(John Wycliffe, 1320-1384, 영국), 윌리암 틴데일(William Tyndale, 1494-1536, 영국), 필립 멜랑히톤(Philipp Melanchthon, 본명: 필리프 슈바르체르트 Philipp Schwarzert, 1497-1560), 울리히 쯔빙글리(Ulrich Zwingli, 1484년 1월 1일 ~ 1531년 10월 11일, 스위스 종교개혁자), 요한 웨슬레(John Wesley, 1703-1791, 영국의 종교개혁자, 감리교 창시자, 신학자)를 아는 것도 Storyteller에게는 도움이 된다. 특별히 나의 경우 로마서 전체의 이해에 조나단 에드워즈(Jonathan Edwards, 1703-1758, 미, 목사, 신학자)와 마틴 로이드 존스(David Martin Lloyd Jones, 1899-1981, 영, 의사, 목사)의 도움을 많이 받았다.

기록된 시기(3차 전도여행의 고린도에서 3개월 머무는 동안)나 배경에 해당하는 로마의 4대 황제 클라우디우스(Claudius Caesar Augustus Germanicus, BC 10-AD 54, AD 49 나사렛 칙령)와 5대 황제인 네로(Nero Claudius Caesar Augustus Germanicus, AD 37-68, AD 64 로마 대화재)를 아는 것도 도움이 된다. 뵈뵈(롬 16:1), 브리스길라와 아굴라(롬 16:3) 등등 로마서 16장에 나오는 이십수 명의 인물들에 대해 관심을 가지는 것도 로마서를 이해하는 데 도움이 될 것이다.

로마서란 '로마인들에게(프로스 로마이오스, πρός Ῥωμαῖος)' 곧 '로마 지역교회의 성도들에게'라는 뜻이다. 고린도에서 바울의 말년(나와 공저자는 3차 전도여행 시 고린도에 3개월 머물 때 기록)에 기록했을 것으로 학자들은 입을 모은다.

2024. 5. 25

　로마서 장편(掌篇) 주석 〈살아도 주를 위하여, 죽어도 주를 위하여〉 Handbook의 초고를 읽으며 설레임으로 퇴고하는 중이다. 그런 나는 너무나 행복하고 즐겁고 기쁘다. 한 번 인생에서 이 이상의 기쁨이 있으랴!

2024. 11. 29

　공저자들과 곧 출간될 로마서 장편(掌篇) 주석의 Handbook 〈살아도 주를 위하여, 죽어도 주를 위하여〉의 퇴고를 반복하며 함께 치열한 토론을 전개하고 있다. 앞으로도 몇 차례 더 적극적인 토론이 남아 있다. 그들의 예리함과 신실함, 지혜에 멘토인 나는 행복할 뿐만 아니라 왈칵 눈물이 솟기도 한다.

2025년 1월 14일, 3월 7일, 5월 2일, 그리고 6월 27일!
　어느덧 해가 바뀌었다. 이미 여러 번 퇴고된 로마서 장편(掌篇) 주석의 Handbook 〈살아도 주를 위하여, 죽어도 주를 위하여〉의 원고를, 빨리 출간하고픈 마음을 억누르며 반복하여 읽고 묵상하며 주인 되신 성령님의 음성에 집중하고 있다. 어떤 말씀을 더 풍성하게 주실런지 자못 기대가 크다. 그렇게 다시 6월이 지나고 있다. 고민과 아픔에 더하여 살마저 빠져나가기는 하나 풍성한 열매와 함께 더할 수 없는 말씀에의 행복을 누리고 있다.

로마서는 전체 16장(27절) 433구절로 되어 있다. Handbook이니만큼 전체의 흐름에 집중하며 로마서 장편(掌篇) 주석 〈살아도 주를 위하여 죽어도 주를 위하여〉의 가이드(guide)로서의 역할과 성경 연구자들의 디딤돌(마중물) 역할에 충실하고자 한다.

로마서는 크게 전반부(1-11장)와 후반부(12-16장)로 나눌 수 있다. 전반부가 이신칭의, 이신득의에 대한 복음과 교리에 관한 이야기(왜 예수 그리스도가 복된 소식인가)라면 후반부는 복음과 십자가로 살아가고 복음과 십자가만 자랑하며 살아가자는 삶의 이야기이다. 이번에 쓰게 될 로마서 핸드북은 이렇게 둘로(혹은 셋으로) 나누어 1부(1-11장)와 2부(12-16장)로 구분은 하되 전체 흐름을 놓치지 않고, 서핑하듯 나와 공저자의 표현으로 개념화하여 기술할 예정이다.

특별히 2부의 마지막 장인 16장의 경우 내겐 의미심장하다. 왜냐하면 2,000년 전의 바울이 로마서를 마치며 한 번 인생에서 만나 동역했던 귀하고 소중한 지체들을 일일이 회상하면서 그들을 축복하고 있기 때문이다. 나 또한 지난 40여 년간 성경 교사, 청년사역자로 살아왔는데 바울은 이곳 16장을 통해 훗날에 내가 해야할 일을 가르쳐주고 있다. 그래서 나도 그를 본받아 지난날의 동역자와 지금의 동역자, 향후 만나게 될 동역자들을 더욱 사랑하고 존중하려 한다. 동시에 그 동역자들과 함께 예수 그리스도 안에서 하나가 되어 바른 관계와 친밀한 교제[7] 속에 육신의 장막을 벗는 그날(아날뤼시스)까지 현재형 하나님나라 확장에 함께 하고자 다시 결단한다.

레마 이야기 1에서는 전반부 1~17절을 통해 '오직 믿음, 믿음, 그리고 믿음'이라는 믿음의 4기둥(Dr Araw's 4 Pillars; 믿음의 4가지 핵심 콘텐츠, 믿음의 3종류, 믿음의 4가지 사전적 정의(T-ATCO), 라틴어/영단어를 통한 '믿음'의 의미 재발견)을 단단하게 세움으로 '믿음으로(피스티스, ~로부터, From) 믿음에(피스튜오, ~에, To) 이르게 하나니 기록된 바 오직 나의(택정함을 입은) 의인은 믿음으로 말미암아(피스토스, ~로 말미암아, By) 살리라(1:17 이신칭의, 이신득의)'는 말씀을 명료하게 해석하고자 한다.

후반부 18~32절을 통하여는 이방인들의 죄를 폭로하며 경고하고자 한다. 시대를 넘어 세대를 거쳐오는 동안 모든 인간 군상들의 하는 짓들은 어쩌면 그렇게 2,000년 전이나 지금이나 한결같은지······. 영적 죽음(첫째 사망, 연합과 대표의 원리) 가운데 출생한 모든 인간들의 죄성(罪性)에 혀를 내두르

---

[7] '바른 관계'가 정립되려면 수동성과 순종성이 요구되며 '친밀한 교제'가 유지되려면 능동성, 적극성, 즉각성, 순수성(Manipulation, Gaslighting 금지), 지속성(열정 포함)이 전제된다.

지 않을 수가 없다. 그 한가운데 내가, 우리가 있음을 고백하며 회개한다.

레마 이야기 2에서는 표면적 유대인(τῷ φανερῷ Ἰουδαῖος, the outward a Jew, 2:28, 육적 이스라엘)과 이면적 유대인(τῷ κρυπτῷ Ἰουδαῖος, the inward a Jew, 2:29, 영적 이스라엘)을 언급[8]하고 있다. 특히 '표면적 유대인'의 실상과 죄를 드러내며 날카롭게 지적하고 있다. 이 부분을 통해 우리는 오늘의 죄 많은, 표면적 유대인 같은, 무늬만 크리스천(Sunday morning Christian or Nominal Christian)인 우리들의 이중적인 세태를 드러낼 것이다.

레마 이야기 3에서는 '의인은 없나니 하나도 없다(3:12)'고 하시며 영적 죽음(영적 사망, 첫째 사망) 가운데 출생한 모든 죄인 된 인간들의 죄를 폭로하고 있다. 곧 의롭다 칭함을 받은 사람들이든, 영 죽을 수밖에 없는 사람들이든 간에 인간은 모두가 다 죄인이라는 것이다.

레마 이야기 4에서는 죄인 된 인간들 가운데 만세전 하나님의 은혜로 택정함을 입은 자들은 '여겨주심(하솨브, 로기조마이, λογίζομαι, v, to reckon, to consider)'으로 인해 죄사함(Remission of Sin & sins)과 의롭다 함(δικαιόω)을 얻게 해 주셨음을 말씀하고 있다. 오직 은혜(Sola Gratia)이다. 이에 대해 아브라함을 소환하여 그 실례를 보여주고 있다.

레마 이야기 5에서는 깜냥이 안 됨에도 불구하고 하나님의 은혜로 '여겨주심'을 통해 의롭게 된 우리가 이제는 '우리 주 예수 그리스도로 말미

---

[8] 표면적 유대인은 혈통적, 민족적, 육적 이스라엘을 가리키는데 죄와 사망의 법 아래 놓이게 된 육신의 자녀로서 참 감람나무 뿌리의 진액을 받지 못한 자를 말한다. 반면에 이면적 유대인이란 영적 이스라엘을 가리키며 생명의 성령의 법 아래 놓이게 된 하나님의 자녀로서 돌 감람나무 가지든 참 감람나무 가지든 상관없이 참 감람나무 뿌리의 진액을 받게 된 약속의 자녀이다. 그들은 마음으로 믿어 의에 이르고 입으로 시인하여 구원을 얻게 되었다.

암아 하나님으로 더불어 화평(5:1, 살롬, 에이레네)'을 누리게 되었음을 말씀하고 있다. 이 말인즉 먼저 하나님의 열심이 하나님과 우리 사이의 '바른 관계와 친밀한 교제'를 허락하셨다는 말이다. 이를 가리켜 나는 오직 믿음(피스티스), 믿음(피스튜오), 그리고 믿음(피스토스)으로 구원된 '그리스도인들의 횡재(橫財)'라 칭한다. 그저 감사일 뿐이다.

레마 이야기 6에서는 예수님을 영접함으로 하나님의 자녀가 된 우리에게 '그리스도와 함께 죽었으면 그리스도와 함께 살아야(6:8)'함을 말씀하고 있다. 곧 우리는 2,000년 전 예수 그리스도와 함께 십자가에서 죽었고 그 사흘 후 예수 그리스도의 부활과 함께 십자가 죽음으로부터 살아났다(부활). 그리하여 지금 영생(already~not yet, 현재형 하나님나라, 지금 안식(히 4장))을 누리고 있으며 장차(아날뤼시스 후) 영생(부활체, 미래형 하나님나라, 나중 안식(히 4장))을 누리게 될 것이라고 말씀하셨다. 문제는 오늘을 살아가고 있는 우리가 아직은 Already~not yet이기에 '두 법(레마 이야기 8)' 사이에 끼여 있는 것이다.

그렇기에 레마 이야기 7에서는 '오호라 나는 곤고한 사람이로다(7:24)'라는 탄식과 더불어 내주하시는 주인 되신 성령님을 온전한 주인으로 모시고(온전한 주권 이양) 그분만을 전적으로 의지하며(통치, 질서, 지배 하에서) 우리의 힘(노력)이 아닌 성령님의 능력으로, 성령충만함으로, 죄와 싸우되 피 흘리기까지 싸워야 할 것(히 12:4)을 강조하셨다.

레마 이야기 8에서는 상기 '두 법' 곧 죄와 사망의 법과 생명의 성령의 법(8:10)의 정체를 적나라하게 드러내고 있다. 반드시 기억해야 할 것은 그리스도 예수 안에서만 진정한 자유함(진정한 해방)을 얻게 된다는 점이다. 그런 우리는 하나님의 후사(8:17-18, 히 1:2)로서 영광과 함께 고난도 기꺼이 감당해야 할 것이라고 말씀하셨다.

레마 이야기 9에서는 세상에는 2종류의 사람이 있는데 '육신의 자녀'와 '약속의 자녀(9:8)'라고 하셨다. 전자가 아담(루아흐 곧 생기가 없는 사람)이라면 후자는 아담네페쉬(루아흐 곧 생기가 있는 사람)이다. 레마 이야기 2에서는 표면적 유대인(육적 이스라엘), 이면적 유대인(영적 이스라엘)으로, 레마 이야기 8에서는 죄와 사망의 법 아래에 놓인 자, 생명과 성령의 법 아래에 놓인 자라고 했다.

	(공통점) 모두 다 죄인 (차이점) 성도는 의롭다 칭함을 받은 죄인		
	아담 (루아흐 곧 생기가 없는 사람, 창 2:7)		아담네페쉬 (루아흐 곧 생기가 있는 사람, 창 2:7)
계 13~14	카토이케오(계 13:8, 14) 유기된 자로서 자신이 죽은 줄도 모른 채 세상에 거하는 사람	카데마이(계 14:6) 택정함을 입었으나 아직은 복음을 듣지 못해 세상에 거하는 사람 → 장차 아담네페쉬가 될 자 : 우리는 이들에게 복음전파	택정된 자로서 하나님이 먼저 살리셔서 복음을 듣게 하시고 믿음으로 반응하게 하시고 그리스도인으로서 거룩함으로, 구별되게 살아가는 자
Dr Araw	끝까지 믿지 않는 예수를 믿지 않아 영육간에 팔자를 망친 자	복음을 듣고 믿음으로 반응하여 (얼른) 예수를 믿어 영육간에 팔자를 고친 자	하나님의 무한하신 은혜로 택정하심 속에 (모태신앙, 믿는 가정 속에서) 예수를 믿어 영육간에 팔자를 고친 자
	Unbelieved family	Spiritual Loyal family	Spiritual Royal family
레마 2	표면적 유대인(육적 이스라엘)		이면적 유대인(영적 이스라엘)
레마 8	죄와 사망의 법 아래에 놓인 자		생명의 성령의 법 아래에 놓인 자
레마 9	육신의 자녀		약속의 자녀
레마 11	곁 가지(돌감람나무)		원 가지(참감람나무)

레마 이야기 10에서는 이면적 유대인⁽영적 이스라엘⁾은 '마음으로 믿어 의에 이르고 입으로 시인하여 구원에 이르게 된⁽10:10, 심의(心義) 구구(口救)⁾ 사람'이라고 말씀하고 있다. 이들은 만세전에 하나님의 은혜로 택정함⁽학자들은 거시론적 운명론, 나는 이 말을 싫어한다⁾을 입었기에 때가 되매 복음이 들려져 믿음⁽피스티스⁾으로 믿음⁽피스튜오⁾에 이르게 된 사람들을 말한다. 이후로 하나님의 자녀 된 우리⁽영적 이스라엘⁾는 오직 그리스도의 말씀(Sola Scriptura, Iterum Scriptura)에만 착념해야 한다. 로마서 10장 17절은 "그러므로 믿음은 들음에서 나며 들음은 그리스도의 말씀으로 말미암았느니라"고 하셨다.

1부의 마지막인 레마 이야기 11에서는 참 감람나무이신 예수님을 드러내며 곁 가지⁽돌 감람나무⁾이든 원 가지⁽참 감람나무⁾이든 간에 참 감람나무에 붙어 그 뿌리의 진액을 먹어야 할 것을 강조하셨다. 요한복음 15장에서는 하나님과의 바른 관계와 친밀한 교제를 강조하시면서 예수님은 포도나무요 우리는 가지이며 성부하나님은 농부라고 말씀하시며 '접붙임과 그 뿌리의 진액, 그리고 성부하나님의 돌보심'에 대해 알려주셨다.

* * *

2부는 12~16장까지인데 '그리스도인의 삶에 대한 이야기'로 복음과 십자가로 살아가고⁽증인의 삶, διαμαρτύρασθαι τὸ εὐαγγέλιον τῆς χάριτος τοῦ Θεοῦ, to testify fully the Gospel of the Grace of God⁾ 복음과 십자가만 자랑하며 살라⁽선포의 삶, εὐαγγελιζόμενοι τὸν Χριστὸν Ἰησοῦν, proclaiming the Good News that the Christ is Jesus⁾고 말씀하셨다.

레마 이야기 12에서는 그리스도인들은 세상에 살되 세상에 속하지 말고 세상과 타협하지 말라고 하신 후 그 속에서 구별되게⁽set apart⁾ 살아가는 그리스도인들의 치열한 삶(몸부림의 삶)이 바로 '하나님이 기뻐하시는 거룩한 산 제사, 영적 예배(12:1)'라고 말씀하고 있다. 이때 그리스도인이 가져야 할, 기도하고 구하여야 할 것은 '분별(도키마제인, 12:2)'의 지혜(레브 쇼메아,[9] 듣는 마음(개역개정, 지혜로운 마음/개역한글, 왕상 3:9)라고 말씀하셨다.

레마 이야기 13에서는 그리스도인들을 향해 '주 예수 그리스도로 옷 입으라(13:14, Union with Christ, 영접, 연합 곧 하나 됨)'고 하시며 '옷 입는 것(자연스러움, 하나 됨)' 곧 예수 그리스도와의 '하나 됨(연합, Union with Christ)'이 필요하다고 하셨다. 여기서 '옷'이란 그리스도의 의의 갑옷(갈 3:27, 롬 13:14), 빛의 갑옷(롬 13:12)을 말한다.

레마 이야기 14에서는 그런 우리가 유한된 한 번의 직선 인생을 살아가는 동안 '살아도 주를 위하여 살고 죽어도 주를 위하여 죽고' 더 나아가 '사나 죽으나 우리는 주의 것(14:8)'이라는 고백과 선포, 결단으로 나아가야 할 것을 말씀하고 있다.

레마 이야기 15에서는 유한되고 제한된 육신을 가진(already~not yet) 인간은 아무리 굳은 결심을 했다고 하더라도 '소망'이 없으면 금방 지치기 쉽다고 말씀해 주고 있다. 그렇기에 어떤 인간이라도 유한한 삶 가운데 '소망'을 상실하게 되면 이내 곧 실망, 절망, 낙망으로 인해 사망(四亡 곧 死亡)에 빠지게 됨을 경고하고 있다. 그러나 우리에겐 하나님께서 허락하신 '소망(엘피스)'이 있음을 알고 그 소망을 소유함과 동시에 소망을 꼭 붙들라고

---

[9] 레브 쇼메아란 지혜를 가리키는 히브리어로 '지혜로운 자'란 ⑴바르게 깨닫고 분별하는 머리, ⑵맑은 영안, ⑶큰 귀, ⑷성령님의 세미한 음성을 하나도 놓치지않고 예민하게 듣는 마음, ⑸열정적인 팔과 다리를 소유한 자를 가리킨다.

말씀하셨다. '소망'이란 미래형 하나님나라에의 입성과 영생을 말하며 '소망의 하나님(롬 15:13)'께 구하기만 하면 성령의 능력으로 소망을 넘치게 해주시마 약속하셨다.

2부의 마지막이자 3부(굳이 나누자면)의 첫 부분인 레마 이야기 16에서는 일회 인생에서의 동역자였던 '지체의 소중함과 각 지체 간 있었던 교제'에 대해 지난 추억과 더불어 특별한 감회의 모습을 보여주고 있다. 더 나아가 그리스도인들의 교제(κοινωνία)에는 Fellowship(세상적인 단순 교제)과 함께 반드시 '말씀(찬양, 기도) 나눔'이 동반되어야 함을 강조하고 있다.

코이노니아(κοινωνία)=Fellowship(밥상공동체, 단순 교제) + 말씀 나눔(찬양, 기도)

우리 모두는 매사 매 순간 '선한데 지혜롭고 악한데 미련(16:19)'할 수 있도록 지혜(레브 쇼메아, 5가지)를 구해야만 한다. 여기서 '선[10](ἀγαθός, adj)'이라는 단어는 윤리도덕만을 강조하는 것이 아니라 '하나님의 뜻을 따라 하나님의 기쁨을 구하는 모든 것'을 함의한다. 성경에 나오는 '선'이라는 단어들의 의미이다.

한편 나와 공저자는 로마서 16장(~27절) 433구절 전체 내용의 개요를 상기의 레마 이야기 순서와는 달리 15개의 핵심구절로 그 흐름을 이어가기도 한다. 이른바 로마서 1장 16-17절, 3장 23-24절, 5장 1절, 8장 1-2절, 38-39절, 10장 10절, 11장 36절, 12장 1-2절, 14장 8절, 15장 13절이다. 이

---

10 intrinsically good, good in nature, good whether it be seen to be so or not, the widest and most colorless of all words with this meaning. (HELPS Word-studies) agathós - inherently (intrinsically) good; as to the believer, 18 (agathós) describes what originates from God and is empowered by Him in their life, through faith, 요한복음 5장 29절을 묵상하라.

들 구절을 연결하여 문장으로 만들면 다음과 같다.

'예수 그리스도의 십자가'는 인류에게 최고 최대의 '하나님의 은혜의 복음' 곧 하나님의 은혜로 값없이 우리에게 주어진 '복된(기쁜) 소식'이다. 왜냐하면 '예수님의 십자가 보혈'은 '하나님의 (공)의' 곧 대가 지불로서 하나님의 성품인 공의(구속)를 만족하는 것이자 하나님의 성품인 사랑(구원)에 기인한 것이기 때문이다. 그러므로 복음인 '예수님의 십자가 보혈'에는 하나님의 공의와 사랑이 고스란히 담겨있다. 결국 복음은 하나님의 공의와 사랑의 결정체이기에 로마서(1:17)는 '복음에는 하나님의 의가 나타나서'라고 말씀하셨다.

<small>복음=예수님의 십자가 보혈=하나님의 공의(구속) + 하나님의 사랑(구원)</small>

그런 예수님의 십자가 보혈(공의(대가 지불)를 통한 사랑)이야말로 '하나님의 은혜의 복음' 곧 복된 소식이며 무한하신 하나님의 능력(롬 1:16, 고전 1:18)이다.

좋으시고 신실하시며 전능하신 하나님은 만세(영원) 전에 당신의 무한하신 은혜로 택정된 자를 두셨다. 그저 은혜(Sola Gratia)이다. 택정함을 입은 모든 자들은 때가 되면 반드시 복음이 들려지게(고전 12:3) 된다. 그 결과 '예수 그리스도의 십자가 복음'을 믿음(피스티스, 주신, 허락하신 믿음, From Faith)으로 믿음(피스튜오, 반응, 고백한 믿음, To Faith)에 이르게 되어 구원을 얻게 된다. 결국 구원된 우리는 믿음(피스토스, 하나님의 신실하심, By Faith)으로 말미암아 살아나게(롬 1:16-17) 된 것이다. 할렐루야!

아담 이래로 모든 인간은 예외없이 다 죄인으로서 영적 죽음(첫째 사망, 영적 사망) 상태로 태어난다. 그렇기에 율법이나 자기의 의로 하나님의 영광에 이를 수 있는 사람은 단 한 명도 없다(롬 3:23-24).

하나님의 작정[11](Decree)과 예정(Predestination), 섭리(Providence)와 경륜(Administration)은 우리로 하여금 예수 그리스도 안에 있는 구속으로 말미암아 오직 은혜(Sola Gratia)로 의롭다 함을 입어 먼저 살아나게 하셨다(롬 5:1). 이후 오직 믿음(Sola Fide), 믿음, 그리고 믿음으로 말미암아 의롭게 된, 영적으로 부활된 그리스도인은 생명의 성령의 법 아래서 자유함(해방됨) 가운데 하나님으로 더불어 한 번의 유한된 인생(현재형 하나님나라)을 살아가게 된다. 이때 의롭다 함을 입었으나 육신을 지닌(already~not yet) 연약한 인간[12]은 비록 그리스도인이라 할지라도 죄를 짓지 않을 수 없다(타락 후, Not able not to sin). 그러므로 아날뤼시스 전까지 우리가 해야 할 일이 있다면 '오직 말씀(Sola Scriptura), 다시 말씀(Iterum Scriptura)'으로 무장된 하나님의 전신갑주(엡 6:10-20)를 입고 죄와 싸우되 피 흘리기까지 싸우는 것(중생한 이들, Able to sin & Not to sin, 히 12:4)이다.

감사한 것은 우리가 연약하여 죄(자범죄)를 짓게 되더라도 이미 다 이루어 놓으신(요 19:30, 테텔레스타이) 십자가 보혈로 인해 우리가 '예수님의 이름에 의지하여' 진정으로 회개하면 죄사함(상태의 변화, 정결함)을 얻게 된다는 점이다. 결국 만세전에 하나님의 은혜로 택정함은 입은 사람은 구원받은 이후에는 그 어떤 것도 주 예수 그리스도의 사랑에서 그를 끊어낼 수가 없

---

11 작정이란 기독교 세계관의 4기둥인 창조, 타락, 구속, 완성을 말하며 예정이란 하나님의 작정 속에 택정된 하나님의 백성들의 구원이 성취됨(거시론적 숙명론)을, 섭리란 작정과 예정이 성취되기 위한 하나님의 간섭과 열심을, 섭리 하 경륜이란 목적, 방향이 있는 특별한 섭리를 말한다.

12 타락 전 인간은 죄를 안 지을 수 있었다(Able not to sin). 아날뤼시스(육신적 죽음, 히 9:27) 후 영광의 상태인 그 날에는 죄를 지을 수 없다(Not able to sin).

게 되는 것이다(Perseverance of the saints, 롬 8:38-39, 히 10:39).

돌이켜보면,

그저 감사이고 그저 은혜이다.

2,000년 전 우리는 예수님의 십자가 상(上)의 죽음과 부활에 동참하며 함께 죽었고 사흘 후 함께 살아났다(갈 2:20). 이후 그리스도와 함께 살아가게 된(Union with Christ) 우리는 주인(주권자) 되신 성령님의 통치와 질서, 지배 하에서 성령충만함으로 현재형 하나님나라를 살아가고 있는 것이다.

그러므로 먼저 그리스도인 된 우리가 해야 할 일이 있다면 살아있는(종말시대(초림~재림 전)의 한 부분) 동안에 적극적이고도 전략적인 복음 전파(Two Track; 증인으로서의 삶, 선포의 삶)를 통해 현재형 하나님나라(장소 개념이 아닌 주권, 통치, 질서, 지배 개념)를 확장하는 일이다. 또한 예수님 안에서, 생명의 성령의 법 아래에서(롬 8:1-2), 참 자유함(해방됨)을 누리며 살아가는 것만이 진정한 행복임을 알고 감사하며 찬양하며 삼위일체 하나님께만 영광을 돌려야 한다.

지금 우리는 비록 already~not yet이기는 하나 영생 가운데 현재형 하나님나라를 살아가고 있다. 아날뤼시스(딤후 4:6) 이후에는 시공을 초월한 부활체(고전 15:42-44)로서 미래형 하나님나라에서 영생 가운데 '샬롬의 관계'[13]를 누리며 살아가게 될 것이다(롬 8:1-2).

돌이켜보면 우리가 믿음(만세전에 택정함을 입은 자에게 주신 믿음, 피스티스)으로 구원된 것은 행위나 혈통이 아니라(요 1:12-13) 하나님의 전적인(택정함을 따른) 은혜로서

---

13 '샬롬의 관계'란 하나님과의 바른 관계(수동성, 순종성)와 친밀한 교제(능동성, 적극성, 즉각성, 순수성, 지속성), 하나님 안에서만 안식과 견고함을 누림, 가시적, 비가시적 번영(Prosperity), 평안을 말한다.

예수 그리스도를 주(主)로 입으로 시인하고 마음으로 믿은 결과(롬 10:10)이다.

누구든지 주의 이름을 부르는 자는 구원을 얻게 된다(롬 10:13). 유대인이든 이방인이든 차별이 없다(롬 3:22, 28-30, 갈 3:28). 그 예수님은 창조주 하나님이시며 역사의 주관자 하나님이시고 초림의 구속주, 재림의 심판주 하나님이시다(11:36).

그리스도인 된 우리는 매사 매 순간 하나님이 기뻐하시는 열납의 제사, 열납의 예배로서의 '삶으로 드리는 예배'를 드려야 하며 그렇게 살아가는 유한된 한 번의 직선 인생동안 하나님의 선하시고 기뻐하시고 온전하신 뜻에 맞게 살아가고 있는지를 분별하며 근신하며 살아가야 한다(롬 12:1-2).

우리는 하나님나라의 백성으로서 주님의 것, 주님의 소유이기에 살아도 주를 위하여 살고 죽어도 주를 위하여 죽어야 마땅하다(롬 14:8). 그런 우리들을 향해 소망의 하나님은 소망(미래형 하나님나라에의 입성과 영생)을 넘치도록 공급해 주시며 그날까지 모든 기쁨과 평강을 믿음 안에서 성령의 능력으로 '소망'을 충만케 하셔서(롬 15:13) 유한된 한 번의 직선 인생을 복 (바라크14, 에쉐르)되게 하실 것이다.

이 모든 것은 바로 하나님의 전적인 은혜(Sola Gratia)요 오직 믿음, 믿음, 그리고 믿음의 결과이다.

---

14 바라크(ברך, v. to kneel, bless, 창 2:3)는 무릎 꿇고 기도하고 찬양(경배, 감사)하다 라는 의미로 이미 하나님께 무릎 꿇고 기도하는것, 그리고 찬양과 감사, 경배하는 사람은 복받은 사람이라는 의미이다. 에쉐르(אשר, nm, happiness, blessedness)는 아솨르(אשר, v. to go straight, go on, advance)에서 파생된 말로 바른 길을 걸어가는 사람은 복이 있다는 의미로 길이요 진리요 생명이신(요 14:6) 예수 그리스도를 따라가는 자는 이미 복받은 사람이라는 말이다.

미주에 참고도서 목록을 수록했다. 나는 지난날부터 이 책들(내가 평생에 붙들고 또 붙들었던, 독자들에게 꼭 추천하고픈 책들)을 무수히 반복하여 읽고 또 읽었다. 그리고는 요약하여 나의 것으로 만들었다. 혹 독자들 중 말씀과 교리의 맛과 감동을 정확하게 느낌과 동시에 더욱 깊게, 그리고 폭넓게 연구하고 싶다면 이 책의 저자들을 멘토로 삼으면 도움이 될 것이다.

지난날 내가 '믿음 3총사'라는 별명을 붙여주었던 로마서, 갈라디아서, 히브리서의 장편(掌篇)주석들에서도 언급했지만 "오직 나의 의인은 믿음으로 말미암아 살리라(ὁ δὲ δίκαιός μου ἐκ πίστεως ζήσεται)"는 이 말씀은 강력할 뿐만 아니라 감격이고 또 감격이다.

이신득의, 이신칭의는 로마서를, 믿음(피스티스, 피스튜오, 피스토스)에 관하여는 히브리서를, 그렇게 '오직 믿음'으로 살아가라에 관하여는 갈라디아서(다른 복음으로 갈라치기 하는 자들을 디지게 아프게 패는 서신)를 묵상하면 큰 도움이 될 것이다. 구원론(Soteriology)을 올곧게 떠받치는 믿음 3총사는 현재형 하나님나라를 살아가는 모든 그리스도인들에게 삶의 바른 태도인 '6 Sola'로 인도하여 갈 것이다.

Sola Scriptura(오직 말씀)

Sola Fide(오직 믿음)

Sola Gratia(오직 은혜)

Solus Christus(오직 예수)

Solus Spiritus(오직 성령, 16C 종교개혁 시 누락된 부분)

Soli Deo Gloria(성 삼위일체 하나님께만 영광)

늘 감사하는 것은 암투병을 하며 지금까지 의연하게 대처하고 있는 소중한 아내 김정미 선교사(여성추대작가)의 마음씀씀이다. 그녀(Sarah)는 나의 배우자(soul mate)이자 영혼의 친구(Soulmate)이다. 내가 답답하여 괴로워할 때마다 매번 격려와 용기를 주었다. 그가 했던 말이 여전히 귓가에 쟁쟁하다.

"당신은 영적 싸움을, 나는 암과의 싸움을."

사랑하는 아내에게 감사와 사랑, 존중을 전한다.

아울러 외동 딸 성혜(히브리서 장편주석과 핸드북 공저자)와 사위 의현(갈라디아서 공저자)에게, 큰 아들 성진(요한복음 장편주석과 핸드북, 요한계시록 장편주석과 핸드북, 기독교의 3대 보물 공저자), 막내 성준(사도행전 공저자)에게 감사와 사랑을 전한다. 특별히 바쁜 진료와 수술 와중에도 로마서 핸드북의 공저자로 나의 말에 순종하고 땀과 눈물을 함께 쏟은 멘티 이선호 원장(듣는 마음 이선호정형외과)과 최영일 교수(고신대병원 외과/간이식)에게도 감사를 전한다.

그동안 모든 출판에 함께해준 도서 출판 산지의 대표이자 '빅픽처가족연구소'의 김진미 소장과 나에게 글의 재미를 가르쳐 준 나의 친구 조창인 작가('가시고기' '가시고기 우리 아빠' 저자)에게 감사를 전한다. 추천사와 함께 따끔한 충고도 아끼지 않은 나의 친구들, 동역자들, 책을 출간할 때마다 바쁜 시간을 쪼개어 교정과 문맥을 잡아 준 멘티들에게 감사를 전한다. 음으로 양으로 도움을 준 모두에게 감사를 전한다.

살롬 살롬!

오직 하나님께만 영광!

울산의 소망정형외과 진료실에서

Dr Araw 이선일

hopedraraw@hanmail.net

홈페이지 www.hbrc.kr

C.O.N.T.E.N.T.S

추천사...7
프롤로그...19

1부 복음과 교리

레마 이야기 1
오직 의인은 믿음으로 말미암아 살리라(1:17)...48

레마 이야기 2
표면적 유대인(τῷ φανερῷ Ἰουδαῖός, the outward a Jew, 2:28),
이면적 유대인(τῷ κρυπτῷ Ἰουδαῖός, the inward a Jew, 2:29)...76

레마 이야기 3
의인은 없나니 하나도 없으며(3:10)...88

레마 이야기 4
여기셨느니라(λογίζομαι, v, to reckon, to consider 4:22)...101

레마 이야기 5
우리 주 예수 그리스도로 말미암아 하나님으로 더불어 화평을 누리자(5:1)...110

괴짜의사 **Dr. Araw**의
쉽고 바르게 읽는 로마서 장편(掌篇)강의 **Handbook**

살아도 주를 위하여 죽어도 주를 위하여

레마 이야기 6
그리스도와 함께 죽었으면
그리스도와 함께 살 줄을 믿노니(6:8)...125

레마 이야기 7
오호라 나는 곤고한 사람이로다(7:24)...138

레마 이야기 8
죄와 사망의 법과 생명의 성령의 법(8:1-2)...148

레마 이야기 9
육신의 자녀, 약속의 자녀(9:8)...169

레마 이야기 10
마음으로 믿어 의에 이르고 입으로 시인하여 구원에
이르느니라(10:10)...183

레마 이야기 11
곁 가지(돌 감람나무)와 원 가지(참 감람나무)...190

2부 그리스도인의 삶

복음과 십자가만 자랑하기 (선포의 삶)
복음과 십자가로 살아가기 (증인의 삶)

레마 이야기 12
하나님이 기뻐하시는 거룩한 산 제사, 영적 예배(12:1)...212

레마 이야기 13
주 예수 그리스도로 옷 입으라(13:14)...227

레마 이야기 14
사나 죽으나 우리가 주의 것이로다(14:8)...240

레마 이야기 15
소망의 하나님(15:13)...250

괴짜의사 Dr. Araw의
쉽고 바르게 읽는 로마서 장편(掌篇)강의 Handbook

살아도 주를 위하여 죽어도 주를 위하여

3부 지체 간의 교제
코이노니아(κοινωνία)
: Fellowship(식탁공동체) + 말씀 나눔(말잔치)

레마 이야기 16
선한데 지혜롭고 악한데 미련하기를(16:19)...264

에필로그...277
참고도서...283

괴짜의사 Dr. Araw의
쉽고 바르게 읽는 로마서 장편(掌篇)강의 Handbook
살아도 주를 위하여 죽어도 주를 위하여

1부
복음과 교리

레마 이야기 1

오직 (나의) 의인은 믿음으로 말미암아 살리라(1:17)

1:1-17 이신칭의, 이신득의
1:18-32 이방인들(헬라인, Non-Christian)의 죄 지적

유대인이든 헬라인¹⁵이든 아담 이래로 모든 인간은 예외없이 죄(오염과 죄책, pollution & guilty) 가운데 영적 죽음(첫째 사망) 상태로 태어난다. 왜냐하면 아담 이후의 모든 인간은 연합의 원리(The principle of Biblical unity or Principle of Association)와 대표의 원리(Principle of representation)에 따라 원죄를 가지고(전가(轉嫁), imputation, 롬 3:21-30, 5:12-21, 갈 3:21-22) 태어나기 때문이다. 감사하게도 성부하나님은 만세(올람, 케뎀, 아르케, 상고, 영원, 미 5:2) 전에 당신의 은혜(by His grace, 엡 2:8, Sola Gratia)로 당신의 긍휼하심을 따라(딛 3:5, 7) 당신의 자녀들을 택정해 놓으셨다. 택정된 그들이 누구인지는 하나님만 아신다(구원의 주권 영역).

때(카이로스)가 되어 택정함¹⁶을 입은 자들에게 복음이 전해지게 되면 감사하게도 택정된 자들은 그 복음이 들려져서(롬 10:17, seed of religion, 종교의 씨, J.

---

15 참고로 '헬라인'이란 이방인(헬라인, Non-Christian)을 의미하는데 헬라인의 경우 헬레네스(Ἕλληνες, are opposed to Jews)라고 하며 헬라파 유대인의 경우 헬레니스테스(Ἑλληνιστής, nm, a Hellenist, Grecian Jew, a Greek-speaking Jew, that is one who can speak Greek only and not Hebrew (or Aramaic))라고 한다. 전자는 이방인을, 후자는 유대인 디아스포라로서 헬라 말을 하는 유대인을 가리킨다.

16 "택정함"의 헬라어는 아포리조(ἀφορίζω, ν)이다. 구원을 얻은 우리는 성부하나님의 무한하신 은혜로 만세 전에 '택정함'을 입어 때가 되매 복음이 들려져(고전 12:3) '구원'을 받은 것이다.

calvin[17]) 믿음으로(피스티스, ἐκ πίστεως) 믿음에(피스튜오, εἰς πίστιν) 이르게 된다. 이는 우리의 구원을 향한, 아버지 하나님의 주권 영역에 대한, 영원한 신비(μυστήριον, 뮤스테리온)이다.

결국 '오직 믿음(Sola Fide, 피스티스)'을 통해 구원을 얻은 것(전가[18])은 하나님의 은혜(엡 2:8) 곧 당신의 신실하심, 미쁘심(피스토스, Faithfulness, Trustiness) 덕분이다. 진실로 아멘이다.

"복음[19]에는 하나님의[20]가 나타나서 믿음으로(부터, From Faith) 믿음에(To Faith) 이르게 하

---

17 칼빈(john calvin, 1509-1564, 신학자, 목사, 종교개혁가, 작가)은 '인간 속에는 하나님을 인식할 수 있는 씨가 있어 막연하나마 창조주 하나님을 인식할 수 있다'고 했다. 이를 종교의 씨(seed of religion)라고 한다.

18 로마서 4:5, 5:18-19; 조나단 에드워즈(Jonathan Edwards, 1703-1758, 미 신학자, 철학자, 설교자, 인디언 원주민의 선교사)의 '그리스도의 의의 전가(imputation)'는 그리스도와의 연합(Union with Christ) 곧 하나 됨을 통해 그 개념을 이해해야 한다. 곧 '완전한 의'이신 예수 그리스도를 통해 그 '의'가 이양(transfer)된 것을 말한다. 그렇기에 실제의 것(what is real)이 법적인 것(what is legal)의 근거가 된 것이다. 조나단 에드워즈의 의의 전가의 교리(강웅산) 참고.

19 성부하나님은 인간의 구속을 계획하시고 성자하나님은 아버지 하나님의 인간에 대한 구속 계획을 십자가 보혈로 성취하시고 성령하나님은 구속을 보증하셨다. 성령님은 바로 그 예수님이 그리스도 메시야라고 가르쳐 주시며(고전 12:3) 우리에게 믿음(피스튜오, 중생, 칭의, 유효적(효과적) 부르심)을 선물로 주셔서 반응(피스튜오, 회심(=회개+오직 말씀, 자의적 결단))하게 하심으로 하나님의 자녀 된(요 1:12) 우리를 인(印) 쳐주시고 지금은 비록 already~not yet이지만 영생 가운데 현재형 하나님나라를 누리게 하시며 장차(아날뤼시스 후 or 예수님의 재림 후) 부활체(고전 15:42-44)로서 미래형 하나님나라에 들어가 영생을 누리게 하신다. 이런 복된 소식을 가리켜 '하나님의 은혜의 복음'이라고 한다.
복음의 6가지 핵심 콘텐츠(6 Core Contents)는 다음과 같다. (1)예수님만이 구원자이시다. (2)예수님만이 그리스도 메시야이시다. (3)예수님만이 대속제물, 화목제물이 되셨다. (4)신인양성의 하나님이신 예수님만 역사상 유일한 의인이시고 우리를 대신하여 십자가에서 수치와 저주를 몽땅 안고 가셨으며 삼일 후 부활하셔서 승천하셨다. 때가 되면 재림하셔서 우리를 미래형 하나님나라에 데려가신다. (5)예수님만이 길이요 진리요 생명이시다. (6)그 예수님을 나의 구주 나의 하나님으로 입으로 시인하고 마음으로 믿으면 아무 대가 없이 아무 공로 없이 은혜로 믿음으로 구원을 얻게 된다.

20 "하나님의 의(디카이오쉬네 데우, δικαιοσύνη Θεοῦ, the righteousness of God)"라는 것은 구약적 관점에서는 죄와 멀어진 상태 혹은 선민(選民)의 원수들로부터 구원하시는 하나님의 열심(성품과 능력, 시 35:28, 사 56:1)을 말한다. 반면에 신약적 관점에서는 죄의 세력을 멸하시고 죄인 된 인간을 의(義)로 인도하는 구원의 주체되시는 하나님의 행위 그 자체로서 하나님과의 관계성(Cremer)을 가리킨다. 결국 '하나님의 의'라는 것은 (1)'하나님 자신의 의(義)'이기도 하며 (2)'하나님께서 죄인들을 의(義)롭다 칭하시는 하나님의 의(義)'이기도 하다(Vermes). 조나단 에드워즈는 당신의 성품 즉 '공의(쩨다카)와 사랑(헤세드)'의 완성인 '복음과 십자가'를 통해 죄인을 의(義)롭

나니²¹ (ἐκ πίστεως εἰς πίστιν, from faith to faith) 기록된 바 오직 ⁽나의⁾의인은 믿음으로 말미암아⁽By Faith⁾ 살리라 함과 같으니라"_롬 1:17

모든 그리스도인들은 하나님의 그 크신 은혜에 조금이라도 화답하기 위해 적은 보폭일지라도 믿음의 걸음마⁽피스튜오, 신앙생활⁾부터 먼저 시작함이 마땅하다. 그렇기에 미국의 신학자, 철학자, 설교자, 인디언 원주민의 선교사였던 조나단 에드워즈는 믿음⁽피스티스⁾에 근거한 '지속적인 믿음⁽피스튜오⁾'의 중요성을 강조하며 이는 칭의⁽피스티스⁾ 상태의 합당한 지속⁽피스튜오⁾을 위해 필수적⁽히 10:35-39⁾이라고 했다.

우리가 종말시대의 한 부분을 살아가며 신앙생활⁽피스튜오, 동사형 믿음⁾을 하는 동안 잊지 말아야 할 것은 성부하나님의 극진하신 은혜, 성자예수님의 무궁무진하신 사랑, 전능하신 성령하나님의 역사하심이 필요하다는 것이다. 단순히 나의 의지적, 지성적 동의로서의 신앙생활은 극히 절제되어야 한다.

구원에 이르게 하는 믿음⁽피스티스, 요 6:29, 갈 3:26, 막 16:16⁾은 삼위일체 하나님의 완벽한 공동사역으로만 주어진다. 그러므로 신앙생활⁽믿음의 동사형 피스튜오⁾이란 삼위일체 하나님과의 바른 관계와 친밀한 교제가 전제되어야만 가

게 하신 하나님의 방법⁽조나단 에드워즈, 로마서 주석, p23⁾이라고 했다.

21　에크 피스테오스⁽ἐκ πίστεως⁾에서 에크⁽ἐκ⁾는 근원을 나타내는 전치사로서 '주신 믿음으로부터⁽from faith⁾'라고 해석하며 이는 하나님의 의로우심, 즉 만세전에 하나님의 은혜로 예수 그리스도로 말미암아 주어지는 '주신 믿음, 허락하신 믿음'인 명사 피스티스를 의미한다. 반면에 에이스 피스틴⁽εἰς πίστιν⁾이란 '믿음에⁽to faith⁾'라는 의미로서 하나님께서 주신 믿음에 대해 성령님에 의해 허락⁽고전 12:3⁾된 '반응하는 믿음, 고백하는 믿음'으로서 동사 피스튜오를 가리킨다. 더 나아가 동사형 믿음은 성도로서 한 번 인생 동안에 지향해야 할 신앙생활⁽명사인 믿음의 동사화 과정, 즉 믿음의 방향, 믿음의 상태⁾을 의미하기도 한다. 결국 믿음으로 믿음에 이르게 된 것이라는 말은 주신 믿음⁽피스티스⁾으로 우리가 믿게 되었다⁽피스튜오⁾라는 의미이다.

능하다. 곧 '성령충만함(주권, 통치, 질서, 지배)'이 지속되어야만 가능한 것이다. 그렇기에 요한복음(14:21)과 에베소서(4:13)는 믿는 것과 아는 일에 하나가 되라고 강조하면서 하나님의 말씀을 가지고 지키는 것을 강조했던 것이다.

"나의 계명을 가지고 지키는 자라야 나를 사랑하는 자니 나를 사랑하는 자는 내 아버지께 사랑을 받을 것이요 나도 그를 사랑하여 그에게 나를 나타내리라"_요 14:21

"우리가 다 하나님의 아들을 믿는 것과 아는 일에 하나가 되어 온전한 사람을 이루어 그리스도의 장성한 분량이 충만한데까지 이르리니"_엡 4:13

참고로 엘로힘(전능주 하나님, 창조주 하나님)과 야훼 엘로힘(디테일을 주관하시는 역사의 주관자 하나님)의 신성과 속성(시 19:1-2, 4, 욥 12:7-8) 곧 하나님의 위엄, 지혜, 능력, 자비에 대하여는 이곳 1장 19-20절에 잘 나타나 있다. 바울은 상기의 것들에 대해 아덴에서 에비구레오 철학자(우연성 교리, Epicurus, BC 341~271, 에피쿠로스 학파(Epicurianism) 창시자, 무신론의 주요 조상, 자유와 우연 관념)와 스도이고 철학자들(필연성 교리, Stoics, 이교 철학자들 가운데 신성의 통일성과 완전성을 지지, 스토아(Stoicism)의 창립자; 제논(Zenon ho Kypros, BC 335~263))과 치열하게 쟁론(행 17:18)하기도 했다.

한편 상기 1장 17절은 로마서의 핵심구절 중 하나인데 이 구절에는 '복음에 하나님의 의가 나타났다'고 말씀하고 있다. 진실로 아멘이다. 그렇다면 이 구절은 어떻게 해석해야 할까?

먼저 '하나님의 의'라는 말에는 하나님의 성품인 '공의와 사랑'이 모두 들어있다. 그리고 '하나님의 의가 나타났다'는 것에는 공의와 사랑 둘 다를 만족시킨 '예수 그리스도의 십자가(대가 지불, 곧 구속을 통한 구원이 주어짐)'가 AD

30년 중반에 나타났다는 말이다.

결국 하나님의 성품인 공의와 사랑의 결정체, 곧 예수 그리스도의 십자가는 하나님의 은혜의 복음(복된 소식)이므로 '복음과 십자가'는 떼려야 뗄 수 없는 것이다.

하나님의 은혜의 복음
=십자가 보혈(수치와 저주=대가 지불)=하나님의 성품인 공의와 사랑의 결정체
구속(대가 지불, 하나님의 성품인 공의를 만족)의 결과 구원(하나님의 사랑)이 주어짐
그러므로,
Good News is not VL(valueless) but IV(invaluable).

이곳 1장에서는 특히 '믿음'의 3가지(롬 1:17) 품사들(명사, 동사, 형용사)에 집중하며 묵상해야 한다. 처음에는 3가지 품사[22]의 헬라어 단어들(명사-피스티스, 동사-피스튜오, 형용사-피스토스)이 약간 낯설어서 어렵고 답답하게 여겨질 수 있으나 자꾸 반복하여 하나하나 곱씹어 묵상하다 보면 마침내는 풍성한 하나님의 은혜(Sola Gratia)를 맛보게 될 것이다.

얼핏 '믿음'이란 단순해 보이기도 하나 막상 "넌 무엇을 믿니? 믿으면 구원을 얻게 되니? 얼만큼(정도, 기간, 깊이 등등) 믿어야 구원을 얻게 되니? 하나님의 신실하심 앞에 자신의 강한 믿음, 큰 믿음 등등을 운운한다는 자체가 너무 우습지 않니?" 등등의 질문을 해보면 '믿음'에 대한 개념화가 얼마나 부실한지를 금방 알 수가 있다. 조금 큰 소리로 '믿음'에 대해 물어보면 주눅이 들다 못해 영적인 늪에 빠져 허우적거리기도 한다.

---

22 히브리서 장편(掌篇) 주석 〈오직 믿음(명사), 믿음(동사), 그리고 믿음(형용사), 산지〉 참조. 믿음(ATCO; 사전적 정의, Credo, Believe <- Belove)의 개념 대하여는 〈기독교의 3대 보물〉의 사도신경 파트에서 도움을 얻을 수 있다.

'믿음'의 개념화에 대한 부실의 늪에서 거뜬히 벗어날 수 있는 팁이 바로 Dr. Araw가 제시한 믿음[23]의 4기둥(4Pillars)이다. 곧 '믿음'의 핵심 콘텐츠(4가지), 믿음의 3종류, 믿음의 사전적 정의(T-ATCO), 믿음의 단어(라틴어 Credo, 영어 Believe<-Belove)를 통한 깊고 오묘한 의미의 재발견이다. 이를 통하여는 구원론[24](Soteriology)의 뼈대를 재정립할 수 있다.

먼저 명사(피스티스)인 '믿음'은 '객관적 믿음, 주신 믿음, 허락하신 믿음'을 가리킨다. 만세전에 성부하나님(피스토스의 주체이신 아버지 하나님)의 은혜로 택정함을 입은 자들은 때가 되면 '예수, 그리스도, 생명'이라는 복음(피스티스의 주체이신 성자하나님)이 들려져 그리스도, 메시야로 오신 하나님의 독특한(unique) 아들[25] 예수를 믿게 된다. 이는 성령님(피스튜오의 주체이신 성령하나님)의 사역인 바 고린도전서 12장 3절은 "또 성령으로 아니하고는 누구든지 예수를 주(主)시라 할 수 없느니라"고 말씀하셨다. 그렇기에 그동안 우리가 피상적으로 알고 있던 소위 '큰 믿음, 좋은 믿음, 강한 믿음' 등등은 동사

---

23 본래 '믿음(피스티스)'이란 이해하는 것이 아니라 받아들이고 그렇게 믿음으로(Knowing God>Know about God) 살아가는(피스튜오) 것이다. 그렇기에 행함 없는 믿음은(피스튜오가 없는 것은) 죽은 것이다. 곧 '하나님께 대한 열심'보다는 '하나님의 열심을 믿고 나아가는 것'이라는 말이다. 이 말인즉 '어느 종교가 좋은가'보다는 '무엇이 진리인가'를 추구해야 한다는 것이다.
우리가 가진 믿음에는 4가지 핵심 콘텐츠가 있다. (1)태초(우리가 알지도 상상치도 못할 태초, 근원)부터 존재하신 삼위일체 하나님, (2)태초(역사의 시작점)에 천지를 공동으로 창조하신 삼위일체 하나님, (3)초림의 구속주 예수님, (4)재림의 심판주 예수님을 가리킨다. 그러므로 조나단 에드워즈는 믿음이란 (1)예수 그리스도를 영접하는 것(요 1:12, 히 11:19, 골 2:5-7), (2)마음 속에 모시는 것(롬 10:6-10), (3)복음을 받아들이는 것(고후 11:4, 딤전 1:14-15)이라고 했다. 한편 믿음의 사전적 정의는 T-ATCO(Total Agreement, Trustiness, Commitment, Obedience)이며 지성적 동의 이상의 것으로 복음에 순종하는 것(롬 6:17, 10:16, 15:18, 벧전 2:7-8, 3:1, 4:17)을 말한다.

24 구원론의 핵심은 예수 그리스도의 의(디카이오쉬네, δικαιοσύνη, nf, 1:17), 십자가 보혈에 의한 구속(아폴뤼트로쉬스, ἀπολύτρωσις, nf, 3:24), 예수님의 대속제물, 화목제물(힐라스테리온, ἱλαστήριον, nn, 3:25) 되심, 이신칭의(justification by faith, 以信稱義) 혹은 이신득의(以信得義)이다.

25 로마서 1장 2절의 "그의 아들에 관하여"라는 것은 누가복음 24장 44-45절, 이사야 7장 14절, 9장 6-7절, 11장 1절, 예레미야 23장 5-6절, 31장 31절, 미가서 5장 2절의 말씀으로 '예수 그리스도'를 가리킨다.

(피스튜오, 신앙생활)로서의 '믿음'을 말하는 것이다. 그러나 '믿음으로 구원받았다'라고 했을 때의 '믿음'이란 실상 만세전에 하나님의 은혜로 '택정함을 받았느냐 아니냐'로서 '있다, 없다'라는 의미의 명사(피스티스)이다. 곧 명사인 '주신 믿음(피스티스)'은 택정함의 결과(행 13:48, 영생을 주시기로 작정된 자는 다 믿더라)라는 것이다. 이는 전통적인 칼빈주의의 교리(TULIP; 5 points of Calvinism)와 맞닿아 있다.

주의할 것은, 피스튜오를 지나치게 강조하다 보면 자칫 복음적 알미니안 주의[26](Arminianism)로 빠질 수 있다는 것이다.

로마서 4장 5절[27]에 나오는 '의(義)'란 중의적 의미로 ⑴우리의 의(곧 깜냥도 안되는 우리의 자그마한 믿음조차 의로 여겨주심(하솨브, 로기조마이))와 ⑵하나님의 의(곧 만세전에 아무 조건없이 의로우신 하나님께서 우리를 택정해주셔서 의롭다 여겨주심)라는 말이다. 나와 공저자는 그런 하나님의 선물(엡 2:8) 곧 하나님의 은혜(신실하심, 미쁘심, 피스토스)를 묵상할 때마다 감격하며 눈물흘리며 깊이 감사하곤 한다.

동사(피스튜오)인 '믿음'은 '주관적 믿음, 고백하는 믿음, 반응하는 믿음'을 가리킨다. 성령하나님은 구원자(The Savior) 예수(Ἰησοῦς)를 그리스도(Χριστός), 메시야(Hebrew מָשִׁיחַ)이시며 주(主, The Lord)시라고 가르쳐 주시면서 우리로 믿게 하

---

26 네덜란드 신학자 야곱 아르미니우스(Jacob Arminius, 1560-1609)의 학설로 (1)인간의 부분 타락(자유의지(Free will) or 인간의 능력(Human ability), (2)조건적 선택(Conditional election), (3)보편적 구속(Universal redemption), (4)가항력적 은혜(The Holy Spirit can be effectually resisted), (5)은혜로부터의 타락(Falling from grace) 등이다. 참고로 'TULIP'란 Total depravity, Unconditional election, Limited atonement, Irresistible grace, Perseverance of the Saints이다.

27 "일을 아니할찌라도 경건치 아니한 자를 의롭다 하시는 이를 믿는 자에게는 그의 믿음을 의로 여기시나니"_롬 4:5

셨다(고전 12:3). 이때 전제할 것은 만세전에 성부하나님의 은혜로 택정된 자들은 '예수, 그리스도, 생명'을 믿음(피스튜오)으로 고백할 수가 있게 된다는 것이다.

명사(피스티스)인 믿음과 동사(피스튜오)인 믿음 사이의 간격은 신비(뮈스테리온, μυστήριον, Mystery)로서 온전히 하나님의 주권 영역이다. 참고로 명사(피스티스)인 믿음의 동사(피스튜오)화 과정을 신앙생활이라고 한다.

"네가 만일 네 입으로 예수[28]를 주로 시인하며 또 하나님께서 그를 죽은 자 가운데서 살리신 것을 네 마음에 믿으면 구원을 얻으리니 사람이 마음으로 믿어 의에 이르고 입으로 시인하여 구원에 이르느니라" _롬 10:9-10

믿음(피스티스)으로(부터, From Faith) 믿음(피스튜오)에(To Faith) 이르게 된[29] 만세전에 택정된 하나님의 자녀들을 가리켜 성령님의 인치심을 통해 성령님을 주인으로 모신 성전(고전 3:16) 즉 현재형(눅 17:20-21) 하나님나라라고 한다. 현재형 하나님나라는 주권, 통치, 질서, 지배 개념으로 하나님의 자녀 된 우

---

28 예수님은 BC 4년에 성육신하셔서 AD 26년에 공생애를 시작하셨고 AD 30년 중반에 십자가에서 죽으시고 3일 만에 부활하시고 40일간 이 땅에 계시다가 승천하셨던 역사적 실존 인물로서 신인양성의 하나님이시다. 즉 인간으로 오신 예수님은 성부하나님의 유일한 기름부음 받은 자로서 그리스도, 메시야이신데 성부하나님의 구속 계획을 성취하기 위해 성육신하신 것이다. 메시야닉 신비(Messianic Secret)와 메시야닉 사인(Messianic Sign)으로 당신을 증명하신 후 십자가 보혈로 모든 것을 다 이루셨다. 3일 후 죽음 이기시고 부활하셔서 40일간 이 땅에 계시다가 승천하셨다. 지금 그 예수님은 하나님의 보좌 우편에서 승리주 하나님으로 계시며 모든 인간과 우주의 주관자가 되시는 '주(Lord)'이시다.

29 '믿음으로 믿음에 이르게 하나니'라는 해석은 '명사인 믿음을 주셔서 동사인 믿음으로 반응하게 하셨다(Dr Araw)'라는 의미이다. 이외에도 다양한 해석이 있다. (1)그 제안을 하신 하나님의 믿음으로부터 그것을 받아들이는 인간들의 믿음으로(Bengel, Karl Barth), (2)한 신자에게서 다른 신자에게로, (3)어떤 정도의 믿음에서 다른 정도의 믿음으로(고후 3:18), (4)처음부터 끝까지 믿음으로(NIV) 혹은 철두철미 믿음으로(John Murray)라는 견해가 있다. <로마서 이야기>, 조갑진, 도서출판 바울, 2004, p57-58

리는 유한되고 제한된 일회의 직선 인생을 '성령충만함'으로 살아가야 한다. 곧 성령님께 온전한 주권을 드리고 그분의 통치와 질서, 지배 하에서 살아가는 것이며 이런 삶을 가리켜 성령충만한 삶이라고 하는 것이다. 여기서 '충만(πληροῦσθε ἐν Πνεύματι, be filled with the Holy Spirit)'이란 주권, 통치, 질서, 지배 개념을 의미한다.

주인 되신 성령님[30]은 그런 우리를 비록 already~not yet이기는 하나 영생 가운데 현재형(눅 17장) 하나님나라를 누리게 하시다가 아날뤼시스(육신적 죽음 곧 이동, 옮김, 딤후 4:6) 후 즉시로[31] 시공을 초월하는 부활체(고전 15:42-44)로 미래형(요 14장, 계 21-22장) 하나님나라에서 영생을 누리게 하신다.

형용사인 '믿음(피스토스)'은 성부하나님의 '신실하심과 믿음직스러움(미쁘심, Faithfulness, Trustworthiness)'이라는 말이다. 결국 우리에게 믿음(피스티스)을 주셔서 우리로 믿음(피스튜오)에 이르게 하신 것은 전적인 하나님의 은혜(피스토스, 신실하심, 미쁘심)인 것이다. 그러므로 믿음(피스티스)으로 구원을 얻게 된 그 일에 우리가 한 일은 아무것도 없다. 그렇게 하신 하나님만이 미쁘시다(피스토스).

---

30 참고로 성령님의 역사하시는 방법에는 (1)능력 (2)임재 (3)권위 (4)통치(지배, 질서)의 4가지가 있다.

31 종말론(Eschatology, (헬)에스카토스(ἔσχατος, adj, last, at the last, finally, till the end)+로고스(λόγος, nm), 마지막 일들에 관한 가르침)에서 나는 '역사적(우주적) 종말(예수님의 재림)과 개인적 종말(개개인의 육신적 죽음)은 하나다'라고 생각하고 있다. 그렇기에 나는 죽는 순간 부활(instant resurrection)한다는 견해를 지지한다(Oscar Cullmann, Paul Tillich, Emil Brunner, Karl Barth, Gisbert Greshake, Gerhard Lohfink, Jacob Kremer). 그렇기에 나는 영원한 지금(eternal now)을 믿는다. 한편 부활체는 시공을 초월한다. 그러므로 개개인의 육신적 죽음과 부활과 예수님의 재림은 동시에 일어난다고 확신하고 있다. 고린도후서 5장 1-4절의 "우리의 장막집(육신적 죽음)"과 "하늘에 있는 영원한 집(부활체)"을 통하여는 부활체(고전 15:42-44)로서의 영생(폴리캅, "성령의 쇠하지 않게 하는 능력 속에서 영혼과 육체를 갖고 영원한 생명에 이르는 부활에 이르게 됨)을, 요한복음 11장 25절의 "나를 믿는 자는 죽어도(죽는 즉시) 살겠고"와 누가복음 23장 43절의 "오늘(죽는 즉시) 네가 나와 함께 낙원에 있으리라"고 하신 말씀에서는 죽는 즉시 부활할 것이라는 의미를 함의하고 있는 것이다.

일반적으로 히브리서는 '믿음'을, 야고보서는 '행함'을 강조하는 정경이라고들 말한다. 더러는 야고보서의 행함을 강조하다 보면 히브리서의 믿음이 약화된다고 외치기도[32] 한다. 그러나 믿음의 3가지 품사를 알면 이런 유의 언급은 믿음에 대한 깊은 의미와 개념화가 적은 것에서 기인한 것임을 금방 알 수 있다. 왜냐하면 믿음(피스티스)의 주체이신 예수님,[33] 믿음(피스튜오)으로 반응하게 하시는(고전 12:3) 성령님, 오직 믿음(피스토스)으로 우리들을 살리신 성부하나님을 찬찬히 생각해 보면 야고보서의 '행함'이란 '피스튜오'라는 '믿음'의 다른 단어, 같은 의미임을 알게 되기 때문이다. 결국 야고보서도 히브리서도 구원론(Soteriology)을 올곧게 떠받치는 〈오직 믿음, 믿음, 그리고 믿음〉에 관한 '믿음 장'인 것이다.

참고로 로마서 1장 1절은 발신자가 수신자에게 보내는(from A to B greetings) 인사로 시작하는데 이에는 2가지 중요한 질문이 함의되어 있다.

1) 나는 누구인가(Who am I)

2) 한 번 인생, 어떻게 살다가, 무엇을 하다가 죽을 것인가이다.

상기 두 질문에 대한 모든 그리스도인들의 대답은 당당하고도 선명해야[34] 한다. 왜냐하면 지난날 예수의 핍박자였던 사울이 AD 35년 다메섹

---

[32] 마틴 루터(Martin Luther)는 행함이 없는 믿음(피스튜오)은 죽은 것(약 2:26)이라는 구절 때문에 '오직 믿음(피스티스)'으로 구원이라는 것에 오해가 있을까 하여 야고보서를 지푸라기 서신(Epistle of straw)으로 부르기도 했다. 그러나 실상은 야고보서도 믿음(피스튜오)을 강조했으며 히브리서도 믿음(피스티스)을 강조한 정경이다.

[33] 히브리서 장편(掌篇) 주석의 핸드북 〈오직 믿음, 믿음, 그리고 믿음, 도서출판 산지〉의 4번째 파트의 제목이다.

[34] 나 또한 청년사역자, 성경 교사로서 지난날부터 멘티들에게 7가지 질문을 한 후 그 답을 하나님 앞에서 결단할 것을 요구해왔다. (1)Who am I, (2)Who are You, (3)How can I respond to God, (4)So, what shall I do, (5)How steadfast is my faith in difficulties (Stress), (6)How consistent is my faith with God, (7) How can I have a Faith more like Joshua, Caleb, Moses, Paul이다.

에서 회심 후 바울로서 예수 그리스도의 종으로 살았던 그의 삶이 분명한 답을 제시하기 때문이다.

바울은 부름(하나님의 초대)받은 사도로서, 복음에 빚진 자로서, 유한된 한 번의 직선 인생을 하나님의 은혜의 복음을 전하는 그 일에 생명조차 귀한 것으로 여기지 않고(행 20:24) 믿음의 선한 싸움을 하며 한순간도 낭비하지 않고 줄기차게 달려갔던 사람이다(딤 4:7-8, 빌 3:7~16). 이후 그는 달려갈 길을 마치고 때가 되자 하나님의 부름(AD 67-68년)을 받고 하늘나라로 갔다.

한편 사도로 "부르심을 받아"[35] 하나님의 복음을 위하여 "택정함을 입었으니"라는 말은, 지난날의 사울(바울)은 힐렐 학파 출신 바리새인으로서 기독교인들을 핍박하기 위해 하나님의 부르심과 택정함을 받았다면 이제는 예수 그리스도에 의해 복음의 사도로 임명(택정함을 통한 부르심, 그리고 보내심)되었음을 의도적으로 드러내고 있는 말이다.

이에 대한 역사의 주관자 하나님의 크신 섭리와 경륜은 잘 모르겠지만…….

사실인즉 바울이 되기 전 사울은 바리새파 중의 하나였던 힐렐 학파의 지독한 유대주의적 율법주의자로서 대제사장의 비호(부르심과 보내심) 아래 기독교인들을 잔멸(뤼마이노마이, λυμαίνομαι, 행 8:3)하다시피 핍박했다. 지난날에는 엉뚱하게 '그 일'에 부르심과 보내심을 입어 설쳐댔다면 지금은 예수

---

35 부르심을 받다'의 헬라어는 아포리스메노스(ἀφωρισμένος, have been set apart, ἀφορίζω, v)인데 이는 아포(ἀπό, from, away from)와 호리조(ὁρίζω, to mark off by boundaries, to determine)의 합성어로서 '구별되다'라는 의미인데 히브리어로는 파라쉬(שׁרפ, v, 파라쉬, to make distinct, declare)이다. 한편 파라쉬라는 단어에서 바리새인(파리사이오스, Φαρισαῖος, properly, "a separatist, a purist"; a Pharisee.", derived from the Aramaic term, peras ("to divide and separate")이라는 말이 파생(히브리어 어근이 동일)되었다. 결국 바리새인은 처음에는 구별된 자였으나 세월과 더불어 변질되어 버렸다.

그리스도의 종으로 부활의 주님에 의해 '은혜로, 강권적으로' 수동적 택정함(AD 35년 다메섹 도상)을 입어 부르심을 통한 회심과 동시에 보내심을 받아 다메섹에서 즉시로(행 9:20) 복음을 전하였다는 말이다.

지난날 나와 공저자가 저술했던 로마서 장편(掌篇) 주석의 제목인 〈살아도 주를 위하여, 죽어도 주를 위하여〉를 가만히 묵상하다 보면 유한된 한 번 인생의 '목적(핵심가치)'과 더불어 우리가 살아가야 할 '길(그리스도인의 길)과 방향'이 보다 더 선명해야 함을 잘 알게 된다. 결국 그리스도인 된 우리는 "무슨 일을 하든지 마음을 다하여 주께 하듯(골 3:23)"하고 사람에게 하듯 하지 않기 위해 매사 매 순간을 '성경적 영성'[36]을 가지고 몸부림치며 살아가야 한다.

한 번 인생, 어떻게 살다가 죽을 것인가?

유한되고 제한된 직선의 일회 인생, 무엇을 하다가 죽을 것인가?

그러나 아무리 성경적 영성(기독교 영성)을 가졌다 할지라도 각자의 수준이 모두 다 일률적이지만은 않음을 알아야 한다. 그렇기에 나와 공저자는 그리스도인들의 레벨(Level)을 5단계로 나누어 상대에 대한 이해를 넓히곤 한다.

---

36 '성경적 영성' 혹은 '기독교 영성'의 대척점에는 '현대적 영성' 혹은 '이교도 영성'이 있다. 이 둘은 서로 양립할 수 없는 관계로 둘 사이에는 조화나 협력을 가장한 타협, 평화란 있을 수 없다. 오직 양자택일만이 있을 뿐이다. 전자의 경우에는 하나님께서 은혜로 내려오심(성육신), 도덕적 세계에 소속되고 구원에 입각하여 생각(은혜, 속죄, 부활)한다. 그렇기에 거룩을 본받아 거룩함으로 살아가야 하고 하나님의 절대 주권을 인정해야 한다.
반면에 후자의 경우 죄인 된 인간이 스스로 자기 충족적인 상태에 도달할 수 있다고 착각하는 것으로 심리적 세계에 속하고 구원이 아닌 치료에 입각하여 생각한다. 그렇기에 거룩함이 아니라 건강한 상태를 지향하며 심지어는 인간의 주권이 하나님을 앞질러 버린다. < 용기있는 기독교〉, 데이비드 웰스, 부흥과 개혁사, p260-263

첫째는 ⁽¹⁾'갓난 아이' 단계이다. 막 예수를 믿었기에 아직은 연약한 수준인 그리스도인을 지칭하는 말이다. 이들의 경우 갓난 아이가 그렇듯이 아프지 않고 잘 먹고 잘 싸고 잘 자는 것만으로도 최상의 역할을 했다고 인정받는다.

둘째는 ⁽²⁾'종'의 단계이다. 이들의 경우 육체적으로는 성장했으나 훈련이 되지 않았다. 그러다 보니 시키는 일은 열심히 하나 딱 거기까지이다. 그 다음이 없다. 다시 말하면 주인의 원하는 바를 미리 캐치하여 다음으로 나아가지 못하는 아쉬움이 있는 단계이다.

셋째는 ⁽³⁾'청지기'의 단계로 육체적 성장과 더불어 집중적인 훈련을 통한 영적인 성장과 성숙(Growth & Maturity)이 있는 경우이다. 이들의 경우 주인이 시키는 일 외에도 일머리가 있어[37] 주인의 원하는 바를 미리 알아서 척척 해낸다.

넷째는 ⁽⁴⁾'제자'의 단계로 청지기를 뛰어넘어 주인과 동고동락(同苦同樂)하는 단계이다. 그럼에도 불구하고 이들의 아쉬움은 주인으로부터 독립하는 수준은 아니라는 것이다.

마지막 다섯번 째는 ⁽⁵⁾'사명자(사역자, 사도)'의 단계로 주인으로부터 독립 후 그 부르심과 보내심을 따라 어디에 가서든지 무엇을 하든지 간에 주인의 몫을 거뜬히 감당하는 단계를 말한다. 소위 주인과 동역의 관계이다.

---

37 '일머리가 있다'는 말은 주인의 원하는 바를 정확히 알고 신속하게 정교하게 지속적으로 하는 센스를 말한다.

그리스도인들의 레벨(Level) 5단계		
(1) '갓난 아이' 단계	JC의 심장(빌 1:8)으로 치환수술(Transplantation) 상태	막 예수를 믿어 아직은 연약한 그리스도인
(2) '종'의 단계	심장 박동→온 몸으로 JC의 보혈을 보냄 →세포(육체적) 성장	육체적 성장+기초훈련=수동적 열심→딱 거기까지 & 그 다음이 없다→주인이 원하는 바를 미리 캐치하여 다음으로 나아가지 못하는 아쉬움
(3) '청지기'의 단계	풍성한 말씀 +신의 성품(벧후 1:4)	육체적 성장+집중훈련=영적 성장과 성숙(Growth & Maturity) →주인이 시키는 일+일머리: 주인의 원하는 바를 미리 알아서 척척 해냄
(4) '제자'의 단계	그리스도의 형상(갈 4:19)	청지기를 뛰어넘어 주인과 동고동락(同苦同樂) →주인으로부터 독립하지는 못함
(5) '사명자 (사역자, 사도)'의 단계	C의 장성한 분량이 충만한 데까지(엡 4:13) 나아가게 됨	주인으로부터 독립 후 자신의 부르심과 보내심을 따라 어디에 가서든지 무엇을 하든지 주인의 몫을 거뜬히 감당 & 주인과 동역의 관계

참고로 조금 다른 관점에서도 그리스도인들의 레벨(Level)을 살펴볼 수 있다.

모든 그리스도인들은 예수님을 나의 구주 나의 하나님으로 영접하는 즉시 예수 그리스도의 심장(빌 1:8)으로 치환 수술(Transplantation)을 받게 된다. 소위 갓난아이 단계이다. 이후 나의 심장이 박동될 때마다 온 몸 구석구석을 흐르게 될 예수의 보혈로 육체의 모든 세포(100조)가 자라면서 육체적 성장을 이룬다. 종의 단계이다. 거기에 더하여 풍성한 말씀이 채워지고 기도가 지속되면(딤전 4:5) 점점 더 신의 성품(벧후 1:4)으로 변하면서 청지기의 단계가 된다. 그런 그로부터는 그리스도의 형상(갈 4:19)을 쉽게 볼 수 있으며 세월과 더불어 제자의 단계로 살아간다. 종국적으로는 그리스도의 장성한 분량이 충만한 데까지(엡 4:13) 나아가게 되는 사역자의 단계가 되는 것이다.

예수 그리스도의 심장(빌 1:8)

→ 신의 성품(벧후 1:4)

→ 그리스도의 형상(갈 4:19)

→ 그리스도의 장성한 분량이 충만한데 까지(엡 4:13)

후반부인 1장 18-32절에는 '이방인들(헬라인, Non-Christian)의 죄'와 그 결과에 대해 날카롭게(하나님의 진노, 내어버려두사, 사형에 해당) 경고하고 있다. 여기서 죄(롬 1:18)란 불신(불의)과 불순종(불의로 진리를 막는 사람들의 모든 경건치 않음)으로 하나님(절대적이고 유일한 선(善), 의(義), Righteousness, δικαιοσύνη, nf)이 가장 싫어하실 뿐만 아니라 진노하시는 것이기도 하다.

일반적으로 성경이 말하는 죄[38]란 선(의(JC)에 대한)의 결핍(반대개념)으로 하나님에 대한 경외심이 없는(경시, 무시, 망령되이 일컫는[39]), 곧 하나님을 마치 투명인간 취급하며 코웃음치는 것을 말한다.

이런 죄에는 '자기 파괴적 성격'이 있다. 폴 하비(Paul Harve, 뉴스 앵커, 라디오 작가)는 에스키모인의 늑대 사냥을 비유로 설명하기를, 전통적으로 에스키모인들은 늑대를 잡기 위해 칼날에 피를 묻혀 칼날이 보이지 않을 때까

---

38 죄와 악, 어두움은 창조주 하나님이 만드신 것이 아니다. 하나님은 빛과 선을 창조하셨다. 빛의 결핍(빛에로의 스며듦)이 어둠이며 선의 결핍(선으로의 스며듦)이 죄 혹은 악이다. 그러므로 선과 악의 대결이라는 말을 하는 것은 하나님의 절대주권을 인정하지 않는 것과 같다. 존 오웬(John Owen, 1616~1683, 영 신학자, 옥스퍼드대 학장, 25세 회심, 천식과 담석으로 고생 끝 생을 마감)은 〈죄 죽이기(The mortification of sin)〉에서 신자 안에 내주하는 죄(indwelling sins)에 대해 대결하려 하지말고 죄를 경멸하면서(mortify) 하나님의 은혜를 덧입어(성령의 능력을 덧입어) 물리치라고 했다.

39 '망령되다'라는 단어는 신성모독과 연결된다. 이는 히브리어로 쇼브(실제와 다르다, emptiness, vanity, 잘못 사용하다, misuse), 쩨하크(농담으로 여기다), 바자흐(경멸하다), 나아쯔(가벼이 대하다)이다. 마틴 루터는 "하나님의 이름을 걸고 거짓말하거나 사실과 다른 것을 주장하는 것'이라고 했다. 〈기독교 3대보물〉, 도서출판 산지(2023) 참조(p291)

지 피를 두텁게 입힌 후 추운 날 밖에 세워 두면 늑대들이 와서 피를 핥으며 자신의 혀가 칼날에 상하는 줄도 모르고 계속하여 핥다가 죽게 된다고 했다.

바로 야고보서 1장 15절 말씀이다.

"욕심이 잉태한 즉 죄를 낳고 죄가 장성한 즉 사망을 낳느니라"_약 1:15

참고로 이방인들의 죄를 불신(불의 곧 원죄에 해당)과 불순종(자범죄에 해당)이라고 한다면 그리스도인들의 죄는 already~not yet으로서의 불순종 곧 자범죄이다. 불신으로 인한 영벌(유황불못 심판)의 문제는 '택정과 유기 교리'와 맞닿아 있기에 우리가 왈가왈부(曰可曰否)할 일은 아니다. 그러나 그리스도인들의 경우 지은 죄(자범죄)에 대해 회개하지 않는 것은 우리의 책임이다. 왜냐하면 하나님은 죄도 싫어하시지만 죄를 회개하지 않는 것은 더욱 싫어하시기 때문이다.

그러므로 우리가 Already~not yet으로 인해 어쩔 수 없이(롬 7장) 지었던 죄에 대하여는 얼른 예수님의 십자가 보혈에 의지하여 회개하면(요일 1:9) 된다. 하나님은 우리가 연약함으로 지었던 죄에 대해 진정으로 깊이 회개(자백, 고백, 호모로게오, ὁμολογέω, v)하면 '그 뉘우침'을 기쁘게 여기실 뿐만 아니라 '그 회개'를 찬송(호모로게오, ὁμολογέω, v, 사 43:21)으로 받으신다(히 13:15)고 했다.

"이러므로 우리가 예수로 말미암아 항상 찬미의 제사를 하나님께 드리자 이는 그 이름을 증거[40] 하는 입술의 열매니라"_히 13:15

---

40 '증거하다'의 헬라어는 요한일서 1장 9절의 '자백하다'와 동일한 호모로게오(ὁμολογέω, v, (from 3674

기독교와 성경이 말하는, 하나님이 그토록 싫어하시는 '죄(Sin & sins)'가 무엇일까? 죄와 싸우되 피흘리기까지 싸우며(히 12:4) 죄를 짓는 일에 대해 보다 더 민감하기 위해 '죄(Sin & sins)'를 선명하게 요약한 다음의 표를 항상 잊지 말았으면 한다. 물론 우리의 궁극적인 싸움은 단순히 혈과 육에 관한 것만은 아니다. 정사(ἀρχή, τὰς ἀρχάς; the rulers)와 권세(τὰς ἐξουσίας; the authorities)와 이 어둠의 세상 주관자들과 하늘에 있는 악의 영들에게 대함(엡 6:12)이다.

기독교와 성경이 말하는 '죄'(원죄(original Sin)와 자범죄(actual sins)'	
1) 웨스트민스터 소요리 문답	Q의 법을 순종함에 부족한 것 혹은 Q의 법을 어기는 것
2) 요일 3:4	"죄를 짓는 자마다 불법을 행하나니 죄는 불법(불의 곧 불신) 이라" 하나님 앞에서 죄란 → 불법의 결과로 주어지는 모든 것
3) '죄(罪)'란 자기중심성 (自己中心性) 곧 자기 속(마음, 心)으로 구부러진 모든 것	행위뿐만 아니라 동기와 욕망에서 기인한 모든 것들도 죄 예를 들면, 의로우신 하나님 앞에서의 모든 반역, 우리를 창조하신 하나님의 목적(사 43:21)을 벗어난 모든 것, 하나님 앞에서 행한(행위, 욕망, 동기를 포함한) 모든 범죄, 거룩하신 하나님 앞에서 깨끗하지 못한 모든 것들, 매순간 드러나는 강퍅함, 불순종 등등

/homoú, "together" and 3004 /légō, "speak to a conclusion") - properly, to voice the same conclusion, i.e. agree ("confess"); to profess (confess) because in full agreement; to align with (endorse)./[3670 /homologéō ("confess") means to speak the same thing, i.e. "assent, agree with, confess, declare, admit" (Vine, Unger, White, NT, 120).]인데 이는 (1)회개(자백)하다 (2)감사하다 (3)찬양하다 (4)하나님께 맹세(약속, 마 14:7)하다로 해석된다. 다시 말하면 사실을 참된 것으로 간주하다, 삶(마음과 입과 습관, 언행심사)에서의 찬송, 헌신, 감사라는 의미이다.
결국 예수 그리스도의 십자가 보혈을 의지하여 회개하는 것은 '입술의 열매'로서 하나님께 드리는 '찬미의 제사'라는 말이다. 그렇기에 알리스터 맥그래스는 '하나님은 우리의 회개(지성적 회개, 1953~, Alister Edgar McGrath, 영, 성공회 사제, 신학자, 생화학박사)를 찬양으로 받으신다'고 했다.
참고로 호모로기아(ὁμολογία)는 자원(낙헌)예물(freewill offering, 신 12:6, 17, 겔 46:12, 암 4:5, 히 3:1)과 서원(레 22:18, 렘 44:25)을, 호몰로고스(ὁμόλογος, and this from ὁμον and λέγω); from (Sophocles and) Herodotus down)는 자유로운 마음으로(기쁘게, 호 14:4), 엑소몰로게오(ἐξομολογέω)는 찬양하다 칭송하다(롬 15:19)와 앙모하다, 영화롭게 하다(빌 2:11)라는 의미가 있다.

4)구약 :계명을 어기는 것	타리야그 미쯔바(Taryag, 613 Commandments, Mitzvot): 613계명 아쎄 미쯔바(aseh Mitzvot, 적극적 명령 '하라(Do)' 248계명 로 타아쎄 미쯔비(lo taaseh Mitzvot, 적극적 금령 '하지 말라(Do not)' 365계명 하라는 것: 자원함 & 적극성 / 하지 말라는 것: 지극한 절제와 근신
5) Commission & Omission	Commission: 하지 말아야 함에도 불구하고 행위, 동기, 욕망 등으로부터 시작된 악행을 의식, 무의식적으로 행한 것 Omission: 마땅히 해야함에도 의도적으로나 무의식적으로 하지 않은 것 곧 하나님을 마땅히 기쁘시게 해야함에도 그렇게 하지 못했던 모든 유의 언(言), 행(行), 심(心)과 태만(게으름)
6)구약 히브리어	1)아웬(אָוֶן, nm): 허물(민 23:21), 불의(욥 15:35), 죄악(시 7:14), 재앙(잠 22:8), 공허(사 41:19), 사신(死神) 우상 섬김(삼상 15:23, 암 1:5, 호 4:15) 2)아말(עָמָל, n): 곤고(삿 10:16), 환난(욥 3:10), 불의(사10:1, trouble, labor, toil), 악(합 1:13) 3)가나브(גָּנַב, v, 죄, 출 20:15, to steal) & 카솰(כָּשַׁל, v, 불의, 호 14:1, to stumble, stagger, totter): 진실왜곡 4)라솨(רָשָׁע, adj, wicked, criminal) & 라솨(רָשַׁע, v, 출 23:1, to be wicked, act wickedly) 5)하타흐(חַטָּאָה, nf, sinful thing, sin) & 하타트(חַטָּאת): (화살) 과녁 벗어남, 길을 잘못 들어섬(레 4:14) 6)페솨(פֶּשַׁע, nm, transgressio): Q의 통치(섭리 하 경륜)에 대한 거역, 반역(암 1:3)
7)신약 헬라어	1)하마르타노(롬 2:12, ἁμαρτάνω, v. originally: I miss the mark, hence (a) I make a mistake, (b) I sin, commit a sin (against God); sometimes the idea of sinning against a fellow-creature is present): Q 명하신 삶의 원리에서 벗어남, 실패/ 하마르티아(ἁμαρτία. 화살이 과녁을 빗나갔다, Q이 세우신 의의 표준되는 과녁을 벗어난 것) 2)오페일레마(pl, ὀφείλημα), 빚이나 채무 3)파라프토마(롬11:11. παράπτωμα, nn. a false step, a trespass, a falling away, lapse, slip, sin), 옆으로-넘어지다, 실수, 고의의 탈선, 진리나 의로움에서 벗어난 배교나 타락(마 6:14, 약 5:16, 골 5:15,20, 갈 2:13, 엡 2:15, 롬 11:11) / 미끄러지는, 어디에 빠져버리는, 의도적인 불순종이 아니라 부주의한 결과 나타나는 죄 4)파라(παρα)-바소스(βασος) ← 3)보다 더 의도적이고 의식적인 죄 :반대-걷다, 진리와 역행하는 모든 것 / Q께서 정해놓으신 한계를 넘어서는 죄, 5)아노모스(롬 2:12, ἀνόμως, adv, without law, lawlessly, 파르(παρ)-아노미아(ἀνομία),법을 무시, 정당한 규정 의 반대편 행동 / 아디키아(롬 1:18, ἀδικία, nf, injustice, unrighteousnes), 불의(도덕성에 허물어진 상태) /불법 적인 행위, 더욱 의도적이고 악명 높은 죄, Q과 Q의 의에 대한 대항과 공개적인 반란

한편 신실하시고 좋으신 삼위일체 하나님은 유한된 일회의 직선 인생에서 '최고의 가치'인 당신의 '은혜'를 우리가 간절히 사모하고 구하면 당신의 때에 당신의 방법으로 풍성한 은혜를 무한대로 베풀어 주신다고 약속하셨다. 우리는 한 번 인생을 그 은혜로 살아가야 하며 그 결과 우리

의 삶에는 기쁨이 가득하게 되고 감사가 넘치게 된다. 그렇기에 항상 기뻐할 수 있고 범사에 감사할 수가 있다. 결국 기쁨과 감사 또한 하나님의 은혜로 주어지는 것임을 알아야 한다.

단, 풍성한 하나님의 은혜를 누리려면 하나님과의 바른 관계와 친밀한 교제가 전제되어야 한다. 곧 샬롬(에이레네, εἰρήνη, 4가지 의미)의 관계이다.

문제는 그 크신 은혜를 무의미하게, 무가치하게, 아무런 감사도 없이, 무감각하게 여기는 것이다. 나와 공저자는 모든 것을 하나님의 은혜로 여기는 자, 은혜로 생각하는 자를 '신령한 자(고전 2:15, 3:1, 갈 6:1영의 사람)'라고 칭한다. 그런 그리스도인은 일평생 신령한 제사(곧 예배, 벧전 2:5)를 통해 신령한 총명(골 1:9)과 신령한 복(엡 1:3)을 누리며 살아가게 될 것이다.[41]

참고로 십계명의 제 4계명에는 '너의 하나님 여호와의 이름을 망령되이 일컫지 말라'고 하셨다. 여기서 '망령되이'라는 말은 앞서 언급(죄란 선의 결핍으로 하나님에 대한 경외심이 없는(경시, 무시, 망령되이 일컫는))했던 '경외심이 없는'이라는 말과 상통하는 것으로 실상은 '지독한 신성모독[42]'에 해당하는 단어이다.

---

41 조나단 에드워즈의 <로마서 주석, 복있는 사람> 참고
42 이는 중세 유럽의 스콜라 철학을 대표하던 토마스 아퀴나스(Thomas Aquinas, 1225-1274, 신학자, 철학자, 성인)의 지적으로 실제와 다르게 하나님의 이름을 망령되이 일컫거나 하나님의 이름으로 말함(맹세 후 하나님을 증인으로

그렇기에 오랜 기간 신앙생활을 해 왔던 교인일수록 주의해야 하는 것은 거룩하신 하나님에 대한 '무감각'과 '무관심', 그리고 '지나친 익숙함'이다.

예의 없는 익숙함은 가벼움을 낳고 지나친 가벼움은 상대에 대한 경시를 낳을 수 있음에 주의해야 한다.

망령되다= 신성모독(神聖冒瀆) 상대를 쉽게(가볍게) 여기다 보면 무시(경시)하게 되고 → 종국적으로는 저주(קלל, 칼랄, 레 20:9, v, to be slight, swift or trifling, lightly esteemed (2), make it lighter, superficially)하는 데까지 이르게 됨		
1)4가지 의미	1)쇼브(שוא, nm)	실제와 다르다(emptiness, vanity, misuse)
	2)쩨하크(צחק, v)	농담으로 여기다 : 코웃음, 비웃음, 가볍게 여김 (mock, make sport, 창 17:17, 18:12)
	3)바자흐(בזה, v)	경멸하다(v, to despise, 잠 14:2)
	4)나아쯔(נאץ, v)	가벼이 대하다 (נאץ, v, to spurn, treat with contempt, 잠 5:12)
2)마틴 루터(대요리문답, p17) 1*		하나님의 이름을 걸고 거짓말하거나 사실과 다른 것을 주장하는 것
3)마태복음(23:3)		말만 하고 행치 않는 것
*망령된 언어의 실례		(스포츠 시합에서) 하나님은 우리 편이다 (전쟁 중에) 어느 한 편에 하나님이 함께하신다 '로또에 꼭 당첨되게 해 달라' 'Oh Jesus', 'God damn you', 'Oh my God' etc

---

* 십계명, 스탠리 하우어워스, 윌리엄 윌리몬, 복있는 사람, 2019, p62-63 인용

삼는 행위) 후 우리가 그것을 이행하지 않고 농담으로 취급하면(망령되이 일컬으면) 하나님이 거짓말을 한 것(마 5:33-37, 시 5:6, 아나니아와 삽비라 부부가 물질에 대한 탐욕보다 거짓말때문에 심판을 받았다)이 된다고 했다.

다시 강조하지만 이방인(헬라인, Non-Christian)을 향한 로마서 1장 18절에서의 하나님의 진노는 (1)불의로 진리를 막는 사람들의 모든 경건치 않음(불순종)에 대해, (2)불의(불신)에 대해 하늘로부터 나타난다고 콕 집어 말씀하셨다.

	하나님의 진노 →내어 버려두사(파라디도미)
(1)첫째	불의로 진리를 막는 사람들의 모든 경건치 않음(불순종)에 대해
(2)둘째	불의(불신)에 대해
# 저들 삶의 행태 →내어 버려두사(파라디도미, παραδίδωμι, v) 1)마음에 하나님 두기를 싫어함 2)하나님을 영화롭게 아니함 3)감사함이 없음	

노하기를 더디하시는 하나님이시기에 진노의 심판을 늦추는 것일 뿐 그날이 오면 죄(불신, 불순종)에 대한 진노의 심판(백보좌 심판, 계 20:11)은 반드시 이루어질 것이다. 그럼에도 불구하고 저들은 마음에 하나님 두기를 싫어할(우상숭배, 섬기는 것, 만드는 것, 렘 2:12-13) 뿐만 아니라 더욱더 악하여져서 하나님을 영화롭게도 아니하며 감사치도 않으며 살아간다. 그에 대한 하나님의 반응(하나님의 진노)은 "내어 버려두사"라는 것으로 나타난다.

"내어버려둠(1:24, 26, 28)"의 헬라어는 파라디도미 43(παραδίδωμι, v)인데 이는 '다른 사람의 권세 아래로 넘겨주다'는 말이다. 이와 비슷하나 다른 신학적 용어가 바로 '하나님의 진노적 허용 혹은 분노적 허용(호 13:11)'으로서의 '허용적 징벌(징계)'이다. 여기서 유기된 자의 예정된 징벌(영벌, 백보좌 심판을 통한

---

43 파라디도미(παραδίδωμι, v)는 to hand over, to give or deliver over, to betray(from 3844 /pará, "from close-beside" and 1325 /dídōmi, "give") – properly, to give (turn) over; "hand over from," i.e. to deliver over with a sense of close (personal) involvement)이다. 동사는 파레도켄(παρέδωκεν, gave up, V-AIA-3S, 과거의 어느 시점에 이미 행위가 종결됨)이다.

유황불못 심판, 둘째 사망, 영원한 죽음)과 택정함을 입은 자들의 회복을 전제한 징벌(징계)은 완전히 결이 다르다.

유기된 자의 징벌=(미래형 하나님나라)유황불못 심판=(영원한 체벌, 영원한 심판)

택정함을 입은 자들의 징벌=(현재형 하나님나라)징계=(회복을 전제한 일시적 체벌)

참고로 히브리서 12장에는 '징계(꾸지람, 채찍질)'[44]라는 단어가 무려 10여 번이나 반복하여 나온다. 그런 히브리서에는 "또 온전(τελειότης, nm, maturity)케 하시는 이인 예수님"이라고 말씀하시면서 그 '징계'를 통해 우리의 "피곤한 손, 연약한 무릎, 삐뚤어진 발, 저는 다리(12:12-13)"를 온전(τελειότης, nm, maturity)케 하실 것을 말씀하고 있다. 회복을 전제한 체벌인 징계의 중요성(히 12:5-13)을 강조하신 것이다.

'징계'의 헬라어 파이데이아[45](παιδεία, nf)는 파이스(παῖς, nf, nm)에서 파생되었다. 즉 징계는 '회복을 전제한 일시적 체벌'을 가리키는 것으로 부모가 아이를 양육하는 하나의 방편이다.

---

44 히브리서 장편(掌篇) 주석 〈오직 믿음, 믿음, 그리고 믿음〉을 참고하라.

45 파이데이아(παιδεία, nf)는 the rearing of a child, training, discipline; training and education of children, hence: instruction; chastisement, correction/(from 3811 /paideúō, see there) – properly, instruction that trains someone to reach full development (maturity)이며 동사 파이듀오(παιδεύω, (a) I discipline, educate, train, (b) more severely: I chastise/ (from 3816 /país, "a child under development with strict training") – properly, to train up a child (3816 /país), so they mature and realize their full potential (development). This requires necessary discipline (training), which includes administering chastisement (punishment))에서 파생되었고 이 또한 파이스(παῖς, nf, nm, (a) a male child, boy, (b) a male slave, servant; thus: a servant of God, especially as a title of the Messiah, (c) a female child, girl)에서 파생되었다. 한편 '체벌'이라는 헬라어는 에피튀미아(고후 2:6, ἐπιτιμία, nf, punishment, penalty/(from 2008 /epitimáō, "to turn a situation in the right direction") – the fitting (appropriate) response necessary to turn someone in the right direction (used only in 2 Cor 2:6) 혹은 에크디케시스(히 10:30, ἐκδίκησις, nf, (a) a defense, avenging, vindication, vengeance, (b) full (complete) punishment)라고 한다.

그렇기에 히브리서 기자는 "그 사랑하시는 자, 그의 받으시는 아들, 아들과 같이 대우하는 참 아들(12:6-8)"에게만 징계한다고 하셨다. 또한 징계는 (1)우리의 유익을 증진(συμφέρω, v, to bring together, to be profitable)시키고 (2)당신의 거룩에 참예케 하기 위함(εἰς τὸ μεταλαβεῖν τῆς ἁγιότητος αὐτοῦ, in order to share of the holiness of Him)이라고 하셨다. 더 나아가 (3)의의 평강한 열매(ἀποδίδωσιν δικαιοσύνης, yields of Righteousness)를 맺게 하기 위함이라고 했다.

하나님나라		
(현재형(눅 17장): 주권, 통치, 질서, 지배개념/미래형(요 14장): 장소(거룩한 성 새 예루살렘) 개념)		
내어버려둠(파라디도미 (παραδίδωμι, v)): 다른 사람의 권세 아래로 넘겨주다		
일시적, 한시적 내어버려둠		영구적(영원) 내어버려둠
택정함을 입은 자 *카데마이(아직 복음을 듣지 못해 세상에 있는 자)		유기된 자 카토이케오
징계: 파이데이아(παιδεία, nf) 회복을 전제한 체벌		영벌: 아폴레이아(ἀπώλεια, spiritual loss or eternal separation)
아담 네페쉬: 루아흐(+)		아담: 루아흐(-)

한편 "모든 불의(1:29-31)와 경건치 않음(1:18)"에 해당하는 내용들(불의를 포함한 21가지)은 다음과 같다. 곧 추악, 탐욕, 악의가 가득한 것; 시기, 살인, 분쟁, 사기, 악독이 가득한 것, 수군거림; 비방, 하나님을 미워함, 능욕, 교만, 자랑, 악을 도모함, 부모 거역; 우매, 배약, 무정, 무자비함 등등이다.

인간 타락의 총체성	
→ 인간의 타락한 본질(추상적 죄(4)→구체적 범죄(17))을 계층적(확산성 & 연쇄성)으로 드러낸 본문 → 하나님의 심판 초래 & 복음(예수, 그리스도, 생명)의 필연성	
추상적 원죄(1:29, 하나님의 형상 훼손-의(義) 의 상실) *모든 죄의 뿌리; 하나님을 인정하지 않는 마음과 하나님을 떠난 마음, 그리고 본성의 문제	모든 불의(1:29-31, 죄의 포괄성) 와 경건치 않음(1:18) 추악(도덕적 부패와 방종) 탐욕(다함이 없는 정욕과 탐심) 악의가 가득한 것(왜곡된 마음)
추상적 원죄에서 17가지 구체적 죄악(부패성의 확산: 마음의 부패 → 구체적 행위)이 파생(1:29-31)	불의→시기, 살인, 분쟁, 사기 추악→악독이 가득한 것, 수군거림, 비방 탐욕→ 교만, 자랑, 악을 도모함 악의→ 부모 거역, 무정, 무자비함 경건치 않음→하나님을 미워함, 능욕, 우매, 배약

개중 테일러(Jeremy Taylor, 1613-1667, 영, 국교회 신부 및 작가)는 키케로(Cicero)의 말을 인용하면서 '남자가 남자를 탐하는 것'을 가장 가증스러운 악이라고 했다.[46]

'무정한 자'에서 '무정(無情)'의 헬라어는 아스토르고스(ἄστοργος, adj, without natural affection; from alpha (as a neg. prefix) and **storgé** (family affection))인데 이는 감사에 반하는 배은망덕(背恩忘德)이라는 의미로 이교도들이나 하는 짓거리이다. 결국 부모가 자식을 향한 애정(부정과 모정)이 없는 것과 자식이 부모를 향한 애정(효심)이 없는 것 둘 다를 가리키는 것으로 이방의 풍습(태아 유기 등; 한국(고구려 혹은 고려시대)의 고려장(高麗葬))이었다. 문제는 오늘날의 교묘하게 변형된 현대판 고려장도 만만치 않다는 것이다. 더 나아가 극히 드물기는 하나 그리스도인이라고 자처하는 이들에게서도 간간이 보인다는 점이다. 이는 불의(혹은 불신)의 또 다른 얼굴이다.

---

46 조나단 에드워즈 〈로마서 주석〉, p35-36 재인용

*핵심 요약 (휘포밈네스코, ὑπομιμνήσκω & 디다스코, διδάσκω)

1. 복음이란(정의, 6 핵심 콘텐츠)

   1) 정의

   2) 6 핵심 콘텐츠(6 CC)

2. 믿음의 4 기둥

   1) 믿음의 3종류 2) 믿음의 핵심 4 콘텐츠 3) 믿음의 사전적 정의

   4) 라틴어 'Credo'의 의미, 영어 believe←belove에서 파생(믿다, 신뢰하다=사랑하다)

3. 이신칭의, 이신득의

4. 죄의 전가

5. 하나님의 진노

6. 내어버려둠

* 강청기도

성부하나님을 찬양합니다. 성자하나님을 찬양합니다. 성령하나님을 찬양합니다. 삼위일체 하나님 한 분 만으로 만족하겠습니다. 삼위일체 하나님께만 영광 돌리겠습니다.

이곳 1장에서는 '오직 의인은 믿음으로 말미암아 살리라(1:16-17)'고 하시며 이신칭의, 이신득의(1:1-17)를 가르쳐 주셨습니다. 동시에 이방인들의 죄를 지적(1:18-32)해 주셨습니다. 오직 믿음, 믿음, 그리고 믿음으로 살아가게 하옵소서. 하나님이 싫어하시는 죄에 더욱더 민감하게 하옵소서. 복잡다단한 오늘의 현실 속에서, 더 나아가 쓰나미처럼 밀려오는 여러 사상과 왜곡된 복음, 다른 복음, 종교다원주의 앞에서 흘러 떠내려가지 않도록 우리의 유일한 구원자 되신, 예수 그리스도, 그 믿음으로 얻은 생명(영생)만 붙들게 하옵소서. 모든 영광 하나님께 올려드립니다. 감사드리며 예수 그리스도의 이름으로 기도드립니다. 아멘

*핵심 요약 (휘포밈네스코, ὑπομιμνῄσκω & 디다스코, διδάσκω)

1. '복음'의 정의, 6 핵심콘텐츠

하나님의 은혜의 복음	
'복음'의 정의,	6 핵심콘텐츠(6 Core Contents)
성부하나님: 구속 계획 성자하나님: 구속 성취 성령하나님: 구속 보증 성령님: 예수님만이 그리스도 메시야라고 가르쳐 주시며 우리에게 믿음을 선물로 주셔서 하나님의 자녀로 인 쳐주시고 지금 현재형 하나님나라를 누리게 하시며 장차 미래형 하나님나라에 들어가 영생을 누리게 하시는 하나님 이런 복된 소식을 가리켜 '복음'이라고 한다	첫째, 예수님만이 구원자이시다
	둘째, 예수님만이 그리스도 메시야이시다
	셋째, 예수님만이 대속제물, 화목제물이 되셨다
	넷째, 신인양성의 하나님이신 예수님만 역사상 유일한 의인이시고 우리를 대신하여 십자가에서 수치와 저주를 몽땅 안고 가셨으며 삼일 후 부활하셔서 승천하셨다. 때가 되면 재림하셔서 우리를 미래형 하나님나라에 데려가신다
	다섯째, 예수님만이 길이요 진리요 생명이시다
	여섯째, 그 예수님을 나의 구주 나의 하나님으로 입으로 시인하고 마음으로 믿으면 아무 대가 없이 아무 공로 없이 은혜로 믿음으로 구원을 얻게 된다

2. 믿음

믿음(Faith)의 4 기둥(4 Pillars) by Dr. Araw			
3 종류	4 콘텐츠	4가지(T-ATCO) 사전적 의미	라틴어/영 단어
1)피스티스(명) 주신 믿음 허락하신 믿음 객관적 믿음 2)피스튜오(동) 반응하는 믿음 고백하는 믿음 주관적 믿음 3)피스토스(형) 하나님의 신실하심, 미쁘심	1)태초(우리가 알지도 상상치도 못할 태초)부터 존재하신 삼위일체 하나님 2)태초(역사의 시작점 태초)에 삼위일체 하나님의 공동 천지창조 3)초림의 예수님 4)재림의 예수님	Total 1)Agreement 전적인 동의 2)Trustiness 전적인 신뢰 3)Commitment 전적인 헌신 4)Obedience 전적인 순복	Credo Cardia + I give 내 심장을 도려내어 드립니다. *Believe ← Belove 상대에 대한 믿음에는 항상 사랑이 내포되어 있음

에크 피스테오스(ἐκ πίστεως): '주신 믿음으로부터(from faith)' → 에크(ἐκ)는 근원을 나타내는 전치사, 하나님의 의로우심, 즉 만세 전에 하나님의 은혜에 의해 주어진 '주신 믿음, 허락하신 믿음'인 명사 피스티스(πίστις)를 의미

에이스 피스틴(εἰς πίστιν): '믿음에(to faith)' → 하나님께서 주신 믿음에 대해 '반응하는 믿음, 고백하는 믿음'으로 동사 피스튜오(πιστεύω)를 가리킨다. 즉 성도로서 한 번 인생 동안에 지향해야 할 신앙생활(명사인 믿음의 동사화 과정, 즉 믿음의 방향, 믿음의 상태)을 말한다. 결국 믿음으로 믿음에 이르게 된 것이라는 말은 주신 믿음(피스티스)으로 우리가 믿게 되었다(피스튜오)는 의미이다.

'믿음(피스튜오)': '큰 믿음, 좋은 믿음, 강한 믿음' 등등→'주관적 믿음, 고백한 믿음, 반응한 믿음'
<<< 명사(피스티스): '있다, 없다로서 주신 믿음, 허락하신 믿음, 객관적 믿음

에크 피스테오스(ἐκ πίστεως); '주신 믿음으로부터(from faith)' → 에크(ἐκ)는 근원을 나타내는 전치사, 하나님의 의로우심, 즉 만세 전에 하나님의 은혜에 의해 주어진 '주신 믿음, 허락하신 믿음'인 명사 피스티스(πίστις)를 의미

에이스 피스틴(εἰς πίστιν): '믿음에(to faith)' → 하나님께서 주신 믿음에 대해 '반응하는 믿음, 고백하는 믿음'으로 동사 피스튜오(πιστεύω)를 가리킨다. 즉 성도로서 한 번 인생 동안에 지향해야 할 신앙생활(명사인 믿음의 동사화 과정, 즉 믿음의 방향, 믿음의 상태)을 말한다. 결국 믿음으로 믿음에 이르게 된 것이라는 말은 주신 믿음(피스티스)으로 우리가 믿게 되었다(피스튜오)는 의미이다.

'믿음(피스튜오)': '큰 믿음, 좋은 믿음, 강한 믿음' 등등→'주관적 믿음, 고백한 믿음, 반응한 믿음'
<<< 명사(피스티스): '있다, 없다로서 주신 믿음, 허락하신 믿음, 객관적 믿음

성령하나님께서는 예수를 주(主, Lord)시라고 가르쳐 주시면서 만세 전에 택정함을 입은 사람에게 믿음(피스티스)을 선물로 주셨다. 이때 택정된 자들은 믿음(피스튜오)으로 고백할 수가 있게 된다. 앞서 언급했지만 명사인 믿음(피스티스)의 동사(피스튜오)화 과정을 신앙생활이라고 한다.

3. 오직 의인은 믿음으로 말미암아 살리라

4. 유대인이든 헬라인이든 모든 인간은 예외없이 죄 가운데 영적 죽음 상태로 태어난다. 그러므로 아담 이후의 모든 인간은 연합의 원리(The principle of Biblical unity or Principle of Association)와 대표의 원리(Principle of representation)에 따라 원죄를 가지고 태어날 수밖에 없다. 이를 죄의 전가라고 한다.

5. 하나님의 진노

첫째, 불의로 진리를 막는 사람들의 모든 경건치 않음(불순종)에 대해

둘째는 불의(불신)에 대해 하늘로부터 나타난다.

6. "내어버려둠(1:24, 26, 28)"의 헬라어→파라디도미(παραδίδωμι, v): '다른 사람의 권세 아래로 넘겨주다'는 의미

이와 비슷하나 다른 신학적 용어: '하나님의 진노적 허용 혹은 분노적 허용(호 13:11)'으로 '허용적 징벌'이라고 한다.

➔ 유기된 자의 징벌(영벌, 둘째 사망, 영원한 죽음, 유황불못 심판)과 택정함을 입은 자들의 징계(회복을 전제한 체벌)는 완전히 다르다.

"내어버려둠(1:24, 26, 28)"	
파라디도미(παραδίδωμι, v): '다른 사람의 권세 아래로 넘겨주다'	
이와 비슷하나 다른 신학적 용어 : '하나님의 진노적 허용 혹은 분노적 허용(호 13:11)'으로 '허용적 징벌'	
유기된 자의 징벌	택정함을 입은 자들의 징벌
(미래형 하나님나라)유황불못 심판	(현재형 하나님나라)징계
영원한 체벌 영원한 심판	회복을 전제한 일시적 체벌

레마 이야기 2

표면적 유대인(τῷ φανερῷ Ἰουδαῖός, the outward a Jew, 2:28),
이면적 유대인(τῷ κρυπτῷ Ἰουδαῖός, the inward a Jew, 2:29)

2:1-29 표면적 유대인들의 실상과 죄

앞서 레마 이야기 1에서의 전반부(1:1-17절)는 로마서의 핵심인 프롤로그(Prologue)에 해당한다고 했다. 곧 '복음(하나님의 은혜의 복음)에는 하나님의 의(예수 그리스도의 십자가 보혈)가 나타나서 믿음(피스티스)으로 믿음(피스튜오)에 이르게 하나니 기록된 바 오직 나의 의인은 믿음(피스토스)으로 말미암아 살리라'는 것이다. 이 말인즉 선한(복음 곧 예수, 그리스도, 생명임을 받아들인) 일을 행한 자(하나님의 은혜로 구원함을 얻게 된 택정함을 입은 자)는 생명의 부활(요 5:29)이라는 것이다.

반면에 후반부(1:18~32)는 일종의 본문이 시작되는 부분으로 불의(불신, ἀπιστία, nf, unbelief)와 경건치 않음(불순종, ἀπειθέω, v, refuse to believe)을 일삼는 자들 곧 이방인들(헬라인, Non-Christian)의 죄(Sin & sins)와 그 결과(하나님의 진노, 내어버려둠, 사형에 해당)에 대해 강한 톤으로 말씀하고 있다. 결국 1장 후반부의 방점은 불의(불신, ἀπιστία, nf, unbelief)와 경건치 않음(불순종, ἀπειθέω, v, refuse to believe)을 일삼던 이방인(헬라인, Non-Christian)의 결국(하나님의 진노, 내어버려둠, 사형에 해당)을 드러내는데 있다. 이 말인즉 요한복음 5장 29절의 악한(복음 곧 예수, 그리스도, 생명임을 받아들이지 않은) 일을 행한 자(헬라인, Non-Christian)는 심판의 부활(부활, 행 24:15) 후 백보좌 심판(계 20:11)

을 통한 영원한 죽음(계 20:10), 둘째 사망 곧 유황불못 심판(계 20:14))이라는 것이다.

레마 이야기 1, 오직 의인은 믿음으로 말미암아 살리라(1:17)	
1:1-17 이신칭의, 이신득의 1:18-32 이방인들(헬라인, Non-Christian)의 죄 지적	
전반부(1:1-17절) 로마서의 핵심인 프롤로그(Prologue)에 해당	후반부(1:18~32) 일종의 본문이 시작되는 부분
'복음(하나님의 은혜의 복음)에는 하나님의 의(예수 그리스도의 십자가 보혈)가 나타나서 믿음(피스티스)으로 믿음(피스튜오)에 이르게 하나니 기록된 바 오직 나의 의인은 믿음(피스토스)으로 말미암아 살리라'는 것	불의(불신, ἀπιστία, nf, unbelief)와 경건치 않음(불순종, ἀπειθέω, v, refuse to believe)을 일삼는 자들 곧 이방인들(헬라인, Non-Christian)의 죄(Sin & sins)와 그 결과(하나님의 진노, 내어버려둠, 사형에 해당)
이 말인즉 선한(복음 곧 예수, 그리스도, 생명임을 받아들인) 일을 행한 자(하나님의 은혜로 구원함을 얻게 된 택정함 입은 자)는 생명(영생)의 부활(요 5:29)이라는 것	이 말인즉 악한(복음 곧 예수, 그리스도, 생명임을 받아들이지 않은) 일을 행한 자(헬라인, Non-Christian)는 심판(영벌)의 부활(부활, 행 24:15) 후 백보좌 심판(계 20:11)을 통한 영원한 죽음(계 20:10), 둘째 사망 곧 유황불못 심판(계 20:14))이라는 것

참고로 히브리서 3~4장(3:18-19)에는 출애굽 1세대가 저질렀던 '불신(불의)'과 '불순종(불경건의 결과 나타남)'의 결과 그들이 '남은 안식(나중 안식, 저 안식)' 즉 가나안에 들어가지 못했음을 보여주고 있다. 이는 마치 구원의 취소가 있을 수도 있다라는 것처럼 보이기도 한다. 그러나 이 말은 '불신(ἀπιστία, nf, unbelief)과 불순종(ἀπειθέω, v, refuse to believe)'은 하나님의 극도로 싫어하시는 것이며 그 결과 하나님의 진노하심 아래에 놓이게 된다는 것에 방점이 있다. 결론적으로 히브리서의 방점은 '불신(ἀπιστία, nf, unbelief)과 불순종(ἀπειθέω, v, refuse to believe)'으로 일관했던 출애굽 1세대의 경우 로마서 1장(1:18~32)의 이

방인들의 결국과는 달리 구원의 취소에 방점이 있는 것이 아니라 하나님의 싫어하심과 무서운 진노에 대해 말씀하신 것이다.

오해할 부분이 있을까 하여 번거롭지만 노파심(老婆心)에서 히브리서(3~4장)의 말씀을 한 번 더 언급하고자 한다.

지난날 좋으신 하나님은 당신의 방법으로 '죄악 세상'을 상징하던 '애굽'으로부터 이스라엘 백성들을 해방[47](롬 8:2, ἐλευθερόω, to set free)시켜 자유[48](갈 5:1, ἐλευθερία, nf, Freedom)를 허락하셨다. 이후 하나님은 이스라엘 백성들로 '홍해'에서 '상징적, 집단적 세례(고전 10:2)'를 받게 하신 후 모든 인간들의 유한된 일회 인생을 상징하는 바란광야에서의 삶(38년 3개월 10일/요 5:5 베데스다 못 곁의 38년된 병자)을 당신과의 바른 관계와 친밀한 교제 가운데 살아가게 하셨다. 문제는 크신 하나님의 은혜를 입었음에도 불구하고 출애굽 1세대는 강퍅함[49](히 3:15, σκληρύνω)에 기인한 '불신(ἀπιστία, nf, unbelief)과 불순종(ἀπειθέω, v, refuse to believe)'으로 살아감으로 하나님의 노여움을 사게 된 것이다. 그 결과 여호수아와 갈렙을 제외한 출애굽 1세대는 '미래형 하나님나라'를 상

---

[47] a spiritual connotation, referring to liberation from sin, the law, or spiritual death through the work of Jesus Christ. 신실하시고 좋으신 하나님은 400년(창 15:13/ 430년; 갈 3:17, 출 12:40)의 압제에서 해방시키셨다.

[48] In the Jewish context, freedom was also a key theme, especially in relation to the Exodus from Egypt, which symbolized God's deliverance of His people. The New Testament writers, particularly Paul, used this cultural understanding to explain the spiritual freedom believers have in Christ.

[49] The verb **"sklérunó"** means to make hard or to harden. In a biblical context, it often refers to the hardening of the heart, which implies a resistance or insensitivity to God's voice or will.

징하는 '가나안'에 못 들어가게 된다.

이런 성경의 역사적 사실에 대한 흐름은 언뜻 보면 출애굽 1세대에 대한 구원의 취소처럼 보일 수가 있다. 그러나 히브리서 3~4장의 해석은 2,000년 전 유대교에서 기독교로 전향한 히브리인들을 향한, 곧 내우외환(로마정부의 폭압과 정책의 불공정으로 인한 불이익, 동족인 유대인들의 협박과 회유)을 겪던 연약한 기독교 히브리인들을 향한 메시지이기에 그런 역사적 배경(Historical background)을 고려하여 해석해야 한다.

당시 기독교 히브리인들은 안팎으로 박해[50]를 받게 되자 마구 흔들렸다. 그런 히브리인들에게 강퍅함으로 인한 불신과 불순종은 하나님이 극도로 싫어하시는 것이며 그 결과 하나님의 진노하심 아래 놓이게 됨을 서신 형식의 설교문(수사적 용법, 문예적 용법)으로 보낸 것이다. 그러므로 히브리서 6장이나 10장의 경우 구원의 취소를 말하려는 교리적 말씀이 아니라 '믿음과 순종'을 원하시는 아버지 하나님의 마음을 보여준 것이다.

더 나아가 히브리서는 그리스도, 메시야로서 복음의 주체이시자 믿음의 주체이신 예수님만 붙들라는 애정어린 충고에 방점이 있었던 것이다. 결국 히브리서는 출애굽 사건을 통해 하나님이 극도로 싫어하시는, 곧 강퍅(히 3:15)으로 인한 불신과 불순종에 대해 경고하는 것으로 구원의 취소가 아니라 오히려 하나님의 택정하심에 따른 구원에의 주권을 강조한 것이다.

이곳 로마서 2장(특히 21~29절에는 그들의 이율배반적(二律背反的) 행태를 지적)에서는 하나

---

50 안으로는 동족인 유대인으로부터의 압박(출교)과 회유(기독교에서 다시 유대교로 돌아오면 용서)를, 밖으로는 로마정부 권력의 무자비한 횡포와 핍박, 정책(시스템)의 불공정으로 인한 불이익을 말한다.

님을 안다고 하는, 선민으로서 하나님의 은혜로 율법[51]을 신탁 받았노라고 자랑하던, 표면적(혈통적, 선민) 유대인들의 죄악된 실상을 적나라하게 드러내고 있다.

이들은 툭하면 자신들은 의롭다고 여길 뿐만 아니라 모든 민족들 중 가장 뛰어나다(διαφέρω, surpass, 눅 18:9, 11)며 자신들만이 선민(자기 의, 율법)임을 자랑질하고 과대포장하면서 상대를 멸시(사 65:5)하고 심지어는 정죄까지 하곤했다. 또한 독특한 독선과 아집 속에 자신들만이 하나님의 뜻을 바로 분별(δοκιμάζω)할 수 있다고 했다. 그렇기에 스스로를 가리켜 소경의 길을 인도하는 자요 어두움에 있는 자의 빛이요 어리석은 자의 훈도요 어린아이의 선생이라며 자화자찬(自畵自讚) 속의 우월감에 젖곤(snobbish, self-centered)했다. 그들 중에 바리새인이 있었다. 그들은 하나같이 스스로를 가리켜 랍비로 불리기를 좋아했다(마 23:6-7).

스스로 지혜롭다고 여기는 자들에 대해 구약성경(잠 26:12, 사 5:21)은 실상은 미련한 자이며 그들에게 화(禍)가 있을 것이라고 경고하고 있다.

"네가 스스로 지혜롭게 여기는 자를 보느냐 그보다 미련한 자에게 오히려 바랄 것이 있느니라"_잠 26:12

"스스로 지혜롭다 하며 스스로 명철하다 하는 그들은 화 있을찐저"_사 5:21

이방인들의 경우 양심의 증거를 따라 죄에 대해 반응했다. 반면에 유

---

51 로마서 2장 12-16절에는 인간들의 행위를 심판하는 하나님의 기준에 대한 말씀이 있다. 곧 '모세의 율법과 양심의 율법'이다. "율법 없이 범죄한 자"란 이방인을 가리키는 것으로서 그들에게는 비록 하나님이 천사를 빌어 중보자 모세에게 신탁하신 율법은 없었다 할지라도 그들의 경우 태초에 인간을 창조할 때 주셨던 선과 악을 구별하는 인간의 본성(本性, 양심의 증거)이 있기에 그들에게 있는 '양심이 율법으로 작용'하게 된다는 것이다.

대인들은 모세가 신탁 받았던 율법에 의해(의식법이 아닌 도덕법에 의해 죄가 금지됨) 죄를 깨달았다(롬 3:20, 7:7). 그렇기에 율법 없이 범죄한 자는 율법 없이 망하고(진노와 분노, 환난과 곤고, 롬 2:8-9) 율법이 있고(도덕법으로) 범죄한 자는 율법으로 말미암아 심판을 받게 되는 것이다(2:12).

그리스도인 된 우리는 '복음(예수, 그리스도, 생명)과 십자가(보혈 곧 대속제물, 화목제물 되신 예수 그리스도)'로 인해 영적 죽음(첫째 사망)에서 살아났다(영적 부활, 첫째 부활). 그런 우리는 '오직 믿음(From, 성자예수님으로부터, 피스티스), 믿음(To, 성령하나님이 주신 믿음에 의하여, 피스튜오), 그리고 믿음(By, 성부하나님의 미쁘심, 신실하심으로, 피스토스)'으로 구원되었음에 그저 삼위일체 하나님의 크신 은혜에 대해 감사와 찬양, 그리고 경배를 올려야 할 뿐이다.

Soli Deo Gloria!

3종류	헬라어	의미	주체	성경 번역
(하나님의 은혜의)복음에는 하나님의 의(공의와 사랑)가 나타나서 믿음(명사형)으로 믿음(동사형)에 이르게 하나니 기록된 바 오직 나의 의인은 믿음(형용사형)으로 말미암아 살리라				
오직 믿음	피스티스	From Faith	예수님 구속 성취	믿음으로
믿음	피스튜오	To Faith	성령님 구속 보증	믿음에
그리고 믿음	피스토스	By Faith	성부하나님 구속 계획	믿음으로 말미암아
*삼위일체 하나님(Conceptualization): (전제조건)무한을 유한에 담을 수 없다 기능론적 종속성(구분되나, 다른 하나님) 존재론적 동질성(분리되지 않는, 한 분 하나님)				

"우리가 아직 죄인(언약, 원수, 롬 5:6, 10) 되었을 때에 그리스도께서 우리를 위하여 죽으심으로(롬 5:8)" 우리는 영적 죽음(첫째 사망)에서 살아나게(영적 부활)

되었다. 이제 후로 우리는 "우리 주 예수 그리스도로 말미암아 하나님으로 더불어 화평"을 누리게 되었다.

우리가 '의(義)롭다 함'을 얻게(롬 5:1)" 된 것은 오직 믿음(피스티스), 믿음(피스튜오), 그리고 믿음(피스토스) 덕분이다. 그런 우리는 마땅히 삼위일체 하나님께 영광을 올려드림과 동시에 이 땅에서 하나님의 능력, 성품, 속성을 우리 각자를 통해 드러내며 살아가야 한다. 이런 삶을 가리켜 '하나님께만 영광(Soli Deo Gloria)'이라고 한다.

참고로 '영광'이란 말은 이중적 의미를 가지고 있는 바 ⑴하나님을 찬양하고 경배하는, 곧 '올려드리다'라는 뜻과 ⑵하나님의 능력과 성품, 속성을 이 땅에서 '드러내다'라는 뜻을 가지고 있다.

그리스도의 몸 된 우리가 유한된 한 번 인생에서 해야 할 것은 'Soli Deo Gloria' 곧 '올려드리고 드러내는 것' 뿐이다.

'영광(δόξα, nf)'

1) 올려드리다(찬양과 경배를)

2) 드러내다(하나님의 능력과 성품, 속성을)

한편 예수를 믿어 구원된 우리는 하나님 안에서 예수 그리스도로 말미암아 이면적(영적) 유대인이 되었다. 진정한 '영적 이스라엘'이 된 것이다. 이에 대조되는 명칭이 표면적 유대인이다. 전자를 영적 유대인이라고 한다면 후자는 혈통적 유대인이라고 한다. 우리가 성경을 읽으며 문맥 속에서 분별해야 하는 것은 혈통적 유대인과 영적 유대인[52]이다.

로마서 11장 12, 25-26절, 마 23장 39절, 요한계시록 7장 3-4절(구약에서는 사 11;10-12, 겔 36-37장, 렘 16:13-15)에는 "유대인의 충만한 수"라는 말이 나온다. 이때 '유대인'이란 혈통적 유대인이 아니라 영적 유대인을 가리킨다. 그렇기에 예수님의 재림의 징조를 논할 때 '유대인의 충만한 수가 차기까지'라는 말은 혈통적 유대인의 수가 아니라 '만세전에 당신의 은혜로 택정된, 구원받기로 작정된 모든 자들이 돌아오기까지'라는 의미임을 잊어서는 안된다.

참고로 '유대인'이라고 할 때 다음의 3가지로 구분되나 이는 실상 다른 단어, 같은 의미이다.

히브리인(고후 11:22)	유대인(롬 2:17)	이스라엘인(고후 11:22)
헤브라이오스 Ἑβραῖος a Hebrew, particularly one who speaks Hebrew (Aramaic)	유다이오스 Ἰουδαῖος Jewish a Jew Judea	이스라엘리테스 Ἰσραηλίτης an Israelite, one of the chosen people of Israel, a Jew
히브리어를 말하는 유대인 '강을 건넌 자, 근본을 알 수 없는 자' 라는 비하적 의미	이방인과 구별된 유대인 (육적)혈통 강조	신정국가의 일원 언약의 상속자 유대인 가장 위엄있는 칭호

'영혼'과 관련된 용어들 또한 각각의 구분이 모호할 뿐만 아니라 그 의미가 겹치기도 하기에 구태여 구분할 필요가 없겠으나 간략하게만 설명하면 다음과 같다.

---

52 혈통적 "유대인(창 29:35)"은 구약의 '유다(יהודה, 예후다, probably "praised", a son of Jacob, also his descendant, the S. kingdom, also four Israelites)'에서 따온 것으로 이는 야다(ידה, give thanks, giving praise, glorify, 찬양, 감사, 영광)에서 파생되었다. 한편 진정한 유대인(영적 이스라엘)이란 '하나님께만 찬양과 감사, 영광을 돌리는 사람'을 가리킨다.

'영혼'의 반의어는 육(Σάρξ, nf, 사륵스, Flesh, 롬7:14 롬7:18)이다. 이는 부패한 육신의 정욕, 안목의 정욕, 이생의 자랑 등등을 가리킨다.

영혼		
반의어: 육(Σάρξ, nf, 사륵스, Flesh, 롬7:14 롬7:18) 부패한 육신의 정욕, 안목의 정욕, 이생의 자랑 등등		
혼 (렘31:25 벧전2:11 히4:12)	퓌쉬케(nf) (Soul, Ψυχή)	인간의 감정이나 본능적 욕구
영 (롬 8:6)	프뉴마(nm) (Spirit, πνεῦμα)	진정한 인간의 실체=성령을 가리키는 바람(wind) 생기를 의미하는 네솨마흐(נְשָׁמָה, nf, breath)
마음 (롬7:23 롬10:10 고후1:22)	누스(nm) (mind, heart, νοῦς)	지정의(知情意)로서 외면적 활동의 동기가 되는 내면
양심 (롬 2:15)	쉬네이데시스(nf) (Conscience, Συνείδησις)	인간의 도덕적 생활의 일차적 표준

*핵심 요약 (휘포밈네스코, ὑπομιμνήσκω & 디다스코, διδάσκω)

1. 표면적 유대인, 이면적 유대인
2. '영광'의 중의적 의미
3. 예수님의 재림의 때(징조)를 말할 때 "유대인의 충만한 수가 차기 까지"가 의미하는 것
4. 마태복음 24장 14절(이 천국 복음이 모든 민족에게 증언되기 위하여 온 세상에 전파되리니 그제야 끝이 오리라)의 의미

*강청기도

성부하나님을 찬양합니다. 성자하나님을 찬양합니다. 성령하나님을 찬양합니다. 삼위일체 하나님 한 분 만으로 만족하겠습니다. 삼위일체 하나님께만 영광 돌리겠습니다.
이곳 2장에서는 유대인이라고 자랑하는 네가, 율법을 의지하며 하나님을 자랑한다고 떠드는 네가, 율법에 있는 지식과 진리의 규모를 가진 선생이라는 네가 정작 율법을 범함으로 하나님을 욕되게 하고 있다며 유대인들의 죄를 조목조목 지적하셨습니다. 그러면서 할례는 돌비가 아니라(고후 3:3) 육의 심비 곧 마음에 하라(히 8:10)고 하셨습니다. 표면적 육신의 할례를 통한 표면적 유대인이 아니라 이면적 유대인이 되라고 하셨습니다. 이제 후로는 영적 이스라엘 곧 이면적 유대인으로 오직 믿음, 믿음, 그리고 믿음으로 살아가게 하옵소서. 하나님이 싫어하시는 죄에 대하여는 더욱더 민감하게 하옵소서. 택정함을 입은 자로서 보다 더 근신하며 깨어 있게 하옵소서. 모든 영광 하나님께 올려드립니다. 감사드리며 예수 그리스도의 이름으로 기도드립니다. 아멘

*핵심 요약 (휘포밈네스코, ὑπομιμνήσκω & 디다스코, διδάσκω)

1. 표면적 유대인(τῷ φανερῷ Ἰουδαῖος, the outward a Jew, 2:28): 혈통적 유대인, 민족적 유대인, 육신의 할례를 거친 사람

이면적 유대인(τῷ κρυπτῷ Ἰουδαῖος, the inward a Jew, 2:29): 영적 유대인, 마음의 할례 곧 세례의 4가지 의미(JC의 십자가 보혈로 죄씻음, 영접, 연합 곧 하나 됨, 주인으로 모심)를 결단하고 선포한 사람, 진정한 영적 이스라엘인

	세례의 4가지 의미	
1	Savior	JC의 십자가보혈로 죄 씻음 고백
2		그 예수님을 영접
3		그 예수님과의 연합 곧 하나 됨
4	Lord(Head, Master)	그 예수님을 나의 주인으로 모심(주권, 통치, 질서 지배)

2. '영광'의 이중적 의미

	'영광(Soli Deo Gloria)'의 이중적 의미	
1	올려드리다	하나님을 찬양하고 경배하다(박수를 올려드리다)
2	드러내다	하나님의 능력과 성품, 속성을 이 땅에서 나를 통해 '드러내다'

3. 로마서 11장 25-26, 12절, 요한계시록 7장 3-4절에서의 "유대인의 충만한 수"

'유대인': 혈통적 유대인<<영적 유대인

예수님의 재림의 징조를 말할 때 '유대인의 충만한 수가 차기까지'라고 말씀하신 것은 혈통적 유대인의 수가 아니라 '만세전에 당신의 은혜로 택정된, 구원받기로 작정된 모든 자들이 돌아오기까지'

4. 지역적인 의미로 단순히 지구 상의 모든 나라, 모든 민족에게 복음이 전해진 후에 예수님의 재림이 있을 것이라고 해석하는데 나와 공저자는 동의하지 않

는다.

나와 공저자는 비록 지역적으로 열방과 모든 민족에게 복음이 전해졌다 하더라도 만세전에 하나님의 택정함을 입은 모든 사람에게 복음이 전해진 후 그들 모두가 다 돌아오는 때, 곧 하나님의 정하신 때와 기한(행 1:7)에 예수님의 재림이 있을 것으로 해석한다.

레마 이야기 3

의인은 없나니 하나도 없으며(3:10)

3:23-24 모든 인간들의 죄

아담 이래로 모든 인간은 어느 누구 하나 예외 없이 영적 죽음(첫째 사망) 상태로 태어난다. 왜냐하면 아담의 죄가 전가됨(연합의 원리, 대표의 원리)으로 모든 사람(유대인이든 헬라인이든)은 다 죄인으로 태어나기 때문이다.

이곳 로마서 1~3장을 읽다 보면 2008년에 개봉되었던 '놈(The Good, 좋은 놈), 놈(The Bad, 나쁜 놈), 놈(The Weird, 이상한 놈)'이라는 영화가 떠오르기도 한다. 곧 죄인 된 이방인(1장), 죄인 된 유대인(2장), 죄인 된 모든 사람(3장)이다. 이들은 더하고 덜할 것도 없이 모두 다 하나님 앞에서 죄인이 맞다. 이와는 달리 나와 공저자는 3종류의 사람으로 분류한다. 공통점이 있다면 역시 모두 다 죄인이라는 것이고 차이가 있다면 성도는 의롭다 칭함을 받은 죄인이라는 것이다.

3종류의 사람(By Dr Araw & Co-Author)		
아담 네페쉬: 루아흐(+)		아담: 루아흐(-)
(1) 카데마이	(2) 성도	(3) 카토이케오
만세 전에 Q의 은혜로 택정되었으나 복음을 듣지 못해 아직은 세상에서 유기된 듯 살아가는 자 →우리는 이들에게 (듣든지 아니든든지, 때를 얻든지 못얻든지)복음을 전해야 한다	만세 전에 택정된 자로서 먼저 복음을 듣고 이미 그리스도인이 되어 성령충만(주권, 통치, 질서, 지배)으로 거룩함으로 구별되게 살아가는 자	유기된 자
(공통점) 셋 다 죄인 (차이점) 성도는 의롭다 칭함을 받은 죄인		

당연한 사실임에도 불구하고 세상은 놀랍게도 '의인은 없나니 하나도 없다'는 말에 심한 짜증을 낸다. 물론 도매급으로 치부되는 이런 말에 윤리도덕적으로 제법 그럴싸하게 살아가던 일부의 경우는 그럴 만도 할 것이다. 그러나 인간이 아무리 깨끗하게 살아간들 '거기서 거기까지' 곧 '도긴개긴'이다.

그렇다고 도덕적으로 살아가는 모든 사람을 평가절하(平價切下)하겠다는 뜻은 아니다. 점점 더 패악해져가는 세태 속에서 몸부림치며 윤리도덕적으로 올바르게 살아가려는 이들은 당연히 귀하다. 그렇다고 하더라도 죄인인 것은 변함이 없다. 더하여 깔삼한 그들의 치명적 약점 중 하나는 대부분 의식적이든 무의식적이든 간에 타인에 대해 도덕적 우월감에 더하여 상대를 은근히 낮추어보며 자기 의(義)를 드러내는 경향이 있는 것이다. 최악인 경우 지나치게 자기 애(愛)에 빠져 자신만의 종교를 만들기도 한다. 그러면서 '종교'란 '인간의 인간다움을 만드는 것'이라고 주장한다.

특별히 내 주변에는 그런 사람들이 제법 있다. 그들의 아성(牙城, stronghold)은 생각보다 두텁고 견고하며 '모든 것의 중심에 자신'을 두고 살아간다. 가만히 보면 실상 그들은 무질서(Disorder) 가운데 살아가고 있는 것이다. 정작 본인들만 팩트를 모르고 있을 뿐이다. 그렇기에 그들을 지속적으로 관찰하다 보면 혼란스럽고 기복이 심하며 여러가지 복합적인 문제가 얽히고 설키어 다양한 고통 속에서 훨씬 더 많이 삐걱거리며 살아감을 볼 수가 있다.

세상을 살아가며 모든 잣대(기준과 원칙, 최고의 표준)가 '자신'이라고 고집하는 그들은 모든 것에 독선적이며 자기 중심적이고 자기 몰두적이다. 이들과 대화하다 보면 숨이 턱턱 막힌다. 그들에게서는 이타적인 언행(言行)심사(心思)를 찾아보기가 힘들다. 마음 한가득 이기심만 가득 차 있어 두 번 다시 만나고 싶지 않은 부류들이다.

그러나 길이요 생명이요 참 진리인 기독교는 온 우주의, 전 인생의 중심에 삼위일체 하나님이 계신다.

기독교 예수를 믿는 종교	일반(자연) 종교 예수를 믿지 않는 종교
길 진리 생명(영생)	어그러진 길 비 진리 영벌(영원한 죽음, 둘째 사망, 세세토록 밤낮 괴로움을 당함)
특별 종교 신(神, 하나님)이신 예수님이 직접 인간을 찾아오심	일반 종교 연약한 인간이 알지 못하는 신(神)을 수도정진을 통해 찾아가야 함 혹은 자신이 신이 되려함
은혜 종교(오직 은혜, Sola Gratia)	자연 종교(선행, 자기 의(義), 공로)
계시 종교 말씀 종교	행위 종교 도덕 종교
믿음종교(이신득의, 이신칭의) 득도(得道)로부터 시작함 →수도(修道) →낙도(樂道) →전도(傳道)하지 않고는 견디지 못함	선행(공로)종교 수도(修道)로 시작 →108번뇌(百八煩惱)를 벗어나 열반(해탈) -자신이 신(神)이 됨 →비로소 득도(得道)에 이르렀다고 함

창조주 하나님, 역사의 주관자 하나님, 구속주 하나님, 심판주(승리주, 만왕의 왕, 만주의 주) 하나님만이 우리의 중심 되시기에 그런 우리는 혼돈(chaos)과 공허(Emptiness)가 아닌 질서(Order) 가운데 살아가게 된다. 그런 기독교는 '인간의 죄인 됨, 더러움'을 폭로하는 종교이기에 여타 종교나 일반(자연) 종교와는 완전히 다르다. 기독교(예수를 믿는 종교 곧 예수, 그리스도, 생명)만이 유일한 선이요 길이요 진리요 생명이다. 결국 이 세상은 진리인 기독교(특별 종교)와

비 진리인 자연 종교(일반 종교)로 양분될 뿐임을 알아야 한다.

앞서 언급했지만 기독교는 아담 이래의 모든 사람은 영적 죽음(첫째 사망) 상태로 태어난 죄인이기에 전적타락(Total Depravity), 전적무능(Total Inability), 전적부패(Total Corruption)되었다고 선언한다. 그렇기에 죄인 된 인간은 아무리 노력해도 죄를 안 지을 수 없는 존재(어거스틴, 4종류의 인간)인 것이다. 성경은 죄인 된 인간들의 적나라한 실상을 여러 번 반복되게(롬 3:10-18, 시 5:9, 10:7, 14:1-3, 36:1, 140:3, 렘 9:3, 사 57:7-8) 가감(加減) 없이 드러내고 있다.

이에 반하여 자연(일반) 종교는 인간(자아 혹은 자기) 중심, 도덕 중심을 지향하면서 죄짓지 않으려고 안간힘을 쓴다. 자아를 비우느라 도(道)를 닦는답시고 별의별 짓들[53]을 한다. 결국에는 그럴수록 죄만 더 짓게 되는 자신을 보며 온갖 명분을 내세우며 내로남불을 외치다가 종국적으로는 그 죄의 무게에 깔려 한숨 쉬고 만다.

2023년에 입적했던 고승의 유훈 중 '무(無)다(많은 말을 하지 않음)'라는 표현이 자연 종교를 잘 대변하고 있다. 그는 '산은 산이요 물은 물이다'라는 심오하면서도 약간은 애매모호한 말을 남겼다. 나는 특별히 이 말을 몇 번이고 되새겼던 적이 있다. 물론 '사물의 본질을 그대로 보라, 일상적인 현상과 사물 속에 있는 진리를 직시하라'는 의미라고 생각되지만 그럼에도 불구하고 '무(無)다(많은 말을 하지 않음)'라는 단문(simple sentence)은 '산은 산이

---

53 그중에 '나무아미타불'이라는 반복된 염불 외우기가 있다. 나무(南無)란 산스크리트어(고대 인도의 언어)로 나마스(namas, 경배, 존경, 복종)인데 '귀의하다, 존경을 바치다'는 의미이며 아미타불(阿彌陀佛)은 서방(불교의 우주론에서 극락이 서쪽에 있다고 생각, 해가 지는 곳으로 삶의 끝(죽음)과 새로운 시작(깨달음)암시) 극락세계의 주불(主佛)로 무한한 생명(무량수(無量壽))과 빛(무량광(無量光))을 상징하는 부처인데 '아미타불에게 귀의합니다. 아비타불을 믿고 의지합니다'라는 의미이다.

요 물은 물이다'라는 말과 관통하고 있다는 사실에 놀라지 않을 수 없다. 결국 죄인 된 인간의 온갖 노력의 결론은 폭망이며 아날뤼시스(육신적 죽음, 히 9:27) 후에는 영벌(백보좌 심판, 유황 불 못 심판, 영원한 죽음, 둘째 사망)일 뿐임을 드러내는 말이다.

그런 연유로 나는 주변에서 자연 종교를 추구하는 착한(?) 사람들을 보면 그 결말을 뻔히 알기에 참담함을 금할 길이 없다. 왠지 모르게 코끝이 시큰하기도 한다. 그렇기에 나는 종종 그런 그들을 만나면 흥분된 어조로 복음(하나님의 은혜의 복음, τὸ εὐαγγέλιον τῆς χάριτος τοῦ Θεοῦ, 토 유앙겔리온 테스 카리토스 투 데우)을 선포하곤 한다. 복음을 받아들이라고 강요하지는 않으나(복음은 선포이지 설득이 아니다) 복음의 맛과 감동에 어쩔 줄 몰라 하는 나를 드러낸다. 동시에 복음의 정의(Definition)와 핵심콘텐츠(6 Core Contents)54를 조곤조곤 전하곤 한다.

안타까운 것은 기독교 안에도 일반(자연) 종교의 요소가 제법 묻어있는 것이다. 얼핏 두루두루 섞여 있기도(금욕주의, 청빈 등등 유독교=유교+기독교, 불독교=불교+기독교, 선독교=선교+기독교) 하다. 특히 고지론(高地論), 상급론55(賞給論, reward, 행위상급론 등) 등등과 같은 것은 아슬아슬하기까지 하다. 이런 유의 것들은 기독교를 그릇된 방향(뒤틀린 기독교, 쟈크 엘륄, Jacques Ellul)으로 나아가게 하는 매혹적인 끌림(사단의 유혹) 중 하나이다.

---

54 핵심요약, p44, 1)번 답

55 기독교에서 '상급'의 경우 시공을 초월하는 부활체로 살아갈 천국 곧 미래형 하나님나라에서 주어지는 것이라기보다는 종말시대(초림이후~재림 전)의 한 부분인 현재형 하나님나라에서 already~not yet동안에 하나님의 뜻을 따라 하나님의 기쁨으로 살아가며 사역하는 동안에 주어지는 모든 것을 나와 공저자는 '상급'이라 생각하고 있다. 곧 천국은 침노하는 자의 것으로 이 땅에서 부르심(소명)을 따라 보내심(사명)을 받은 곳 어느곳에서나 충성스럽게 사역했던 모든 것이 각자의 상급인 것이다.

사실 그런 기독교는 없다.

지난 역사상 하나님 중심이 아닌 인간 중심으로 나아가다가 태동, 양산되었던 수많은 괴물들이 있다. 가장 가깝게는 이데올로기(Ideologie, 현실적이며 이념적인 의식의 제 형태, 관념 형태, 의식 형태)가 그랬다. 그 결과로 천민자본주의(賤民資本主義, Pariakapitalismus, 전근대적, 비합리적 자본주의), 사회주의(社會主義, Socialism, 사회 전체의 이익을 중시하는 이데올로기, 초기 기독교 공산주의가 그 실례), 민중 민주주의(民衆民主主義, 1980년대 이념적 논쟁에서 나온 한국 사회 운동, '사람이 먼저다', 인민민주주의, People's democracy)가 나왔다. 이들이 불러 일으켰던 지난 역사의, 그리고 오늘까지도 양산되고 있는 참혹한 폐해는 말로 다할 수가 없다. 알고 보면 그들 모두는 단순한 이념이 아닌 그릇된 신앙을 가졌던 것으로 자연 종교를 믿는 신자들이었을 뿐이다.

그릇된 종교적 열정은 종종 광기를 불러 일으킨다. 그러다 보면 점점 더 '자기 의(義)'를 앞세우기 시작한다. 종국적으로는 '자기 의(義)'를 종교적 신념으로 만들어 냉큼 예수님의 자리에 자신을 올려버린다.

마치 자신이 의인이라도 되듯이……

자신의 인간다움이 마치 신(神)의 경지에 도달이라도 한 듯이……

이들은 모든 중생들이 겪는다는 백팔번뇌[56](百八煩惱, 108번뇌)를 벗어나 자신들만이 해탈의 경지에 도달했다고 스스로 착각한다. 그것이 바로 하나님의 원 역사(Original or Primeval history)를 닫게 했던 창세기 3장의 '하나님과 같

---

56 108은 상징적 숫자로 Six senses(시각(눈), 청각(귀), 후각(코), 미각(입 or 혀), 촉각(몸), 마음(법))와 3가지 시간(과거, 현재, 미래)과 3가지 성질(선(좋은 것), 악(나쁜 것), 무기(중간 상태); 선과 악은 True or False로서 진리의 문제라면 Good or Bad는 윤리의 문제), 그리고 2가지 상태(탐(좋아하는 것), 진(싫어하는 것))로서 상기의 요소를 조합하여 나온 108개의 번뇌를 말한다.

이 되려는 사상(3:5)', 창세기 6장의 '네피림 사상(6:4)', 창세기 11장의 '바벨탑 사상(11:4)'이다.

놀랍게도 그들은 '인간다움'을 착각하면서 정당성(Legitimacy)과 명분(moral duty)을 내세웠다. 그리하여 자신이 모든 것의 중심이 된 후 자기와 다른 것에 대하여는 모조리 비판하고 심지어는 적대시함으로 저주를 퍼붓는다. 그 결과 상대뿐만 아니라 자신의 영혼마저도 죽여버린다. 살인, 테러, 인종 청소, 분쟁과 전쟁 등등은 그 산물이기도 하다. 이 모든 것의 기저에는 그릇된 종교적 신념으로 가득찬 독선(self-righteousness)이 깔려 있다. 곧 독선적(獨善的) 배타주의(chauvinism, 쇼비니즘, 맹목적, 광신적, 호전적 애국주의)이다.

성경[57]은 "의인은 없나니 하나도 없다(롬 3:10, 시 14:2-3, 53:2-3)"고 단정지어 말씀하고 있다. 앞서 언급했지만 아담 이래로 모든 사람은 원죄(Original Sin)를 가지고(전가) 태어난다. 영적 죽음 상태(첫째 사망, 영적 사망)이다. 연합의 원리, 대표의 원리이다. 로마서 3장 23절은 "모든 사람이 죄를 범하였으매 하나님의 영광[58]에 이르지 못하더니"라고 말씀하고 있다. 우리는 처음 그

---

57 성경을 바라보는 세 관점이 있다. 첫째는 (1)정경 66권을 6대 속성(무오류성, 완전성, 충분성, 명료성, 권위성, 최종성), 3대 영감(완전영감, 유기영감, 축자영감)으로 바라보고 믿으며 굳게 붙드는 관점으로 나와 공저자가 지향하는 관점이다. 둘째는 (2)성경은 인간의 생각과 어휘로 기록한 편집에 불과하다는 관점이다. 어림없는 소리이다. 세 번째는 (3)칼바르트(Karl Barth, 스위스 신학 자, 변증법 신학 창시자, 신정통주의 신학자, 1886-1968)같은 합리성을 강조하는 이들이 보는 관점으로, 성경은 하나님의 말씀이기는 하나 인간이 기록할 때에 오류가 발생한 것이라는 관점이다. 이는 가장 위험한 생각이다. 이런 유의 잘못된 생각들은 사본학(codicology, 혹은 본문비평학 textual criticism)을 통해 성경은 이미 오류가 없다는 것이 밝혀졌음에도 불구하고 그들 만의 편견과 교만, 고집스러움으로 치달은 결과이다.

58 '하나님의 영광(τῆς δόξης τοῦ Θεοῦ)'을 해석하는 학자들의 다양한 의견들이 있다. (1)창조주 하나님이 마땅히 받으실 영광(Calvin, Barmby, Thomas), (2)미래에 성도들이 누릴 하늘의 영광(H. Ridderbos), (3)하나님의 뜻에 합당한 자에게 주실 영광 즉 칭찬, 시인, 위로(C. Hodge, Denny, Zahn, Lenski), (4)창조 시 하나님의 형상(쩨렘, 신체적 형상)과 모양(데무트, 성품 곧 지정의)을 따라 지음 받은, 다른 피조물과 구분되는 특권(Bruce, Godet, Hendriksen, Meyer, Harrison, Hofmann, Wilckens)등이다. 학자들은 주로 (4)번을 지지하나 나와 공저자는 네 가지를 다 포용한다. 왜냐

말씀을 들었을 때 절망뿐이었다. 그 절망을 소망으로 바꾸어 주신 분이 바로 '예수 그리스도'이시다.

성부 하나님은 인간의 구속을 계획하셨다. 좋으신 하나님은 당신의 구속 계획을 성취하실 구속주(The Savior)이신 예수님을 그리스도, 메시야로 이 땅에 보내셔서(The Anointed) 십자가 보혈로 대가[59]를 지불(성부하나님의 공의 만족)하게 하셨다. 즉 인간은 성부하나님의 유일한 기름부음 받은 자, 그리스도, 메시야이신 "구원자 예수로 말미암아 하나님의 은혜로 값없이 의롭다[60] 하심을 얻게 된(롬 3:24)" 것이다. 할렐루야!

바로 초림의 구속주이신 예수 그리스도를 "하나님의 의(義, 롬 3:21-22)"라고 한다. 그 예수님은 때(BC 4년)가 되매 '하나님의 한 의(義)'로 이 땅에 오셨으며 역사상 유일한 의인으로서 성육신(Incarnation)하신, 신인양성의 하나님이시다. 그 결과 하나님의 의(義)로 이 땅에 오신 그 예수 그리스도를 '믿음으로' 말미암아 모든 믿는 자에게는 하나님의 의(義)가 미치게 되었다. 요약하면 다음과 같다.

성부하나님은 의(義)롭다.

하면 본질에서 벗어나지 않는 해석의 경우 맞다 틀리다가 아니라 그렇게 해석함으로 그 안에 있는 또 다른 의미를 통해 하나님의 뜻을 보다 더 폭넓게 풍성하게 이해할 수 있기 때문이다.

59   화목제물(힐라스테리온, ἱλαστήριον, nn, propitiation)이란 '예수 그리스도께서 화목제물 되셔서 십자가 보혈(대가 지불)을 통해 하나님과 우리를 화목시키신 것'을 말한다. 원래 인간은 죄로 인해 하나님과 단절(막힌 담 곧 휘장)되었으나 예수님께서 십자가에서 대신하여 죽으심(대가 지불 곧 대속제물(λύτρον, nn))으로 그 막힌 담을 허물어 주셨다(요 19:30). 이후 하나님과의 화목(친밀한 교제)이 이루어졌다. 곧 예수 그리스도 말미암아 하나님의 은혜의 보좌 앞에 당당히 나아갈 수 있게 된(히 4:16) 것이다. '보혈을 지나 하나님 품으로.'

60   그리스도의 죽음은 인간의 범죄 때문이고 부활은 칭의를 위함이라는 단순한 이분법적 사고로 해석하는 것에는 주의해야 한다. 오히려 그리스도인의 칭의(Justification)는 예수님의 죽음과 부활로서 완전히 이루어졌고 확증된 것(예수 그리스도 새언약의 성취인 초림 곧 죽음과 부활)이라고 해야 한다.

성부하나님께서 이 땅에 보내신 삼위일체 하나님(기능적 종속성(다른, 구분되는), 존재론적 동질성(한 분, 분리되지 않는))이신 예수님도 의(義)롭다.

그러므로 성부하나님에 의해 예수 그리스도로 말미암아 그 예수를 믿게 된 우리는 의(義)롭게(칭의) 된다.

'죄사함 곧 의롭다 함'을 얻은 것은 우리의 행위가 아닌 '오직 믿음, 믿음, 그리고 믿음'의 결과이다. 할례자(유대인)든 무할례자(이방인, 헬라인)든 간에, 남자든 여자든 간에, 종이든 자유인이든 간에, 그 외모와 종족, 지위고하에 관계없이(신 10:16-17, 삼상 16:7, 롬 2:11, 갈 2:6, 엡 6:9, 골 3:25, 벧전 1:17), 어떠한 차별도 없이(갈 3:28) '오직 믿음'으로 의롭다 함을 얻게 되는 것이다. 그렇게 우리를 의롭다 하실 하나님(Justificabit justus servus meus. 나의 의로운(צַדִּיק, 짜디크) 종(עֶבֶד, 아베디)이 나를 의롭게 할 것(יַצְדִּיק, 야쩨디크)이다, 사 53:11)은 삼위일체 하나님 즉 '다른(구분되나, 기능론적 종속성) 하나님, 한 분(분리되지 않는, 존재론적 동질성) 하나님(롬 3:30)'이시다.

참고로 중생(칭의, 유효적 부르심, 신분의 변화) 후 우리를 거룩케 하시는(성화, Sanctification, 롬 6:13, 상태의 변화) 하나님은 성령님이시다. 성화는 성령님의 전적인 주권 영역이다. 그렇기에 '야훼 메카디쉬켐(거룩케 하시는 하나님, 레 20:8)'이라고 말씀하셨다. 이를 곡해하여 '하나님께서 모든 것을 하시니 무엇이든 알아서 해 주세요. 나는 아무 것도 않겠습니다'라고 하는 것은 지극한 무지의 소치이다.

그런 면에서 성화는 둘로 나눌 수 있다. 곧 수동적 성화(칭의, 히브리서의 믿음)와 능동적 성화(성화, 야고보서의 행함)이다. 전자가 하나님의 주도권을 인정하고 전적인 하나님의 주권(택정하심)에 복종(surrender)하는 것이라면 후자는 하나님의 주권 하에서 허락하신 소명과 사명에 즐거이 반응(피스튜오, 행함)하는 것 곧 하나님과의 즐거운 동역(동역에로의 부르심, God works with us)을 가리킨다.

성화(Sanctification)	
주체(야훼 메카디쉬켐:거룩케 하시는 하나님, 레 20:8)): 성령하나님	
수동적 성화	능동적 성화
하나님의 주도권을 인정하고 모든 것을 전적인 하나님의 주권(택정하심)에 복종(surrender)하는 것	하나님의 주권 하에서 내가 반응(피스튜오, 행함)하는 것 곧 하나님과의 즐거운 동역(동역에로의 부르심, God works with us)

핵심 요약 (휘포밈네스코, ὑπομιμνήσκω & 디다스코, διδάσκω)

1. 기독교와 일반종교의 차이

2. 모든 인간의 적나라한 실체

3. 하나님의 원 역사를 닫게 했던 3가지

4. 성경을 바라보는 3관점

5. 대속제물, 화목제물

*강청기도

성부하나님을 찬양합니다. 성자하나님을 찬양합니다. 성령하나님을 찬양합니다. 삼위일체 하나님 한 분 만으로 만족하겠습니다. 삼위일체 하나님께만 영광 돌리겠습니다. 이곳 3장에서는 '의인은 없나니 하나도 없다'라고 하시며 모든 사람의 죄를 알려주셨습니다. 그렇습니다. 우리는 영적 죽음 가운데 태어나 소망이 없는 상태였습니다. 구원자이신 예수 그리스도로 말미암아 하나님의 은혜로 값없이 의롭다함을 얻게 하셨습니다. 지극한 은혜요 그저 은혜입니다. 그런 삼위일체 하나님 한 분 만으로 만족하며 하나님께만 영광 돌리며 살아가게 하옵소서. 이제 후로는 영적 이스라엘 곧 이면적 유대인으로 오직 믿음, 믿음, 그리고 믿음으로 살아가게 하옵소서. 하나님 앞에서 교만하지 않게 하시고 하나님이 싫어하시는 죄에 대하여는 더욱더 민감하게 하옵소서. 택정함을 입은 자로서 보다 더 근신하며 깨어 있게 하옵소서. 모든 영광 하나님께 올려드립니다. 감사드리며 예수 그리스도의 이름으로 기도드립니다. 아멘

*핵심 요약 (휘포밈네스코, ὑπομιμνῄσκω & 디다스코, διδάσκω)

1. 기독교와 일반종교의 차이

기독교 예수를 믿는 종교	일반 종교 예수를 믿지 않는 종교
길 진리 생명(영생)	어그러진 길 비 진리 영벌(영원한 죽음, 둘째 사망, 세세토록 밤낮 괴로움을 당함)
특별 종교 신(神, 하나님)이신 예수님이 직접 인간을 찾아오심	일반 종교 연약한 인간이 알지 못하는 신(神)을 수도정진을 통해 찾아가야 함
은혜 종교(오직 은혜, Sola Gratia)	자연 종교(선행, 자기 의(義), 공로)
계시 종교 말씀 종교	행위 종교 도덕 종교

2. 전적타락(Total Depravity), 전적무능(Total Inability), 전적부패(Total Corruption)

3. 하나님의 원 역사(Original or Primeval history)를 닫게 했던 3가지 사건:

하나님의 원 역사(Original or Primeval history)를 닫게 했던 3가지 사건	
창세기 3장	하나님과 같이 되려는 사상(3:5)
창세기 6장	네피림 사상(6:4)
창세기 11장	바벨탑 사상(11:4)

4. 성경을 바라보는 3가지 관점

분류	성경을 바라보는 세 관점	평가
(1)정경 66권	6대 속성(무오류성, 완전성, 충분성, 명료성, 권위성, 최종성) 3대 영감(완전영감, 유기영감, 축자영감)	나와 공저자가 지향하는 관점
(2)편집설	성경은 인간의 생각과 어휘로 기록한 편집에 불과하다는 관점	어림없는 소리
(3)칼바르트(Karl Barth, 스위스 신학자, 변증법 신학 창시자, 신정통주의 신학자, 1886-1968)같은 합리성을 강조하는 이들	성경은 하나님의 말씀이기는 하나 인간이 기록할 때에 오류가 발생한 것이라는 관점 #이런 유의 잘못된 생각들은 사본학(codicology, 혹은 본문비평학 textual criticism) 을 통해 성경은 이미 오류가 없다는 것이 밝혀졌음에도 불구하고 그들 만의 편견과 교만, 고집스러움으로 치달은 결과	가장 위험한 생각

5. 화목제물(힐라스테리온, ἱλαστήριον, nn, propitiation): 하나님의 공의에 의해 예수 그리스도께서 스스로 제물이 되심, 곧 십자가 보혈

아담 이래로(연합과 대표의 원리에 의해) 출생했던 모든 인간은 죄로 인해 하나님과 단절(막힌 담 곧 휘장)되어 있었다.

때가 되어 역사상 유일한 의인이신 신인양성의 예수님이 오셔서 십자가 상에서 우리를 대신하여 죽으심(대가 지불 곧 대속제물(λύτρον, nn))으로 하나님과 우리 사이의 죄로 인해 막힌 담을 허물어 주셨다(요 19:30).

이후 하나님과의 화목(친밀한 교제)이 이루어졌다. 곧 예수 그리스도 말미암아 하나님의 은혜의 보좌 앞에 당당히 나아갈 수 있게 된(히 4:16) 것이다.

화목제물(죄로 인한 하나님과의 막힌 담을 허물어 주심), 대속제물(하나님의 공의로 인한 대가 지불)은 다른 단어 같은 의미이다.

레마 이야기 4

여기셨느니라(λογίζομαι, v, to reckon, to consider)

아브라함의 실례: 하솨브(히), 로기조마이(헬)

이곳 4장에서는 이신칭의(以信稱義), 이신득의(以信得義, Justification by faith)의 실례로 믿음의 조상인 아브라함을 등장시키고 있다. 놀랍게도 그런 아브라함조차도 행위(4:2)나 할례(4:11), 율법(4:13)으로써 의롭다 하심을 얻은 것이 아니라 '오직 믿음((1)복음의 내용(예수, 그리스도, 생명)을 믿음, (2)복음을 주신 하나님을 믿음)'으로 '의롭다 함'[61]을 얻은 것이라고 말씀하고 있다.

믿음의 조상이라 일컫는 아브라함[62]의 경우, 놀랍게도 그는 처음부터 굳센 믿음의 소유자는 아니었다. '아브라함의 믿음'은 비록 깜냥조차 안 되었으나 하나님의 '여겨주심'으로 말미암아 믿음의 조상이 된(롬 4:17-24) 것이다. 이 말인즉 '아브라함의 믿음(롬 4:17, 21)'이란 (1)생명과 부활의 하나

---

61 '의로 여기셨다'의 해석은 의를 불어넣으셨다(RCC, 의롭게 만드셨다, 의인)가 아니라 의롭다고 선언(대우, 칭의(의롭다 칭함 받은 죄인), 귀속시킴, 종교개혁자)하셨다는 말이다.

62 아브라함의 행위에 관한 유대인들의 뿌리깊은 전통이 있는데 바울은 이를 송두리째 흔들고 있다. 참고로 외경(쥬빌리 23:10)이나 므낫세의 기도 등에는 아브라함의 행위에 대해 '완전했다'고 기록되어 있다. 랍비 문헌들에는 아브라함이 3세 때부터 하나님을 섬겼고 당시 율법과 할례를 예기적으로(prophetically, 예언적으로) 행했다고 주장한다. 또한 아브라함은 자신의 공력으로 하나님의 임재의 상징인 '빛나는 구름(출 24:15-16)'을 불러올 수 있었다고 한다(Strack & Paul Billerbeck). 물론 나는 이런 부분에 전혀 관심이 없다. 모든 것은 하나님의 은혜이기 때문이다.

님, ⁽²⁾창조주, 전능주 하나님, ⁽³⁾신실하신 역사의 주관자 하나님, 언약의 하나님을 아브라함이 믿은⁶³ 것이라는 의미이다. 그러므로 구원의 패스워드(password)는 '복음(예수, 그리스도, 생명)'에 대한 '믿음'이다.

참고로 "여기다"의 히브리어는 하솨브(חָשַׁב, v, to think, account)이고 헬라어는 로기조마이(λογίζομαι)인데 이는 '그럴 깜냥이 안 됨에도 불구하고 그렇게 인정해주다, 여겨주다, 간주하다; 전가되다, (다른 사람의 계정으로)계산하다'는 의미이다. 여기서 '깜냥'이란 '그릇'이라는 말로 스스로 일을 헤아릴 능력(what little ability one has, one's ability or capacity)을 말한다.

나는 이 단어가 왠지 정겹다.

전혀 '깜냥'이 안 되었던 나에 대한 고마우신 하나님의 은혜 때문이다. 오늘의 나는 세월의 흐름과 더불어 하나님의 은혜를 더욱더 풍성하게 누리고 있다.

사족(蛇足)같은 간증을 하나 늘어놓고자 한다.

지난날부터 나는 허물과 실수가 아주 많았다. 크고 작은 흠집들로 온통 얼룩져 있었다. 동서남북 사방은 꽉~꽉 막혀 있었고 하늘마저 온통 검었던 기억뿐이다. 그 많던 장애물들은 다 나열하기도 어려울 정도이다. 그러다 보니 고백 자체가 두렵고 아예 용기도 나지 않았다. 그래서 자주자주 골방에 들어가 하염없이 울곤했다. 긴 한숨을 쉬기도했다. 그럴수록 마음은 점점 더 무거워져갔다. 세월과 더불어 절망이 쌓여가자

---

63 로마서 4장 19절에 의하면, 아브라함은 100세 당시 자기 몸의 죽은 것 같음을 알았다고 했다. 그럼에도 이삭을 얻었다. 사라가 죽은(127세) 후에 얻었던 후처 그두라(창 25장)를 통하여도 많은 자녀(창 25:2)를 두었다. 이는 역사의 주관자 하나님 편에서는 아브라함언약(특히 창 15장의 횃불언약)에 대한 신실하심이었고 아브라함 편에서는 하나님에 대한 자신의 믿음이었다.

살아갈 희망은 점점 더 사라졌다. 그곳에서 헤어나려고 엄청난 몸부림을 치기도 했다. 대치물(代置物, substituent)을 찾아 많이 헤매기도 했다. 그 와중에 만났던 무수히 많은 사람들과 사물들…….

시간이 흐를수록 무거운 멍에는 짐이 되어 점점 더 쌓여만 갔다. 극한에 다다르자 마지막 시도를 해보고 죽으려 했다. 그 마지막 시도가 바로 목사이자 멘토였던 나의 아버지 이윤화 목사가 남겨준 2가지 유산인 '산(山) 기도와 성구 암송'이었다.

나는 어려서부터 성경 암송을 많이 했다. 당연히 자발적으로 한 것은 아니다. 소위 '땜질용'이었다. 지난날 성경 암송을 통해 나의 실수들을 면죄부(indulgence)로 받았기에 어쩔 수 없이 많은 성경 구절들을 암송하게 되었던 것이다. 또한 어려서부터 아버지가 산(山) 기도를 가실 때마다 삼남매 중에서 유독 내가 많이 간택(?) 되었다. 누님과 동생보다 뛰어나거나 특별히 사랑을 많이 받아서가 아니다. 유별났기 때문이다. 나의 경우 산에라도 데려가지 않으면 무슨 일을 벌일지 모르는 천방지축(天方地軸)의 아이였기 때문이다. 그렇게 아버지의 손에 이끌려 억지로? 끌려 다녔는데 바로 그 산 기도가 오늘의 나를 있게 했다.

젊은 날의 실수와 허물은 둘째 치고라도 지금까지 나는 적잖은 인생을 살며 크고 작은 수많은 돌발 상황들을 겪었다. 그때마다 나를 건져주었던 것은 지난날 외웠던 성경 말씀들과 자의 반(半) 타의 반(半)으로 다녔던 산 기도였다. 그랬던 나였기에 지난날부터 삶 속에서 소망이 희미해지기 시작하면 죽을 각오로 산 기도를 가곤 했다. 유독 좋아했던 한 장소가 있었다. 그곳은 내가 자주 갔던, 여러 추억이 깃든 김해(생철리)의 무척산 기도원이다.

　당시 기도원 반대편 산 너머에는 동굴이 있었다. 한 번은 그 동굴에 8통의 물병을 가지고 하나님의 응답이 없으면 그냥 죽을 것이라고 결심하고 들어갔다. 그리고는 들어가자마자 죽여달라고 목이 쉬어라고 고함치며 삿대질하며 기도를 시작했다. 나 스스로 보아도 기가 차고 한편으로는 우스꽝스러운 '뗑깡'이었다. 하루 이틀이 지나고 사흘이 되자 기도는 고사하고 배가 너무 고팠다. 머릿속은 온갖 복잡한 생각들로 가득 찼다.

　생각보다 기도는 잘 되지 않았다. 그렇게 6일이 지나자 배가 고파 쓰러질 지경이 되었다. 짜증이 나고 화가 치밀어 올랐다. 그날 저녁을 이생에서의 마지막 D-day로 정하고는 더욱더 고래고래 고함을 지르며 하늘을 향해 마구 삿대질을 해댔다. 한참이 지났음에도 하늘은 아무런 미동(微動)도 없었다.

　무언가 짜릿한 느낌이라도 있어야 하는 것 아닌가…….

　그냥 덤덤하기만 했다. 긴 한숨을 쉬는데 갑자기 어린 시절의 어떤 영상들이 파노라마처럼 스치며 지난 시절에 불렀던 찬양들이 마구 생각났다. 나도 모르게 그 찬양을 흥얼거리기 시작했다. 계속 반복했다. 눈물이 주르르 흘렀다. 계속하여 찬양을 했다. 가사를 가만히 음미하는데 눈물이 쉴 새 없이 볼을 타고 줄줄 흘러내렸다. 찬양하다가 기도하기를 반복했다. 어린 시절의 성경구절들이 뇌리를 스치며 또렷한 음성으로 들려왔다.

　때로는 나지막하게, 때로는 천둥 치듯이.

그렇게 그날 밤은 말씀과 찬양을 통해 하나님의 음성을 듣는 무한한 행복감을 흠뻑 누렸다. 잠시 누웠다 싶었는데 일어나 동굴 밖으로 나와 보니 이미 해가 중천에 떠 있었다. 몸을 조금 풀고는 다시 동굴로 들어가 계속하여 찬양과 기도를 반복했다. 어느새 마음은 평온해졌고 처음 기도하려고 마음먹었던 수많은 기도 제목들은 하나도 생각나지 않았다. 평안함 가운데 성경책을 펴고는 찬찬히 읽어 나갔다. 말씀 속으로 빨려 들어갔다. 익히 암송하던 구절들이 대부분이라 속독은 문제도 아니었다.

산속의 어두움은 빨랐다. 어느덧 해가 져서 다시 찬송을 하며 기도하며 시간 가는 줄도 모른 채 그날 밤을 꼬박 새웠다. 전혀 피곤하지도 배고프지도 않았다.

다시 새벽이 찾아왔다. 놀랍게도 감사하게도 하나님의 음성이 또렷이 나의 마음에 전달되었다.

'이젠 그만 내려가서 네가 하던 일을 보다 더 알차게 하거라. 세월을 아끼라. 때가 악하니라. 결과는 내게 맡겨라. 그리고는 그날까지 최선을 다하는 성경 교사가 되라'고 하셨다.

전혀 "깜냥"이 아니었음에도 불구하고…….

'성경 교사'

나는 그때까지 성경 교사로 살아왔다고 생각했다(실제로 나는 초딩 때부터 유년주일학교 교사를 했었다). 그런데 다시 '성경 교사로 살아가라'니…….

Teaching is the best way of learning.

가르침으로 주님을 더 알아가라는…….

그날 이후 '성경 교사'라는 말이 머릿속을 떠나지 않았고 그렇게 살아가려고 '지독하게(나에 대한 다른 사람들의 표현이다)' 몸부림을 쳤다. 모르긴 해도 족히 수백 번은 외쳤던 듯하다. 그후로 대자연이 서너 번 바뀌었다. 십수 년 전에는 두 번째로 방배동의 신대원(M. Div)에서 객관적 관찰자 입장에서 청강을 통해 신학을 다시 점검했다. 밤늦게까지 도서관에 남아 헬라어 히브리어를 심층적으로 재미나게 공부했으며 닥치는대로 모든 신앙 선배들의 책들을 하나하나 정독해나갔다. 지난 2,000~2,001년에 있었던 하와이 빅아일랜드 코나의 열방대학에 있을 때 읽었던 책들보다 훨씬 많은 양이었던 듯하다.

이후 전도사와 청년리더들을 타겟(target)으로 하는 장편(掌篇) 주석들을 집필하기 시작했다. 나의 소망은 가장 신임하는 공저자들(자녀들과 멘티들 등등)과 함께 여생에 7권의 주석(2023년 11월 현재까지 이미 7권을 출간했다)과 핸드북(2024년 9월 현재까지 이미 3권을 출간했다)을 쓰는 것이다. 그리고는 육신의 장막을 벗는 그 날까지 그들과 함께 계속 업그레이드(Upgrade) 업데이트(Update)하는 것이다. 예수 재림의 그날까지…….

그런 지금의 나는 오롯이 '하나님의 여겨주심'의 열매이다.

그동안 나는 글을 통해 간혹 앞서 언급했던 유의 고백들을 하곤 했다. 놀라운 것은 그때마다 뜬금없이 저자가 감정적으로 자신을 끌어와 '이신칭의'를 들먹이며 지면을 메운다고 피드백과 함께 야단치는 분들이 종종 있었다. 화가 나기도 하고 당황스럽기도 했지만 금방 그들에 대한 섭섭한 마음과 생각을 지우곤 했다. 왜냐하면 좋으시고 신실하신 하나님은 특별히 내게 친밀하게 다가오셨기에, 진정한 '하솨브'의 하나님이셨기에, 나는 주변의 상황들에는 그닥 신경쓰고 싶지가 않았기 때문이다.

"여기셨느니라(하솨브, 로기조마이)"

눈물겹도록 고맙고 감사하다.

나는 내 자신의 수준을 너무나 잘 알고 있다. 그렇기에 매사 매 순간 남들보다 더 열심히 노력하며 주어진 시간을 누구보다도 잘 배분하여 알차게 살아왔고 지금 또한 그렇게 살아가고 있다. 나의 하루는 말 그대로 '25시(時)'이다. 그런 나는 한 번 인생에서 핵심가치(core value)에 따른 우선순위(Priority)를 잘 지키면서 말씀을 연구하고 또 연구해왔고 앞으로도 그럴 것이다.

나는 오늘도 하나님의 '여겨주심(하솨브, 로기조마이)'에 힘입어 하나님께서 가라면 가고 서라면 곧장 서 버린다. 그런 나를 향한 하나님 말씀의 논리적 정당성은 고사하고 약간의 설득조차도 언감생심(焉敢生心) 내게는 과분하기만 하다. 그런 나는 주인 되신 그분께서 말하라면 말하고 침묵하라면 중간에 말이 잘리더라도 침묵해 버린다.

'하나님의 여겨주심'을 잊지 않기 때문이다.

"그러나 나의 나 된 것은 하나님의 은혜로 된 것이니 내게 주신 그의 은혜가 헛되지 아니하여 내가 모든 사도보다 더 많이 수고하였으나 내가 아니요 오직 나와 함께하신 하나님의 은혜로라" _고전 15:10

모든 것은 하나님의 은혜이다. 오직 은혜(Sola Gratia)!

*핵심 요약 (위포밈네스코, ὑπομιμνήσκω & 디다스코, διδάσκω)

1. 하솨브, 로기조마이
2. 아브라함의 믿음을 의로 여기셨다.
3. 롬 4:20-22

*강청기도

성부하나님을 찬양합니다. 성자하나님을 찬양합니다. 성령하나님을 찬양합니다. 삼위일체 하나님 한 분 만으로 만족하겠습니다. 삼위일체 하나님께만 영광 돌리겠습니다.

이곳 4장에서는 "여기셨느니라(하솨브, 로기조마이)"고 하시며 아예 자격도 없었던 우리를 불러 주셔서 가르쳐 주시고 훈련시켜 주셨음에 감사드립니다. 더 나아가 당신의 사역에 동참하게 하심에 감사드립니다. 되돌아보면 모든 것이 당신의 은혜입니다. '나의 나 된 것은 하나님의 은혜로 된 것'임을 잊지 않게 하옵소서. 하나님의 일에 쓰임 받을 때 하나님보다 말씀보다 앞서지 않게 하시고 모든 일에 겸손하게 하옵소서. 삼위일체 하나님 한 분 만으로 만족하게 하시며 오직 하나님께만 영광 돌리며 살아가게 하옵소서. 무슨 일을 하든지 마음을 다하여 주께 하듯 하게 하시고 살아도 주를 위하여 살게 하시고, 죽어도 주를 위하여 죽게 하옵소서. 모든 영광 하나님께 올려드립니다. 감사드리며 예수 그리스도의 이름으로 기도드립니다. 아멘

*핵심 요약 (휘포밈네스코, ὑπομιμνήσκω & 디다스코, διδάσκω)

1. "여기다": '그럴 깜냥('그릇', 스스로 일을 헤아릴 능력(what little ability one has, one's ability or capacity))이 안 됨에도 불구하고 그렇게 인정해주다, 여겨주다, 간주하다'는 의미

    히브리어: 하솨브(חשׁב, v, to think, account)
    헬라어: 로기조마이(λογίζομαι)

2. 아브라함은 '오직 믿음(여겨주심)'으로 의롭다 하심을 얻었다.

아브라함은	
행위로	의롭다 하심을 입은 것이 아니다
할례로	의롭다 하심을 입은 것이 아니다
율법으로	의롭다 하심을 입은 것이 아니다
오직 믿음으로, 여겨주심으로	의롭다 하심을 얻었다

3. 롬 4:20-22

"믿음이 없어 하나님의 약속을 의심치 않고

믿음에 견고하여져서 하나님께 영광을 돌리며

약속하신 그것을 또한 능히 이루실 줄을 확신하였으니 그러므로 이것을 저에게 의로 여기셨느니라" _롬 4:20-22

레마 이야기 5
우리 주 예수 그리스도로 말미암아 하나님으로 더불어 화평을 누리자(5:1)

믿음으로 구원된 그리스도인들의 횡재: 샬롬[64] (하나님으로 더불어 화평을 누리게 됨)

우리가 알지도 상상치도 못할 태초(히; 올람, 케뎀, 헬; 아르케)부터 존재하셨던 삼위일체 하나님(다른(구분되나, 기능론적 종속성) 하나님, 한 분(분리되지 않는, 존재론적 동질성) 하나님)은 역사의 시작점 태초(히; 베레쉬트, 헬; 게네시스)에 공동으로 천지를 창조(창 1:1-2)하셨다.

베레쉬트 바라 엘로힘 에트 하샤마임 브에트 하아레츠
베하아레츠 하예타흐 토후 바보후
베호세크 알 페네 테홈
베루아흐엘로힘 메라헤페트 알 페네 함마임

천지를 공동으로 창조하신 삼위일체 하나님은 당신의 형상(신체적 닮음(인간

---

[64] 나는 표기에 있어 '샬로'이 아닌 '샬롬'을 권한다. 왜냐하면 '샬롬'은 가나안의 태양신 '샬림(Shalim, 일몰신, 샤하르(Shachar)는 일출신)'과 어근이 같기 때문이다. '샬롬'을 통해 '예수의 이름'으로 상대를 축복하는 것은 귀하나 부지불식(不知不識) 간에라도 가나안 신을 부르며 상대를 축복하는 것은 그리스도인으로서 온당치 못하기 때문이다. 고대에는 태양과 지구 사이를 도는 내행성인 금성(새벽별, 저녁별)이 아침(새벽 동쪽 하늘, 샛별, 새벽별)과 저녁(저녁 서쪽 하늘, 저녁별, 개밥바라기별(개의 밥그릇, 개가 저녁밥을 기다릴 무렵에 보이는 밝은 별))에 두 번 밝게 보이는 동일한 천체임을 몰랐던 듯하다. 각주 94를 참고하라.

이 하나님을 반영=하나님과의 관계 속에서 권위와 역할 부여받음), צֶלֶם, in Our images, 안에서(in His own images), 베짤메누, 쩨렘)을 따라 당신의 모양(지정의, 갈 4:19 דְּמוּת, according to Our likeness, 키데무테누, 데무트)대로 남성과 여성을(성(性) 목적 부여: 남성답게(manly), 여성답게(womanly)) 지으셨다.

그런 삼위일체 하나님은 창조주(創造主, 조물주, Creator)이시고 우리는 피조물(被造物, creature)이다. 그렇기에 우리는 삼위일체 하나님과의 '바른 관계 속에서 친밀한 교제' 가운데 살아가야 한다. 동시에 사람과의 관계에서도 '바른 관계와 친밀한 교제' 가운데를 유지해 나가야 한다.[65]

역사의 시작점 태초에 인간을 창조하신 창조주 하나님은 창세기 1장(창 1:1~2:3, 주어는 엘로힘, 제 1 창조)과 달리 2장(창 2:4~25, 주어는 야훼 엘로힘, 제 2 창조)에서는 좀 더 디테일하게 한 번 더 창조에 대해 재차 말씀해 주셨다.

곧 창세기 1장(1:1~2:3)에서 엘로힘은 당신의 형상을 따라 당신의 모양으로 남성과 여성을 만들었다면 2장(2:4~25)에서 야훼 엘로힘은 땅(אֲדָמָה, 아다마, the ground)의 먼지(עָפָר, 아파르, 흙, 티끌, dry earth, dust)를 들어쓰셔서 그 푸슬푸슬한 먼지같은 흙을 당신의 은혜(은혜의 단비)로 곱게곱게 빚어 당신의 형상(하나님 반영, 창조세계 다스리는 역할 부여, 쩨렘)을 따라 당신의 모양(지정의, 데무트)대로 아담(אָדָם, 창 2:7)과 하와(창 2:21-22)를 만드셨던 것이다. 그리고는 그 코에 생기(רוּחַ, 루아흐, breath, wind, spirit/네솨마흐, נְשָׁמָה, the breath/하이, חַי, alive, living)를 불어넣으셨다. 그렇게 창조된 살아있는 인간(the man하아담, אָדָם, a being러네페쉬, נֶפֶשׁ, living하야흐, חָיָה)이 바로 생령 곧 아담 네페쉬이다.

---

65 하나님과 사람과의 관계와 교제에 있어 바른 관계에는 수동성과 순종성이 요구되고 친밀한 교제에는 능동성, 적극성, 즉각성, 순수성(Manipulation, gaslighting금지), 지속성(열정, Enthusiasm)이 요구된다.

삼위일체 하나님: 태초에 공동으로 천지창조	
당신의 형상(신체적)을 따라 당신의 모양(지정의)대로	
남성과 여성을 창조(성의 목적, 창 1:28)	
아담 네페쉬	아담
땅(아다마)의 흙먼지(아파르)+생기(루아흐)	땅(아다마)의 흙먼지(아파르)
생령 곧 진정 산 사람	살았으나 죽은 사람

창조주이신 삼위일체 하나님은 말씀으로 천지만물을 공동으로 창조하신 후 "보시기에 좋았더라(טוב, 토브, it was good, 창 1:31)"고 하셨다. 사람이 창조되던 여섯째 날에는 특별히 "보시기에 심히(מאד, 메오드, muchness) 좋았더라(טוב, 토브, it was good, 창 1:31)"고 극찬(토브 메오드)하셨다. 이후 루아흐를 모신 아담 네페쉬를 위해 야훼 엘로힘은 동방(קדם, 케뎀, everlasting, 영원, aforetime, beginning, east)의 에덴(עדן, delight, 기쁨, a luxury, dainty)에 동산(하나님나라)을 창설하시고 보기에 아름답고 먹기에 좋은 나무를 두셨다(창 2:8-9). '동방의 에덴'이란 '영원한 기쁨'이라는 의미로 '하나님 나라에는 영원한 기쁨이 있다'라는 의미이다.

한편 동산 가운데에는 생명나무와 선악을 알게 하는 나무(창조주와 피조물의 바른 관계 설정, 둘인지 하나인지는 분명치 않다)를 두셨다. 그리하여 당신과 '바른 관계와 친밀한 교제' 가운데 살아가게 하셨다.

하나님의 창조물 중 가장 간교(교활함, 거짓과 속임수, 유혹)했던 뱀(사단(나하쉬, 악한 영적 세력)을 상징, 창 3:1, 계 12:9, 20:2)이 하나님의 명령을 살짝 비틀어 아담과 하와를 교묘하게 속였다. 그 일에 보기좋게 속아 넘어갔던 아담도 문제였지만 특별히 하와의 경우는 하나님의 말씀에 첨삭과 더불어 왜곡과 과장까지 했다. 이런 아담과 하와를 두고 어거스틴[66]은 타락 전의 사람은 죄를 지을 수도, 안 지을 수도 있다(able to sin, able not to sin)고 했다.

사단: 하나님이 참으로 너희 더러 동산 모든 나무의 실과를 먹지 말라 하시더냐(창 3:1)

하와: 동산 나무의 실과를 우리가 먹을 수 있으나 동산 중앙에 있는 나무의 실과는 하나님의 말씀에 너희는 먹지도 말고 만지지도 말라 너희가 죽을까 하노라(창 3:2-3)

사단: 너희가 결코 죽지 아니하리라 너희가 그것을 먹는 날에는 너희 눈이 밝아 하나님과 같이 되어 선악을 알 줄을 하나님이 아심이라(창 3:4-5)

하나님: 동산 각종 나무의 실과는 네가 임의로 먹되 선악을 알게 하는 나무의 실과는 먹지 말라 네가 먹는 날에는 정녕 죽으리라(창 2:16-17)

상기의 본문을 통해 우리는 하나님의 말씀에 토를 달거나 그 말씀을 자의적으로 혹은 엉뚱하게 비틀어 해석(벧후 1:20, 3:1, 사 28:10, 13, 계 22:18-19)하는 것에는 극한 절제를 넘어 아예 근처에도 가지 말아야 한다. 왜냐하면 하나님의 말씀을 왜곡하여 자기명분이나 타당성의 근거로 삼는 것은 어리석음의 극치요 하나님이 가장 싫어하는 죄이기 때문이다.

---

66 Augustine's Fourfold view of the Will

Pre-Fall Man	Able to sin, able not to sin	죄를 지을 수도, 안 지을 수도 있다
Post-Fall Man	Not able not to sin	죄를 안 지을 수 없다
Born again Man	Able to sin, able not to sin (but not perfectly) Already~not yet	죄를 지을 수도, 안 지을 수도 있다 죄와 싸우되 피흘리기까지
Glorified Man	Not able to sin Resurrection boby	죄를 지을 수 없다

참고로 상기의 대화를 통해 우리는 사단의 5가지 전략(첨삭, 왜곡, 과장, 과거에 대한 지나친 집착, 아직 다가오지 않은 미래에 대한 지나친 걱정과 두려움)과 3가지 특성(교만, 거짓, 참소(고발)), 3가지 도구(창 3:6, 마 4장, 요일 2:15-16)(먹음직(육신의 정욕, 돌을 떡이 되게 하라), 보암직(안목의 정욕, 성전 꼭대기, 하나님의 아들이어든 뛰어내리라), 지혜롭게 할 만큼 탐스러움(이생의 자랑, 지극히 높은 산, 천하만국과 영광, 내게 엎드려 경배하면 이 모든 것을 네게 주리라))를 알 수 있게 된다.

결국 에덴동산의 뱀(나하쉬, 사단의 상징)과 아담 부부는 서로가 서로를 사실인 듯 아닌 듯 속고 속였던 것이다. 그리하여 아담의 원죄는 연합과 대표의 원리에 의해 오고 오는 후손들에게 전가(轉嫁, imputation)되어 버렸다. 그런 아담은 '오실 자(J.C 곧 둘째 아담)의 모형(전형, 예표, 표상, 롬 5:14)'으로서 이를 모형론적(typological) 해석[67]이라고 한다. 그리하여 모든 인간은 아담 이래로 예외없이 영적 죽음(영적 사망, 첫째 사망) 상태로 태어나게 되었다. 그 결과 영 죽을 수밖에 없는, 영벌 상태에 빠져버린 것이다.

'첫째 아담'의 행위(원죄)가 대대로 모든 인간에게 영향을 미쳐 죄가 전가된 것은 그가 혈통적으로 전(全) 인류의 대표자로서 우리와 연합되어 있기 때문이다. 마찬가지로 예수를 그리스도, 메시야로 영접한 우리는 '둘째 아담'인 의(義)의 대표자 예수 그리스도와 연합(십자가에 함께 못 박힘(갈 2:20))되어 예수 그리스도의 의(義), 곧 전가된 의가 주어졌다. 이를 '대표와 연합의 원리'라고 한다. 결국 '첫째 아담'은 영적 죽음을 초래했으나 '둘째 아담'이신 예수 그리스도는 영생을 허락하셨던 것(예수, 그리스도, 생명, 요 20:31)

---

67 성경해석학(Hermeneutics, Biblical Interpretation)에서 모형론(유형론, 예표론)적인 해석이란 구약의 특정 인물, 제도, 사건을 장차 오실 신약의 그리스도에 대한 비유, 예표, 예시로 간주하는 것을 말한다. Novum Testamentum in Vetere latet. Vetus in Novo patet.(By Augustine) 신약은 구약 안에 감추어져 있고 구약은 신약 안에서 선명하게 드러난다.

이다.

이를 반복하여 강조하면 다음과 같다.

'첫째 아담'의 경우 인류의 대표자로서 그가 범죄함으로 연합 관계에 있던 모든 인간이 죄와 사망을 갖게 되었다면 의(義)의 대표자로서 역사상 유일한 의인이시자 완전한 신이신, 신인양성의 '둘째 아담'이신 예수 그리스도의 경우 온 인류의 죄를 대신한 속량제물(대속제물, 화목제물)이 되심으로 당신의 의를 우리에게 전가하셨던 것이다.

그런 좋으신 예수님은 하나님의 본체(한 분 하나님, 분리되지 않는 하나님, 존재론적 동질성)이심에도 불구하고 하나님과 동등됨을 취할 것으로 여기지 않으시고(빌 2:6) 성육신(Incarnation)하셔서 인류를 대표(대신)하여 수치와 저주를 상징하던 십자가(신 21:23)에서 친히 대속 죽음을 담당하셨다(테텔레스타이). 2,000년 전, 그때 우리는 예수 그리스도와 함께 우리의 몸을 십자가에 못 박았다. 그리하여 예수님과 연합관계에 있던 우리는 예수의 죽으심과 더불어 옛 사람이 죽었고 예수의 살아나심(부활의 첫 열매[68] 되심, 고전 15:20, 23)과 더불어 새 사람(새 것, 새로운 피조물, 고후 5:17)이 되었다(골 2:12-13, 3:1, 엡 2:5-6, 롬 5:10, 6:4, 빌 3:10). 그 결과 의와 생명 곧 소망(엘피스, 미래형 하나님나라에로의 입성과 영생)을 얻게 된 것이다. 연합과 대표의 원리[69]에 대한 신비(뮈스테리온, μυστηριον, 엡 3:3, '입을 다물다'(shut the

---

[68] 첫 열매(고전 15:20, 잠자는 자들의 첫 열매)에 대한 규례(레 23:9-11)에 의하면 추수 때 유대인은 첫 이삭 한 단을 가지고 와서 요제와 번제를 드렸다. 바울은 우리 부활의 표상이자 상징인 그리스도의 부활을 첫 열매(고전 15:20, 23)라고 칭했다. 예수님의 부활로 인해 성도들은 죽은 몸(옛 사람)이 거룩하게 되었으며 새 생명을 얻게 되었다(엡 2:6, 히 6:20).

[69] 아담 이래로 모든 인간은 연합과 대표의 원리에 의해 죄가 전가(轉嫁, imputation)되어 원죄(Original Sin)를 가지고 태어난다. 곧 영적 죽음(영적 사망, 첫째 사망)이다. 이런 상태를 비유로 Harrison은 '독(poison)을 한 방울 음료수에 떨어뜨렸을 때 독극물이 되는 것과 같은 이치'라고 했다. 다른 학자들은 죄책(罪

mouth)'라는 뜻의 어근 μυω에서 유래된 중성 명사형 단어)가 바로 여기에 있다.

만세전에 하나님의 무한하신 은혜로 택정함을 입은 우리는 때가 되매 복음이 들려져서 예수(예수, 그리스도, 생명)를 믿음으로 다시 살아났다. 그런 우리(아담 네페쉬) 안에는 성령님(רוּחַ, 루아흐)이 내주(성령세례) 하신다. 이후 우리는 성령님을 주인으로 모시게 되었고 그 성령님께 온전한 주권을 드리고 그분의 통치와 질서, 지배 하에서(성령충만) 하나님과의 '바른 관계와 친밀한 교제'를 하며 살아갈 수 있게 되었다. 이것이 바로 '우리 주 예수 그리스도로 말미암아 하나님으로 더불어 화평을 누리게 된 복음(Good News, Gospel) 곧 하나님의 은혜의 복음'이다.

한편 삼위일체 하나님의 완벽하면서도 대표적인 공동사역을 크게 둘만 들라고 한다면 나와 공저자는 첫째가 '천지창조'라면 둘째는 '십자가 보혈' 곧 '하나님의 은혜의 복음'임을 주저함 없이 천명할 것이다.

'복음(Good News)'이란 지극하신, 무궁무진(無窮無盡)하신, 성부하나님의 넘치는 은혜(엡 2:8)와 예수 그리스도의 대속적 사랑(수치와 저주 감당, 십자가 보혈)과

責. 엡 2:3)과 오염(汚染)으로 설명하기도 했다. '죄책'이란 인류의 대표 아담의 범죄는 그 자신과 후손들에게까지 법적 책임이 있다는 의미이다. '오염'이란 아담의 타락으로 그 자신의 심령의 타락뿐만 아니라 온 인류도 타락시켰다는 의미이다.

한편 펠라기우스(Pelagius, 360-420?, 영, 금욕적 수도사, 신학자, 교사)는 '모방설'을 주장했다. 이는 인류의 대표 아담이 범죄하였고 그 후손들은 무죄하게 태어났지만 그의 후손들은 아담을 모방(模倣)하여 범죄하였다는 것이다. '대표성의 원리'로만 설명한 이들(우찌무라 간조)도 있다. 실제로는 죄를 짓지는 않았으나 인류의 대표 아담이 죄를 지었기에 우리도 죄를 지은 것으로 간주한다는 것이다. 마치 양팀의 대표가 나와 싸운 후 한 쪽이 이기면 다른 쪽은 진 것으로 간주한다는 것이다.

우리는 '대표와 연합의 원리'를 동시에 취해야 한다(Augustine of Hippo, Aurelius Augustinus, 354-430). 즉 아담이 범죄할 때 우리도 그의 허리에서 실제로 함께 죄를 지었다는 것이다. 이는 히브리서 7장 1-10절에서처럼 북방 4개국 동맹과의 전쟁(창 14장)에서 승전한 아브라함이 돌아와 멜기세덱에게 십분 일(מַעֲשֵׂר, tenth part, 마아세르 미콜(כֹּל, 콜, the whole, all), a tithe of everything, 창 14:20)을 바칠 때(BC 2,000년) 아브라함의 허리에 있던 레위(BC 1,500년)도 아브라함으로 말미암아 십분 일을 바쳤던 것과 같다고 할 수 있는 것이다.

성령님의 역사하심(도우심, 인치심, 고전 12:3)에 관한 복된 소식을 말한다.

곧 성부하나님은 인간의 구속을 계획하셨다. 성자하나님은 아버지 하나님의 구속계획을 성취하시기 위해 역사상 유일한 의인[70](성육신, 신인양성)으로 오셔서 십자가 보혈로 성취하셨다. 구속을 보증하신 성령하나님은 그 예수님만이 그리스도 메시야이심을 가르쳐 주시고(디다스코, 휘포밈네스코, 고전 12:3) 우리에게 믿음(피스티스)을 허락하셔서 우리로 믿게(피스튜오) 하셨다. 그리하여 우리는 '칭의(요 5:24, 행 26:18, 하나님의 진노로부터의 해방 곧 죄사함, 거룩함 곧 성화, 장차 영화)'되었다. '칭의'된 우리에게는 (1)하나님과의 화평(샬롬, 에이레네, 바른 관계와 친밀한 교제), (2)시시때때로 허락하시는 하나님의 무한하신 은혜(카리스, 하나님의 뜻을 따라 살아갈 수 있게 하는 원동력), 그리고 (3)소망(엘피스, 미래형 하나님나라에의 입성과 영생)이 주어지게 되었다.

무조건적 은혜로 칭의된 우리는 '하나님의 사랑'이 우리의 마음에 부은 바 되어(롬 5:5) 당신의 자녀(요 1:12)가 되었다. 여기서 '하나님의 사랑'이라는 말에는 중의적 의미가 전제되어 있는데 (1)우리에 대한 하나님의(of) 사랑과 (2)하나님에(to) 대한 우리의 사랑이다.

'하나님의 사랑'

1) 우리를 향하신 하나님의(of) 사랑(아버지 하나님의 무조건적 사랑, 롬 5:8)

2) 하나님에(to) 대한 우리의 사랑(아버지 하나님께서 주셔야만 가능)

---

70 예수님의 신성(神性)을 부인하던 이단이 에비온파(Ebionism)이다. 반면에 인성(人性)을 부인하던 이단들은 가현설(假現說, Docetism)을 주장했는데 이는 영지주의(靈智主義, gnosticism) 교리이다.

참고로 '하나님은 사랑이시라(요일 4:8, 16)'고 할 때에는 삼위일체 하나님의 개념(기능론적 종속성, 존재론적 동질성; 구분되나(다른 하나님), 분리되지 않는(한 분) 하나님)을 항상 염두(念頭)에 두어야 한다. 곧 성부하나님도 사랑(롬 5:5, 고후 13:13)이시고 성자하나님도 사랑이시며 성령하나님도 사랑(고후 6:6, 롬 15:30)이시다는 말이다.

가만히 돌아보면, 우리를 인(印, 보증)쳐 주심도 감사이며 비록 already~not yet이기는 하나 지금 영생(지금 안식, 히 4장) 가운데 현재형 하나님나라를 누리게 하심도 감사이고 장차 아날뤼시스(육신적 죽음, 히 9:27) 후 시공을 초월하는 부활체(Resurrection body, 고전 15:42-44)로서 미래형 하나님나라에 들어가 영생[71](나중 안식, 저 안식, 내 안식, 그의 안식, 히 4장)을 누리게 하심도 감사이다. 그런 우리는 지금부터 영원까지 다른(구분되나) 하나님, 한 분(분리되지 않는) 하나님께만 영광을 돌려야 하며 삼위(기능론적 종속성)일체(존재론적 동질성) 하나님만을 찬양하고 경배하며 살아가야 한다. 이는 우리만의 특권이기도 하다.

로마서 5장 1-2절은, "그러므로 우리가 믿음으로 의롭다 하심을 얻었은즉 우리 주 예수 그리스도로 말미암아 하나님으로 더불어 화평을 누리자. 또한 그로 말미암아 우리가 믿음으로 서 있는 이 은혜에 들어감을 얻었으며 하나님의 영광을 바라고 즐거워하느니라"고 말씀하셨다.

죄인 된 우리는 원죄(Original Sin)로 인하여(원죄 교리, 롬 5:12, 14, 15, 16, 17, 18, 19, 고

---

71 히브리서 3, 4장에는 지금 안식과 나중 안식(저 안식, 내 안식, 그의 안식)에 대한 말씀이 있다. 하나님께서는 당신의 은혜로 이스라엘 백성들을 출애굽시키셔서(모든 사람에게 복음을 듣게 하심) 홍해를 건너게(복음을 들은 모든 자에게 세례를 받게) 하신다. 시내산에서 율법을 허락하신(역사의 주관자 하나님이심을 선포) 후 광야(한 번 인생)에서 출애굽 1세대는 지금 안식(현재형 하나님나라)을 누리게 하셨다. 이후 요단강을 건너 출애굽 2세대(광야 1세대)는 나중 안식(미래형 하나님나라)까지 누리게 하신다. 이 부분에서 '구원의 취소 문제'에 대해 앙칼진 소리를 내는 참새들의 소음이 많다. 성경이 말하지 않는 부분에는 그냥 침묵하라. 동시에 구원의 주권 영역은 오로지 하나님께 있기에 우리는 '택정과 유기'에 대하여는 잘 모른다고 해야 한다. 전제할 것은 '택정된 사람의 구원은 결코 취소되지 않는다(Perseverance of the Saints)'는 것이다.

전 15:21-22)하나님과 단절되어 있었다. 그때 예수 그리스도께서 성육신(Incarnation, Epiphany)하셔서 십자가 보혈을 감당하심으로 하나님과 우리 사이에 화목제물(요일 4:9-10, 막 2:17, 갈 3:22, 요 12:32, 벧전 3:18, 마 1:21, 딤전 1:15)이 되셨고 그 피[72]로 말미암아 우리는 의롭게 되었다(롬 5:9, 엡 2:13, 5:2). 이후 우리와 하나님 사이에 죄로 인해 막혀 있던 담(성소와 지성소 사이의 휘장; (1)보호막 (2)속량제물)은 여지없이 허물어졌다. 그 결과 하나님과 우리는 화평을 이루게 된 것이다. '화평' 즉 샬롬(에이레네)이란 하나님과의 바른 관계와 친밀한 교제, 연합 곧 하나 됨을 말하며 이후 하나님과의 하나 됨 안에서의 안식과 견고함을 누리는 것, 누리게 될 것을 가리킨다.

상기의 사실에 대해 이곳 로마서 5장 6, 8, 10절을 연결하여 재차 묵상해 보면 예수 그리스도로 말미암은 하나님의 은혜를 다시 절절이 느끼게 된다. 왜냐하면 우리가 아직 연약(경건치 않음)할 때에, 우리가 아직 죄인 되었을 때에, 우리가 원수 되었을 때에 예수님은 우리를 대신하여 죽으셨기 때문이다.

> 우리가 아직 연약(경건치 않음)할 때에…….
>
> 우리가 아직 죄인 되었을 때에…….
>
> 우리가 원수 되었을 때에…….
>
> 그저 감사뿐이다.
>
> Soli Deo Gloria!

한편 하나님의 은혜로 의롭다 칭함을 받기는 하였으나 우리는 여전히

---

72 구약시대의 모든 속죄제물(짐승)의 피(피흘림이 없은 즉 사함이 없느니라, 히 9:22)는 예수 그리스도 보혈의 모형이었다. 참고로 내장의 지방(기름과 지방은 성령 상징)은 마음의 사랑과 순종의 상징이었다.

'already~not yet'으로서 유한되고 제한된 육신을 가지고 종말시대(초림 이후~재림 전)의 한 부분을 관통하며 직선의 일회 인생을 살아간다. 그럼에도 불구하고 예수를 믿어 영적 죽음에서 살아나 영적(첫째) 부활되어 영생 가운데 살아가게 됨에 그저 감사하고 또 감사해야 한다.

길지 않은 한 번 인생을 살아가며 우리는 알고도 죄를 짓고 모르고도 죄를 짓는다. 분명한 것은 우리는 매사 매 순간 성령님의 능력을 힘입어 죄와 싸우되 피 흘리기까지 싸워야(히 12:4) 한다는 것이다. 그러다가 혹시라도 넘어지게 되면 이미 다 이루어 놓으신(테텔레스타이) 예수님의 십자가 보혈을 의지하여 철저한 회개(우리의)를 통해 죄 씻음(성령님의 주도로 이루어지는 상태의 변화 곧 성화, Sanctification)을 받으면(죄사함을 누리면) 된다. 이 모든 것이 바로 크신 하나님의 은혜이다.

참고로 원죄와 자범죄를 표로 구분하면 다음과 같다.

	원죄(原罪) Original Sin	자범죄(自犯罪) Actual sins, Individual sins
회개 및 변화	루오(λούω, v) properly, to wash (cleanse), especially the entire person (bathing the whole body). 3068 / louō (and its derivative, 628 / apoloúō) implies "fully-washing" (literally and metaphorically) - i.e. a complete bathing to cleanse the entire person (body) 죄의 법으로부터 예수 그리스도를 믿음으로 →칭의(Justification) 즉, 신분의 변화	니프토(νίπτω, v) means to wet a part only 죄의 오염으로부터 자백 & 회개: 십자가 보혈에 씻으면 정결케 됨 →성화(Sanctification) 즉, 상태의 변화
특성	모든 죄의 원천 죄인으로 출생 영적 죽음	원죄의 결과 인간의 정욕 자의적으로 죄를 범함 원하는 바 선보다 원치 않는 악을 행함
해결 주체	예수님	성령님

예수를 믿은 후 우리는 원죄에서 온전히(once for all) 해방되었다.

할렐루야!

그렇다 하더라도 우리는 아날뤼시스 전까지는 제한된 육신 속에서 살아가기에 원하는 바 선보다는 원치 않는 악으로 빨리 달려갈 수밖에 없음을 알아야 한다. 이른바 인간의 자범죄(actual sins)는 끝이 없으며 그렇기에 칭의(Justification)는 되었으나 육신의 장막을 벗는 그날까지는 여전히 죄를 짓게 됨을 알아야 한다. 앞서 서두에서 언급했지만 어거스틴에 의하면, 중생한 우리는 죄를 지을 수도 있지만 '안 지을 수도 있다(비록 완벽하지는 않지만)'는 사실을 잊어서는 안 된다.

*핵심 요약 (휘포밈네스코, ὑπομιμνήσκω & 디다스코, διδάσκω)

1. 아담, 아담 네페쉬

2. 사단의 5가지 전략, 3가지 특성, 3가지 도구

   1) 사단의 5가지 전략

   2) 사단의 3가지 특성

   3) 사단의 3가지 도구

3. 원죄와 자범죄

*강청기도

성부하나님을 찬양합니다. 성자하나님을 찬양합니다. 성령하나님을 찬양합니다. 삼위일체 하나님 한 분 만으로 만족하겠습니다. 삼위일체 하나님께만 영광 돌리겠습니다.

이곳 5장에서는 우리 주 예수 그리스도로 말미암아 하나님으로 더불어 화평을 누리게 하셨음(5:1)에 감사드립니다. 예수님께서 십자가에 못 박히셨을 그때 우리 또한 함께 십자가에 못 박혔음에 감사드립니다. 예수님의 부활과 더불어 우리 또한 다시 살아나게 하심에 감사합니다. 대표와 연합의 원리를 허락하신 삼위일체 하나님을 찬양합니다. 모든 것이 당신의 은혜임을 고백합니다. '오직 은혜'로 살아가게 하심에 감사드립니다. Soli Deo Gloria로 살아가게 하옵소서. 삼위일체 하나님 한 분 만으로 만족하게 하옵소서. 무슨 일을 하든 지 마음을 다하여 주께 하듯 하게 하시고 살아도 주를 위하여 살게 하시고, 죽어도 주를 위하여 죽게 하옵소서. 모든 영광 하나님께 올려드립니다. 감사드리며 예수 그리스도의 이름으로 기도드립니다. 아멘

*핵심 요약 (휘포밈네스코, ὑπομιμνῄσκω & 디다스코, διδάσκω)

1. 태초(베레쉬트, 게네시스): 삼위일체 하나님은 천지를 공동으로 창조.

당신의 형상 안에서(צֶלֶם, in Our images, 베짤메누, 성품적 닮음, 쩨렘) 당신의 모양을 따라(דְּמוּת, according to Our likeness, 키데무테누, 신체적 닮음, 데무트) 땅(אֲדָמָה, 아다마, the ground)의 먼지(עָפָר, 아파르, 흙, 티끌, dry earth, dust)로 사람(אָדָם, 아담)을 만드시고 생기(רוּחַ, 루아흐, breath, wind, spirit/네솨마흐, נְשָׁמָה, the breath/하이, חַי, alive, living)를 불어넣으셔서 창조된 인간(the man하아담, הָאָדָם, a being러네페쉬, נֶפֶשׁ, living하야흐, הָיָה)을 생령→이를 보시고 하나님은 "보시기에 심히 좋았더라(טוֹב, 토브, it was good)"고 하셨다.

아담 네페쉬: 루아흐를 가진 창조된 인간→동방(קֶדֶם, 케뎀, everlasting, 영원, aforetime, beginning, east)의 에덴(עֵדֶן, delight, 기쁨, a luxury, dainty)에 동산(하나님나라)을 창설 & 보기에 아름답고 먹기에 좋은 나무를 두심

2.

사단의 5가지 전략	사단의 3가지 특성	3가지 사단의 도구 (창 3:6, 마 4장, 요일 2:15-16)
1)첨삭 2)왜곡 3)과장 4)과거에 대한 지나친 집착 5)아직 다가오지 않은 미래에 대한 지나친 걱정과 두려움	1)교만 2)거짓 3)참소(고발)	1)먹음직(육신의 정욕, 돌을 떡이 되게 하라) 2)보암직(안목의 정욕, 성전 꼭대기, 하나님의 아들이어든 뛰어내리라) 3)지혜롭게 할 만큼 탐스러움(이생의 자랑, 지극히 높은 산, 천하만국과 영광, 내게 엎드려 경배하면 이 모든 것을 네게 주리라)

3. 원죄와 자범죄

	원죄(原罪) Original Sin	자범죄(自犯罪) Actual sins, Individual sins
회개 및 변화	루오(λούω, v) properly, to wash (cleanse), especially the entire person (bathing the whole body). 3068 / λούō (and its derivative, 628, apoloúō) implies "fully-washing" (literally and metaphorically) - i.e. a complete bathing to cleanse the entire person (body) 죄의 법으로부터 예수 그리스도를 믿음으로 →칭의(Justification) 즉, 신분의 변화	니프토(νίπτω, v) means to wet a part only 죄의 오염으로부터 자백 & 회개; 십자가 보혈에 씻으면 정결케 됨 →성화 (Sanctification) 즉, 상태의 변화
특성	모든 죄의 원천 죄인으로 출생 영적 죽음	원죄의 결과 인간의 정욕 자의적으로 죄를 범함 원하는 바 선보다 원치 않는 악을 행함
해결 주체	예수님	성령님
결과	끝장(영원한 죽음, 둘째 사망, 유황 불 못 심판) Already~not yet: 현재형 지옥 부활체: 미래형 지옥	꿈같은 유한된 한 번 인생: 하나님과의 친밀한 교제가 막혀버려 점점 더 최악으로 치닫게 됨 →그 결과, 참담함과 처참함으로 점철

레마 이야기 6
그리스도와 함께 죽었으면 그리스도와 함께 살 줄을 믿노니(6:8)

십자가에서 죽고 십자가로부터 살아남: 부활과 영생

2,000년 전, 예수님이 십자가에 못 박혔을 그때 나는 예수님과 함께 수치와 저주를 상징하는 십자가 나무 위에 못 박혔음을(갈 2:20) 믿음으로 고백한다. 그리하여 그때 나의 옛 사람은 십자가 상(上)에서 온전히 죽었다.

나는 예수님의 부활과 더불어 예수 그리스도 안에서 완전히 새 사람, 새로운 피조물(고후 5:17)이 되었다. 그런 내 안에는 나를 통치하시고 지배하시는 성령님이 내주(영원한 은혜, 성령세례, 고전 3:16)하시며 그분은 지금도 앞으로도 영원히 나의 주인(성령충만)이시다.

그렇기에 나는 "죄에 대하여 죽고 의에 대하여 살게 하려 하심(벧전 2:24)"이라는 말씀에 진실로 아멘이다. 바로 사도 베드로의 그런 믿음이 나의 믿음이다. 더 나아가 사도 바울의 고백(롬 6:2, '죄에 대하여 죽은 내가 어찌 그 가운데 더 살리요')은 나의 결단이기도 하다. 그리하여 나는 즐거움으로, 기쁨과 감사함으로 그분의 통치와 질서 하에서, 그분의 지배 하에서 그분께 온전한 주권을 드리고 평안을 누리며 살아가고 있다.

나는 대략(?) 6,000년 전(前) 아담이 범죄할 그때 함께 죄를 지었던 죄인임을 진실로 고백한다. 그렇기에 나는 역사와 세월을 거쳐 오늘 영 죽을 죄인으로 영적 죽음(영적 사망, 첫째 사망) 상태로 태어났음을 확실히 인정한다(죄의 전가).

앞서 언급했지만 구원자이신 예수님은 그리스도, 메시야로 이 땅에 성육신하셔서 공생애를 사시다가(십자가 죽음 전 그리스도는 인간으로서 한시적 생명이었다. 부활 후 예수님은 승리주 하나님으로서 영영히 살아 계신다, 계 1:18) 나를 대신하여 십자가에 못 박히셨다. 그때 나의 죄(罪) 된 몸 곧 나의 옛 사람[73]은 주님과 함께 십자가에 못 박혔다.[74] 그런 예수님은 그리스도, 메시야이시며 나의 온전한 구원자이시다.

나는 예수 그리스도와 '함께' 죽으면 바로 그 예수님과 '함께' 다시 살아날 것[75]을 확실히 믿은, 믿고 있는 사람이다. 그런 나는 2,000년 전 예수님과 '함께' 십자가에 달려 죽었고 예수님의 부활과 더불어 '함께' 살아났으며 지금 비록 Already~not yet이기는 하나 영생(아담 네페쉬) 가운데 '지금 안식'인 현재형 하나님나라를 살아가고 있다. 그런 나는 육신의 장

---

73 "죄의 몸" 곧 '옛 사람'이란 인간의 육신 자체가 죄악 덩어리라는 말은 아니다(고전 6:19). '죄의 주관 아래 예속되었다'(Witmer) 혹은 '죄에 예속되어 도구로 사용되고 있는 육신'(Greijdanus, Meyer)이라는 의미이다. 한편 "옛 사람(죄의 몸)"과 대조되는 말에는 '예수 믿고 의롭다 하심을 얻은 자, 성령으로 거듭난 자아, 죄에서 자유함을 얻은 새사람(엡 4:24)'이 있다.

74 "예수와 함께 십자가에 못 박힌 것"이란 예수께서 십자가에 못 박혀 죽으셨을 때 우리 또한 그의 죽으심과 합하여 죽었던 것으로 '세례'의 4가지 의미(the Savior; 죄 씻음, 영접, 연합 곧 하나 됨, the Lord; 주님으로 고백)를 함의하고 있다.

75 로마서 6장 5절의 "그의 부활을 본받아 연합한 자가 되리라"는 것은 그리스도의 부활이 확실한 역사적 사건이듯이 성도의 부활도 확실한 역사적 사건이 될 것이라는 말이다(Barmby). 동시에 신의 본체(本體)로서의 그리스도의 부활체(신의 본체)와 신령한 몸을 가진(고전 15:44) 성도의 부활체(신과 방불한 몸)는 근본적으로 차이가 있다는 것도 전제하고 있다. 한편 Meyer는 이 구절을 '성도들이 그리스도와 연합한 결과 일어나게 되는 모든 일'로 해석하고 있으며 Lenski는 '성도들이 그리스도와 연합하면 할수록 더욱 굳게 연합될 것이다'라고 해석했다.

막을 벗는 그날(아날뤼시스)까지 즐거이 당당하게 예수쟁이로, 하나님의 뜻(살전 4:3, 5:16~18)을 따라 하나님의 기쁨(천국복음 전파, 아포스톨로스 & 디다스칼로스)으로 살아갈 것이다. 아날뤼시스 후에는 즉시 시공을 초월하는 부활체(고전 15:42-44)로 부활하여 미래형 하나님나라(나중 안식, 저 안식, 그의 안식, 내 안식, 히 4장)에서 삼위일체 하나님을 찬양하며 경배하며 더불어 함께 영생을 누릴 것이다.

참고로 열왕기하(6:1-7) 말씀에는 하나님의 은혜와 예수 그리스도의 사랑에 대한 이야기가 있다. 이는 실제 일어난 사건으로 그 사건의 상징적 해석은 다음과 같다.

엘리사 선지의 생도 중 하나가 빌려온 도끼로 나무를 베다가 철로 된 도끼가 자루에서 빠져나가 물에 떨어졌다. 고대의 귀한 쇠도끼였으니 얼마나 가슴이 철렁했을까? 왜냐하면 엘리사는 대략 BC 9C 경의 선지자이기에 지금으로부터 약 3,000년 전의 일이기 때문이다. 엘리사는 낙담하는 제자에게 하나님의 능력(은혜와 예수 그리스도의 사랑)을 믿고 빠진 곳을 향해 나뭇가지를 던지라고 했다. 그러자 도끼가 떠올랐다. 자연법칙을 초월한 하나님의 능력을 보는 순간이었다.

여기서 무거운 철로 된 도끼는 우리 영혼의 더럽고도 무거운 죄악(고통, 비참, 죽음 속에 있는)을, 깊은 물에 빠짐은 우리의 영혼이 심연에 빠져 허우적거리다 죽게 됨을, 던져진 나뭇가지는 예수 그리스도의 십자가를 상징한다. 결국 예수 그리스도는 당신 자신(예수 그리스도의 십자가를 상징하는 나뭇가지)이 깊은 물에 던져짐으로 우리의 고통, 비참, 죽음을(수치와 저주를) 대신하셨다. 이후 나뭇가지로 인해 부활을 상징하듯 도끼자루가 물 위로 떠올랐다. 이는 예수님의 십자가 죽음을 통해 심연에 빠져 허우적거리던, 죄로 죽을 수밖에 없었던, 도끼 된 우리로 다시 떠오르게(다시 살아나게)하신 것[76]이다. 할렐루야!

로마서 6장 5절에는 '연합(하나 됨, Union with Christ)'이라는 말이 나오는데 헬라어로는 쉼퓌토스(σύμφυτος, congenital, hence united with)이다. 이는 '애초부터 함께 심어진, 하나 된, 함께 된'이라는 의미이다. 그렇기에 "연합한 자가 되었으면"이라는 말은 2,000년 전 예수님의 십자가 죽으심에 함께 심겨졌다는 것으로 상징이 아니라 실제로 함께 죽었음을 의미하는, 곧 십자가에 못 박힌 것을 말한다. 이를 가리켜 고린도전서(6:16-17)는 '일렀으되 둘이 한 육체가 된다 하셨나니 주와 합하는 자는 한 영이니라'고 하셨다. 결국 그리스도인이란 십자가에서 죽은 후 예수의 살아나심과 함께 부활하여 다시 태어난 새로운 존재(새로운 피조물)를 가리킨다. 그런 우리는 '사랑 안에 두려움이 없게 되고 온전한 사랑으로 인해 두려움을 내어 쫓을 수 있게(요일 4:18)' 되었다.

더하여 에베소서(2:4-6)는 이렇게 말씀하고 있다.

"긍휼에 풍성하신 하나님이 우리를 사랑하신 그 큰 사랑을 인하여 허물로 죽은 우리를 그리스도와 함께 살리셨고(너희가 은혜로 구원을 얻은 것이라) 또 함께 일으키사 그리스도 예수 안에서 함께 하늘에 앉히시니"_엡 2:4-6

우리 안에는 주인 되신 성령님이 내주(내주 성령, 고전 3:16)하신다. 그렇기에

---

76   조나단 에드워즈의 <로마서 주석> 참조, p177-178

우리 각자는 진정 살아있는 사람(하이 네페쉬 하야, 아담 네페쉬)으로서 성령님(루아흐, 프뉴마)을 주인으로 모시고 '현재형 하나님나라(주권, 통치, 질서, 지배 개념, 눅 17장)'를 누리며 '지금 안식(히 3-4장)' 가운데 살아가고 있다. 진정한 왕이신 성령님의 통치 하에서 비록 already~not yet이기는 하나 영생(지금 안식) 가운데 현재형 하나님나라를 살아가고 있는 것이다. 장차 육신적 죽음(히 9:27)인 '이동 혹은 옮김(아날뤼시스, 딤후 4:6)' 후에는 미래형 하나님나라(분명한 장소개념)에 들어가 시공을 초월하는 부활체로 영생(나중 안식)을 누릴 것이다.

하나님나라는 내겐 엄연한 현실이요 진정한 실체이다. 그렇기에 나는 지금도 하나님나라(현재형, already~not yet)를 누리며 영생 가운데 살아가고 있으며 앞으로도 영원히 하나님나라(미래형, 부활체)를 누리며 영생 가운데 살아갈 것이다.

로마서 14장 8절의 말씀을 붙들고!

"살아도 주를 위하여, 죽어도 주를 위하여" 왜냐하면 나는 "사나 죽으나 주의 것"이기 때문이다.

지금 나는 하나님의 은혜로 예수 그리스도로 말미암아 예수님 안에서 살아나서 삼위일체 하나님께만 영광(Soli Deo Gloria)돌리며 살아가고 있다. 장차 육신적 죽음(아날뤼시스) 후에도 영원히 삼위일체 하나님께만 찬양과 경배, 영광을 돌릴 것이다. 그런 나는 세상에 살고 있지만 세상에 속하지 않으려 한다. 세상과 타협하지 않고 세상에 동화되지 않으려고 몸부림친다. 그런 나는 종말(교회시대, 은혜시대)시대의 한 부분인 유한된 일회의 직선 인생을 구별되게, 다르게, 세상과 차이나게 살려고 매사 매 순간 최선을 다하고 있다. 왜냐하면 그렇게 사는 것이 '복음에 빚진 자'로서 동시에 '예수쟁이(그리스도인, 크리스천, 행 11:26)'로서의 정체성이자 실체로서의 '나'이기 때문이다.

아무 대가 없이 아무 공로 없이 하나님의 무조건적인(NV but IV; not valueless but invaluable) 은혜 곧 오직 믿음(피스티스), 믿음(피스튜오) 그리고 믿음(피스토스)으로 구원(칭의, Justification)을 얻은 나는 예수 믿음과 하나님의 계명을 붙들고 인내(휘포모네, 계 14:12, 예수 믿음과 하나님의 계명이 원동력)로 종말시대의 한 부분을 살아가며 영적인, 믿음의 선한 싸움을 싸울 것이다. 그런 나는 수동적 성화와 능동적 성화의 균형과 조화(레마 이야기 3 후반부)를 이루기 위해 '외줄타기'를 마다하지 않으려 한다. 때로는 '면도날 위를 걷는 마음'으로 성화(Sanctification)에로의 삶을 살아가기 위해 몸부림칠 것이다.

나의 힘으로가 아닌 오직 성령님의 인도하심(할라크)과 그분의 능력을 힘입어!

돌이켜 보면 지나가버린 많은 날 동안에는 "원하는 바 선은 행치 아니하고 도리어 원치 않는 악(롬 7:19)"으로 빨리 그리고 자주 내달렸다. 그러다 보니 "오호라 나는 곤고한 사람이로다"라는 사도 바울의 고백(롬 7:24)을 수천 번 아니 셀 수 없이 많이 외치곤 했다.

감사하게도 하나님의 크신 은혜로 만세전에 택정함을 입었던 나는 예수님께서 십자가에 달리셨을 그때 함께 죽음으로 세례(나는 죽었다: 헬(밥티조), 히(물, 할례))의 관문을 통과했다. 그 결과 '전에는' 죄와 연합하여 죄의 종으로, 불의(불법)의 병기로, 율법과 더불어 사망의 열매를 맺으며 살았다면 '이제는' 그리스도와 연합하여 의의 종으로, 의의 병기로, 그리스도와 더불어 의의 열매, 성령의 열매를 맺으며 살아간다.

이 모든 것이 하나님의 은혜이다.

"그러나 나의 나 된 것은 하나님의 은혜로 된 것이니 내게 주신 그의 은혜가 헛되지 아니하여 내가 모든 사도보다 더 많이 수고하였으나 내가 아니요 오직 나와 함께하신 하나님의 은혜로라"_고전 15:10

참고로 명심해야 할 것은 원죄(Original Sin)의 결과가 살아서는 현재형 지옥, 죽어서는 미래형 지옥인 끝장(영원한 죽음, 둘째 사망, 유황불못 심판)이라면 자범죄(Actual sins, 롬 6:23)는 꿈같은 유한된 한 번 인생을 참담함과 처참함으로 인도한다는 것이다. 그 결과 하나님과의 친밀한 교제가 막혀버려 점점 더 최악으로 치닫게 된다.

성경은 원죄와 자범죄의 결과를 여러 곳에서 반복하여 말씀해 주셨다. 결국 죄는 우리를 두려움(창 3:8), 수치와 부끄러움(창 3:10), 심판(창 3:13- 19), 저주(창 3:14), 육적인 고통(창 3:16-17), 자연계 파손(창 3:18), 평강이 없음(사 57:21), 하나님과 분리(사 59:2), 마음의 고통(렘 4:8), 축복의 상실(렘 5:25), 죄의 종[77](요 8:34), 영육의 사망(롬 6:23, 히 9:27)으로 이끌어갈 것임을 경고하고 있다.

죄로부터의 자유함(갈 5:1) 그리고 해방(롬 8:1-2)에로의 돌파구는 예수 그리

---

[77] "종"의 헬라어 단어는 둘로스(δοῦλος, adj, nm, nf, 주인에게 철저히 예속된 노예), 휘페레타스(ὑπηρέτης, nm, 배(노예선) 아래에서 북 소리에 맞추어 노를 젓는 종(고전 4:1), 갤리선(galley, 노를 주로 쓰고 돛을 보조적으로 사용하는 대형 범선)에 타서 북소리에 맞추어 죽기까지 배 밑에서 노를 젓고 있는 노예), 디아코노스(διάκονος, nm, nf, 주인과의 고용 관계 속에서 삯을 받고 자유롭게 봉사하는 종 혹은 사역자(고전 3:5)), 오이코노모스(οἰκονόμος, nm, 맡은 자(고전 4:2)로서의 종) 등등이 있다.
한편 '죄의 종(요 8:34)'이란 '불순종의 종, 불순종의 아들들(엡 5:6)'을 말하며 그들의 결국은 사망(롬 5:21, 6:23)으로 장차 하나님의 진노를 받게 된다. '사망'이란 영벌(유황 불 못 심판) 즉 영원한 죽음(둘째 사망, 마 25:41-46, 계 20:10-15)을 의미한다. 반면에 '순종의 종, 성결의 종, 의의 종'이란 예수 그리스도를 왕으로 모신 자들을 가리키며 그리스도께 순종함으로 의롭다 함(칭의, Justification)을 얻고 그 의롭다 함의 결과로 미래형 하나님나라에의 입성과 영생을 누리게 될 자들이다.

스도의 십자가 보혈 외에는 결코 없다. 오직 예수 그리스도를 믿음으로만 다시 살게 되고 예수 그리스도로 인해서만 의롭게(칭의) 된다. 동시에 또 다른 보혜사이신 진리의 영, 예수의 영이신 우리의 주권자 성령님의 인도(통치, 질서, 지배)하심으로만 성화(Sanctification, 수동적 성화, 능동적 성화, 레마 이야기 3)될 뿐이다. 우리는 그런 예수 그리스도 곧 복음의 절대성(길, 진리, 생명)을 확고하게 붙들어야 한다. 동시에 복음전파에 대한 긴급성(그들이 듣든 지 아니 듣든지 때를 얻든 지 못 얻든지 예수는 그리스도라 가르치기와 전도하기를 쉬지 않기) 또한 놓치지 말아야 한다.

칭의와 성화, 그리고 영화를 표로 구분하면 다음과 같다.

칭의 Justification	성화 Sanctification	육신적 죽음	영화 Glorification
Already~not yet		아 날 뤼 시 스 (이동 or 옮김) 딤후 4:6 ἀνάλυσις	부활체 Resurrection body
원죄에서 해방 신분의 변화 하나님의 자녀가 됨	자범죄에서 해방 상태의 변화 하나님의 형상 회복		죄와는 무관 부활체 신과 방불한 자 (신의 본체는 아님)
JC의 십자가 보혈 구속 성취	JC의 십자가 보혈 구속 보증		JC의 십자가 보혈 구속 계획 통한 완성
영 단번(once for all)	지속적, 반복적		영원
죄와 사망의 법에서 해방 →자유케 됨	죄의 오염을 제거→정결케 됨		영광스러운 몸 강한 몸 썩지 아니할 몸 신령한 몸
현재형 하나님나라 주권, 통치, 질서, 지배개념			미래형 하나님나라 분명한 장소 개념

예외없이 우리 모두는 오늘, 현실이라는 꿈(일장춘몽, 一場 春夢) 속에서 살아가고 있다. 지난밤 포근한 잠자리 속에서의 꿈도, 오늘이라는 현실도 모

두가 다 '길어야 70, 강건해도 80(시 90:10)'인 한순간의 꿈(일장춘몽, 一場 春夢)일 뿐이다. 오직 미래형 하나님나라에서의 영생만이 '영원, 영원한 오늘, 영원한 현실' 곧 '실체'임을 잊지 말아야 한다.

우리는 2,000년 전 예수 그리스도와 함께 죽었고 그때 부활의 주님과 함께 다시 살아났다. 그리하여 지금 영생(지금 안식, 현재형 하나님나라)을 누리게 되었고 앞으로도 영원히 영생(나중 안식, 미래형 하나님나라)을 누리게 될 것이다. 그러므로 영원자존(永遠自存)하신 예수님만 바라보고(히 12:2) 그 예수님만 붙들고 흔들림 없이 나아가야 할 것(히 13:8)이다.

고난주간(종려주일~토요일)과 부활의 날(일요일)까지 매일 있었던 예수님의 궤적을 우리 평생 삶의 기준으로 삼으면 다음의 표와 같다. 이렇게 구체적인 기준을 두고 살아가면 세상의 하루살이(from hand to mouth) 인생들과는 달리 우리 그리스도인들은 일주일살이(종려주일(구속주)과 부활주일(승리주)을 기점으로) 인생을 반복되게 살아가게 됨으로 성화의 삶에 큰 도움이 될 것이다.

그리스도인(일주일 살이 인생) 매 요일마다 일평생 예수님의 발자취를 묵상하며 거룩한 삶을 살기를!								
종려주일	월	화	수	목	금	토	부활주일
호산나	성전 청소	천국소망	향유 옥합	세족식 J의 죽음 J의 부활	십자가 보혈 테텔레스타이	무덤 속의 고요	소망
구원자 구속주	회개	하나님나라 현재형 미래형	소명 과 사명	십자가 보혈 부활	구속 성취	Union with Christ	천국복음 영생 재림과 완성

나는 오늘도 앞서가시는 나하흐의 성부하나님, 늘 나와 함께하시는 에트의 성자하나님, 뒤에서 밀어주시고 동행하시는 할라크의 성령하나님

이신 삼위일체 하나님과 하나가 되어 그분 안에서 그분과 함께 오늘이라는 꿈(비전)과 영원이라는 꿈(엘피스, 소망)을 꾸며 살아간다.

영원,

영원한 오늘,

영원한 현실, 곧 진정한 실체인 미래형 하나님나라를 꿈꾸며…….

*핵심 요약 (휘포밈네스코, ὑπομιμνήσκω & 디다스코, διδάσκω)

1. 칭의, 성화, 영화

2. 나하흐의 하나님, 에트의 하나님, 할라크의 하나님

3. 옛 사람, 새 사람

4. 종

5. 세례

*강청기도

성부하나님을 찬양합니다. 성자하나님을 찬양합니다. 성령하나님을 찬양합니다. 삼위일체 하나님 한 분 만으로 만족하겠습니다. 삼위일체 하나님께만 영광 돌리겠습니다.

이곳 6장을 통해 그리스도와 함께 죽었으면 그리스도와 함께 살 줄을 믿노니(6:8)라는 확신을 갖게 해 주심에 감사드립니다. 그렇습니다. 2,000년 전 예수님의 대속 죽음과 함께 십자가에서 죽고 십자가로부터 살아났음(부활과 영생)을 고백합니다. 이제 후로는 내 안에 예수 그리스도가 사심을 믿습니다. 그 예수 그리스도로 말미암아 하나님으로 더불어 화평을 누리게 하셨음(5:1)에 감사 감사드립니다. 온전한 주권을 드리길 소원합니다. 그리하여 당신의 통치와 질서, 지배 하에서 즐거이 순복하고 싶습니다. 오직 말씀을 통해 당신의 뜻을 따라 당신의 기쁨으로 살아가게 하옵소서. 무슨 일을 하든 지 마음을 다하여 주께 하듯 하게 하고 사람에게 하듯 하지 않게 하옵소서. 살아도 주를 위하여 살게 하시고, 죽어도 주를 위하여 죽게 하옵소서. 모든 영광 하나님께 올려드립니다. 감사드리며 예수 그리스도의 이름으로 기도드립니다. 아멘

*핵심 요약 (휘포밈네스코, ὑπομιμνήσκω & 디다스코, διδάσκω)

1.

칭의 Justification	성화 Sanctification	육신적 죽음	영화 Glorification
Already~not yet			부활체 Resurrection body
원죄에서 해방 신분의 변화 하나님의 자녀가 됨	자범죄에서 해방 상태의 변화 하나님의 형상 회복	아 날 뤼 시 스 (이동 or 옮김) 딤후 4:6 ἀνάλυσις	죄와는 무관 부활체 신과 방불한 자 (신의 본체는 아님)
JC의 십자가 보혈 구속 성취	JC의 십자가 보혈 구속 보증		JC의 십자가 보혈 구속 계획 통한 완성
영 단번(once for all)	지속적, 반복적		영원
죄와 사망의 법에서 해방→자유케 됨	죄의 오염을 제거→정결케 됨		영광스러운 몸 강한 몸 썩지 아니할 몸 신령한 몸
현재형 하나님나라 주권, 통치, 질서, 지배개념			미래형 하나님나라 분명한 장소 개념

2. 삼위일체 하나님: 다른 하나님(기능론적 종속성), 한 분 하나님(존재론적 동질성)

구분되나 분리되지 않는 하나님

앞서가시는 나하흐의 성부하나님

늘 나와 함께하시는 에트의 성자하나님

뒤에서 밀어주시고 동행하시는 할라크의 성령하나님

3. "죄의 몸" 곧 '옛 사람' # '예수 믿고 의롭다 하심을 얻은 자, 성령으로 거듭난 자아, 죄에서 자유함을 얻은 새사람(엡 4:24)'

: 인간의 육신 자체가 죄악 덩어리라는 말이 아니라(고전 6:19) '죄의 주관 아래 예속되었다(Witmer)' 혹은 '죄에 예속되어 그 도구로 사용되고 있는 육신(Greijdanus, Meyer)'이라는 의미.

4. "종"의 헬라어 단어

1) 둘로스(δοῦλος, adj, nm, nf): 주인에게 철저히 예속된 노예

2) 휘페레테스(ὑπηρέτης, nm): 배(노예선) 아래에서 북 소리에 맞추어 노를 젓는 종(고전 4:1), 갤리선(galley, 노를 주로 쓰고 돛을 보조적으로 사용하는 대형 범선)에 타서 북소리에 맞추어 죽기까지 배 밑에서 노를 젓고 있는 노예

3) 디아코노스(διάκονος, nm, nf): 주인과의 고용 관계 속에서 삯을 받고 자유롭게 봉사하는 종 혹은 사역자(고전 3:5)

4) 오이코노모스(οἰκονόμος, nm): 맡은 자(고전 4:2)로서의 종(청지기)

*'**죄의 종**(요 8:34)': '불순종의 종, 불순종의 아들들(엡 5:6)'

→그들의 결국은 사망(롬 5:21, 6:23, 영벌(유황 불 못 심판) 즉 영원한 죽음(둘째 사망, 마 25:41-46, 계 20:10-15)→장차 하나님의 진노

*'**순종의 종, 성결의 종, 의의 종**': 예수 그리스도를 왕으로 모신 자들

→그리스도를 믿음으로 의롭다 함(칭의, Justification)을 얻음 →그 결과 미래형 하나님 나라에의 입성과 영생을 누리게 됨

5. '세례'의 4가지 의미(the Savior; 죄 씻음, 영접, 연합 곧 하나 됨, the Lord; 주님으로 고백)를 함의.

레마 이야기 7

오호라 나는 곤고한 사람이로다(7:24)

Already~not yet; 두 법사이에 끼인 나(간증적 고백)

앞서 잠시 언급했지만 지난 어린 시절부터 지금까지 나는 자의적 혹은 타의적으로 성경을 많이 읽었다. 더 나아가 어느 누구보다도 많은 구절들을 암송했으며 복음과 십자가, 그리고 교리에 대해 수없이 반복하여 듣고 또 들었다. 타의적이라 함은 멘토이자 아버지였던 이윤화 목사 때문이며 자의적이라 함은 나 스스로 말씀이 좋아서 읽고 또 암송하기도 했던 것이다.

성경 읽기는 일상의 습관이었고 통독과 정독을 수십 번은 족히 오갔다. 졸리게 되면 소리내어 읽다가 간혹 고래고래 고함을 지르기도 했다. 조용히 읽다가 그대로 잠들기도 했는데 깨어보면 성경책 위에 침이 흥건히 고였을 정도로 새벽까지 읽곤 했다. 그런 일상이 쌓이고 쌓여 노년이 된 지금은 성경구절들을 전 세계에서 가장 많이⁽⁇⁾ 암송한다고 천명하기에 이르렀다. 물론 비공식이다.

속상하고 안타까운 것은 세월의 무게에 짓눌려 점점 더 성경을 읽다가도 문득문득 자미 뷔(Jamais vu, 미시감, never seen, 잊어버림, 생소함)가 나타난다는 점이다. 그래서 이전 보다 더더욱 말씀을 깊이 묵상하고 애써 암송을 하곤 한다. 그런 나는 어느 누구보다도 신구약 정경 31,173$^{(23,214+7,959)}$구절의 단어나 조사들을 아주 탁월하게 기억$^{(개역한글판)}$하고 있다. 개역한글판의 경우 토씨 하나 틀리지 않고 기억한다. 정경 66권의 전체 흐름[78]이나 각 부분의 디테일 또한 어느 누구보다도 자신 있다.

그랬던 나였는데…….

최근 '자미 뷔' 현상 때문에 당황스러워 더 많은 밤을 새워가며 정독한다. 말씀을 깊이 묵상한 후에는 히브리어, 헬라어 사전을 참고$^{(Bible\ Hub)}$하면서 통전적$^{(holistic)}$으로 글$^{(7권의\ 주석과\ 7권의\ 핸드북)}$을 쓰고 있다.

감사한 것도 있다.

정경 66권, 31,173구절을 반복하여 찬찬히 읽고 깊이 묵상하다 보면 지난날 어린 시절 멘토이자 아버지였던 이윤화 목사가 곁에서 성경을 읽던 그 모습과 그 음성이 점점 더 자주 데쟈 뷔$^{(Déjà\ vu,\ 기시감,\ already\ seen)}$처럼 보여지고 들려지며 자연스러워진다는 것이다. 이제는 너무 익숙해지다 보니 말씀과의 일체감이 들 때도 있다.

또 하나, 나는 이곳 로마서 7장을 읽을 때면 나 스스로에 대한 데쟈 뷔$^{(Déjà\ vu,\ 기시감,\ already\ seen)}$ 현상을 거의 매번 겪는다. 그중 하나가 "오호라 나는 곤고한[79] 사람이로다$^{(롬\ 7:24)}$"라며 울부짖곤 하는 나의 모습이다. 그러

---

78 1)핵심단어$^{(2,\ 3,\ 4,\ 6,\ 8\ 단어)}$로 정경 66권 이어가기, 2)14시대로 구분하여 정경 66권 이어가기, 3)년도별로 정경 66권 이어가기, 4)히브리 정경$^{(TNK,\ 24권)}$과 역서예$^{(5-21-1)}$로 정경 66권 이어가기 등등이다. 나의 저서 <복음은 삶을 단순하게 한다>, <복음은 삶을 선명하게 한다>를 참고하라.

79 로마서 7장 24절의 '오호라 나는 곤고한 사람이로다 이 사망의 몸에서 누가 나를 건져내랴'는 말씀 중 "곤고하다"의 헬라어는 탈라이포로스$^{(ταλαίπωρος,\ adj)}$로서 '빨래의 양 끝을 짜는 그 중간 사이에 끼인 상태에서의 고통과 아픔'을 가리킨다. 한편 "사망의 몸"이란 '시체'를 가리키는데 고대 근동에서는 살인자에 대해 자신이 죽였던 사람의 시체를 자신의 몸에 묶음으로 천인공노$^{(天人共怒)}$할 살인을 저지른 것에 대한 형벌로 주어졌다.

다보니 사도 바울의 고백적 탄식은 내게 아주 익숙하기도 하다. 어떤 때에는 누군가가 나의 얘기를 하고 있는 듯한 느낌이 들어 주위를 두리번거리곤 할 때도 있다.

나의 고백은 이어진다.

"내가 원하는 바 선은 하지 아니하고 도리어 원치 아니하는 바 악은 행하는도다(롬 7:19)."

이런 외침이 내가 외치고 있는 것인지 사도 바울의 외침인지 헷갈릴 때가 많다. 분명한 것은 성령님께서 주시는 무지막지한 감동이라는 것이다. 때로는 질타의 소리이기에 깊은 곳으로부터의 뜨끔거림에 얼굴은 달아오르고 심장은 쿵쾅거린다.

"내 자신이 마음으로는 하나님의 법을, 육신으로는 죄의 법을 섬기노라(롬 7:25)."

이 외침은 하나님과 사람 앞에서 부르짖는 나의 장탄식(長歎息) 같은 긴 한숨이요 들숨 날숨을 건너뛰는 큰 한숨이다.

"원함은 내게 있으나 선을 행하는 것은 없노라"는 고백은 나의 '육신적 한계, 육신적 연약성'에 대한 한탄이기도 하다. 그런 나는 마틴 루터(M. Luther)의 '영적 고뇌'에 대한 고백을 통해 '나의 영적 고뇌'에 약간 위로를 받고 있다. 그의 고백을 나의 표현으로 바꾸면 다음과 같다. '영적 인간은 육(죄악)과 싸우며 신음한다. 왜냐하면 원하는 바 선은 행치 아니하고 원치 않는 악으로 달려가는 자신을 보며 괴롭기 때문이다. 더 나아가 원하는 것을 행할 수 없는 자신 때문에 자주 많이 아프다. 그렇다고 하여 육(죄악)과 싸우려 하지 않는다면 그는 이미 악에 굴복한 사람이다.'

새벽을 기도로 시작하는 나는 하루를 마감하는 늦은 저녁, 잠자리에 들기 전에 또한 반드시 기도(회개기도, 중보기도)로 마무리하곤 한다. 소위 '말할 수 없는 탄식(롬 8:26)'을 습관화하고 있다. 시편기자(시 119:20)는 '주의 규례를 항상 사모함으로 내 마음이 상하나이다'라고 했다. 그래서 매일매일을 그렇게 부르짖는 것이다. 개중 빠지지 않는 것은 하루의 점검과 더불어 반드시 행하는 회개(성전 청소)기도이다. 이는 하나님을 향한 나의 통렬한 부르짖음이다. 폴 알트하우스(Paul Althaus, 1888-1966, 독, 루터교 신학자, 조직신학, 윤리학, 초기 나치즘(Nazism)에 우호적이었던 것은 문제)는 '그리스도인의 특징인, 육의 공격(유혹의 고통)에 대한 부르짖음, 곧 회개가 없다면 바른 신앙인이 아니다'라고 했다. 그는 아날뤼시스(육신적 죽음)까지는 육의 공격(유혹의 고통, Peter Stuhlmacher)에 대해 지속적으로 부르짖으라고 했다. 전적으로 공감된다.

나는 'already~not yet'을 깊이 인식하는 사람이다. 그렇기에 어찌할 수 없는 인간의 연약함과 한계를 처절하게 자각하며 살아간다. 그런 나의 모습은 이미 로마서 3장 10~18절에서 완전히 발가벗겨졌다. 그런 나는 유한된 한 번의 직선 인생을 살아가며 의롭다 칭함은 받았으나 여전히 죄인의 모습이 강함을 고백하곤 한다. 마틴 루터의 말을 빌리자면 "나는 언제나 죄인이고 동시에 의롭다(semper peccator simul jastus)." 곧 의롭다 칭함을 받은 죄인임을 고백한다.

물론 옛 사람[80]은 이미 예수님과 함께 십자가에 못 박혔지만…….

죄를 향해 그토록 빨리 달려가는 나의 강한 성향, 각종 다양한 죄의 유혹이 불타오를 때마다 그런 나를 보며 스스로 놀라곤 한다. 결국 나는 그

---

80 에베소서 4장 22-24절에는 '옛 사람을 벗어버리고 새 사람을 입으라'고 했다. '새 사람'이란 속사람, 숨은 사람(롬 7:22, 고후 4:16, 벧전 3:4)으로 새 마음과 새 영을 받은 사람으로 하나님의 법을 즐거워하며 옛 사람, 옛 마음을 제거한 사람을 말한다.

저 남들이 보기에만 곱상하게 포장된 그리스도인에 불과한 듯하다. 그런 나는 생각보다도 하나님을 찾는 일에 뜸할 뿐만 아니라 집중적이지 못하며 거의 내가 필요한 때만(아직까지는 너무 많아 다행이기도 하지만) 강력하게 찾는 경향마저 여전히 남아있다. 이기적이고 자기중심적이며 자기 몰두적, 자기 연민적이다. 여전히 탐욕으로 가득찬 내 모습에 간혹 구렁텅이 속으로 스스로 기어들어가 절망하기도 한다.

언제쯤이면 뒤로 물러가(ὑποστέλλω) 머뭇거리지 않게 될까?

언제쯤이면 지금보다 더 이타적이 될까?

언제쯤이면 지금보다 더 심령이 가난한 자로 살아가게 될까?

언제쯤이면 지금보다 더 복음과 십자가로 살아가고 복음과 십자가만 자랑하며 살아가게 될까?

나는 여러 면에서 치우침(편견, prejudice, praejudicium, bias)이 있음을 고백하지 않을 수 없다. 모든 이들에게 '균형(Delicate Balance)과 조화(Harmony)'를 외치지만 정작 나는 입만 그럴싸하게 움직이는 때가 제법 있다. 그런 행동을 취해야만 하는 경우 정작 나는 삼자 입장으로 빠져나가 버릴 때도 있다. 싫은 자에게는 어김없이 역정을 내고 티가 나도록 내색을 한다. 싫은 상대를 향하여는 언사에 거침이 없다(롬 12:18). 반면에 나를 좋아하는 자에게는 한없이 친절하다(눅 6:32). 그것도 내게 유익이 되는 자들을 조금 더 좋아하는 듯하기에 결국은 상대를 좋아하는 '척'일지도 모르겠다. 상대의 처지나 상황, 환경에 관계없이 진정으로 좋아하는 때가 나의 일생 동안에 오기는 할까?

상기의 연유로 나는 매사 매 순간을 대충대충 살아가지 못하고 자주자주 고민을 하곤 한다. 그런 나는 균형과 조화를 가지고 살아가게 되기를 몹시 기대하며 어느 누구보다도 몸부림치는 것 또한 사실이다.

나는 세상 사람들과 마찬가지로 목구멍은 열린 무덤이요 혀로는 속임을 베풀고 입술에는 독사의 독이 있고 입에는 저주와 악독이 가득하다. 어쩌면 그들보다 더할 지도 모르겠다. 종종 그런 유의 말들을 뱉으면서 스스로 놀라고, 뱉고 나서 이내 곧 후회하곤 한다. 때로는 자연스럽게 그런 말을 뱉는 나 자신을 보며 소스라치게 놀란다.

과연 내가 예수쟁이가 맞기는 하나?

그래서 나는 자주자주 하나님 앞에서 영적, 육적으로 발가벗는 연습을 하곤 한다. 수치심과 함께 죄책감[81]으로 두려움에 벌벌 떠는 상황을 일부러 연출해 보기도 한다.

하나님 앞에서의 가면 벗음,

그분 앞에서의 적나라함

'Coram Deo (코람데오, 면전의식)'

그렇게 순간순간을 하나씩 둘씩 아름답게, 진정으로 '~답게' 살아가며 여생을 하나씩 쌓아가고 싶다.

힘들고 지쳐 낙망하고 넘어져 일어날 힘 전혀 없을 때에는 그냥 그 자

---

81 참고로 수치감(수치심)과 죄책감(정죄감)은 구분할 필요가 있다. 전자의 경우, 남들 모르게 감추고 싶었던 어떤 것이 알려졌을때 느끼는 거북하고 난감한 감정으로 우리의 행실들을 수평적으로 정렬한다. 이런 수치심은 주관적이며 남들 앞에서 느끼는 것이고 심리적 세계에 속해 있다. 후자의 경우, 하나님의 성품에 걸맞는 표준 곧 외적인 표준을 침해한 결과 생기는 것으로 우리의 행실들을 수직적으로 정렬한다. 이런 죄책감은 객관적이며 하나님 앞에서 느끼는 것이며 도덕적 세계에 속해 있다. 참고, <용기있는 기독교>, 데이비드 웰스, 부흥과 개혁사, 2020, p238-240

리에 퍼지고 누워 마라나타[82](아멘 주 예수여 어서 오시옵소서, Ἀμήν, ἔρχου, Κύριε Ἰησοῦ, 아멘 에르쿠 퀴리에 이에수)를 외치기도 한다. 확실한 것은 '그날까지!' 복음과 십자가는 절대 놓지 않을 것이란 점이다.

나는 '곤고한 사람'이다. '곤고한 사람'이 맞다. 욥의 고백(욥 42:6)이 나의 고백이다. 그래서 오늘도 나는 복음과 십자가를 붙들고 예수 믿음과 하나님의 계명[83]을 가지고 인내로 매사 매 순간 나의 주인 되신, 성령님이 주시는 능력으로 영적 싸움에 당당히 임한다.

당당함으로!

담대함으로!

내게는 든든한 말씀이 있다. 그 말씀은 나를 견고하게 지탱하는 힘이다.

"이제는 우리가 얽매였던 것에 대하여 죽었으므로 율법에서 벗어났으니 이러므로 우리가 영의 새로운 것(예수 그리스도 생명)으로 섬길 것이요 의문의 묵은 것(율법)으로 아니할찌니라" _롬 7:6

"너희는 우리로 말미암아 나타난 그리스도의 편지니 이는 먹으로 쓴 것이 아니요 오직 살아계신 하나님의 영으로 한 것이며 또 돌비(옛 언약, 율법)에 쓴 것이 아니요 오직 육의 심비(새 언약, 생명, 성령내주)에 한 것이라" _고후 3:3

"또 주께서 가라사대 그 날 후에 내가 이스라엘 집으로 세울 언약(예수 그리스도 새 언약의 성

---

82 마라나타(Maranatha, 아람어: מרנא תא: maranâ thâ' 또는 מרן אתא: maran 'athâ', 그리스: Μαραναθα) Our Lord has come, 주께서 임하시느니라, 고전 16:22, 계 22:20

83 '율법과 계명, 규례, 법도(레 18:5)' 등은 모두 다 동의어이나 굳이 구분한다면 율법(νόμος, nm)은 하나님이 모세에게 신탁하신 도덕법(moral law), 의식법(ritual law), 시민법(civil law)을 총칭하는 말이다. 계명(ἐντολή, nf, highlights the nature of a specific order (charge), i.e. its "in-context objective.", 법도)이란 율법의 각 조문을 가리킨다. 규례(규칙, rule, decree)는 하나님이 친히 세우시고 명령하신 법률이나 규범(신 4:1, 출 12:14, 레 16:34)으로 하나님이 인생을 다스리는(미쉬파트, 심판) 계명(법도)이다. 법도(Law)란 법률과 제도를 가리키는 것으로 계명이라는 말과 동의어이다.

취(초림)와 완성(재림))이 이것이니 내 법을 저희 생각에 두고 저희 마음에 이것을 기록하리라 나는 저희에게 하나님이 되고 저희는 내게 백성이 되리라" _히 8:10, 렘 31:33

*핵심 요약 (휘포밈네스코, ὑπομιμνῄσκω & 디다스코, διδάσκω)

1. 정경 66권

2. 율법과 계명, 규례와 법도

3. 곤고하다

4. 사망의 몸

*강청기도

성부하나님을 찬양합니다. 성자하나님을 찬양합니다. 성령하나님을 찬양합니다. 삼위일체 하나님 한 분 만으로 만족하겠습니다. 삼위일체 하나님께만 영광 돌리겠습니다.

이곳 7장을 통해 Already~not yet으로서 두 법사이에 끼인 나를 고백하게 하심에 감사드립니다. 그렇습니다. 나는 '오호라 나는 곤고한 사람이로다(7:24)'라는 사도 바울과 동일한 고백을 할 수밖에 없음을 고백합니다. 당신의 유효적(효과적) 부르심을 통해 중생과 칭의 후에도 여전히 죄 된 속성에 짓눌려 힘들었음을 고백합니다. 그러나 당신의 인도하심, 함께하심, 동행하심으로 점점 더 생명의 성령의 법 아래서 자유함을 누리게 해 주셔서 감사드립니다. 죄와 싸우되 피흘리기까지 싸우게 하시고 당신의 능력을 덧입고 하나님의 전신갑주를 입고 싸우게 하옵소서. 혹시라도 넘어지게 되면 머뭇거리지 말고 회개하게 하옵소서. 십자가에서 예수님과 함께 죽고 다시 살아났음에 흔들리지 않게 하시고 내 안에 주인으로 계시는 성령님께 온전한 주권을 드리고 당신의 통치와 질서, 지배 하에서만 살아가게 하옵소서. '오직 말씀', '오직 예수', '오직 복음'과 더불어 당신의 뜻을 따라 당신의 기쁨으로만 살아가게 하옵시고 무슨 일을 하든지 마음을 다하여 주께 하듯 하고 사람에게 하듯 하지 않게 하옵소서. 살아도 주를 위하여 살게 하시고, 죽어도 주를 위하여 죽게 하옵소서. 모든 영광 하나님께 올려드립니다. 감사드리며 예수 그리스도의 이름으로 기도드립니다. 아멘

*핵심 요약 (휘포밈네스코, ὑπομιμνήσκω & 디다스코, διδάσκω)

1. 정경 66권(전체 흐름 파악하기)

	정경 66권(전체 흐름 파악하기)
1	핵심단어(2-3-4-6-8단어)로 정경 66권 이어가기
2	14시대(12-2)로 구분하여 정경 66권 이어가기
3	년도별로 정경 66권 이어가기
4	히브리 정경(TNK, 24권)과 역서예(5-21-1)로 정경 66권 이어가기

2. "율법과 계명, 규례, 법도(레 18:5)**": 동의어**

	"율법과 계명, 규례, 법도(레 18:5)": 동의어	
1	율법 (νόμος, nm)	하나님이 모세에게 신탁하신 도덕법(moral law), 의식법(ritual law), 시민법(civil law)을 총칭
2	계명 (ἐντολή, nf, highlights the nature of a specific order (charge), i.e. its "in-context objective.", 법도)	율법의 각 조문
3	규례 (규칙, rule, decree)	하나님이 친히 세우시고 명령하신 법률이나 규범(신 4:1, 5, 출 12:14, 레 16:34)으로 하나님이 인생을 다스리는(미쉬파트, 심판) 계명(법도)
4	법도 (Law)	법률과 제도, 계명이라는 말과 동의어

3. "곤고하다"의 헬라어

탈라이포로스(ταλαίπωρος, adj): 빨래의 양 끝을 짜는 그 중간 사이에 끼인 상태에서의 고통과 아픔

4. '오호라 나는 곤고한 사람이로다 이 사망의 몸에서 누가 나를 건져내랴(롬 7:24)**'**

"사망의 몸": 시체를 가리킴

고대 근동에서는 살인자에게 자신이 죽인 시체를 자신의 몸에 묶어버리는 형벌 시행 →천인공노할 살인을 저지른 것에 대한 끔찍한 형벌

레마 이야기 8
죄와 사망의 법과 생명의 성령의 법(8:1-2)

진정한 자유함=진정한 해방(8:38-39)

하나님의 후사(8:17-18); 영광과 함께 고난 감당

잘 준비되고 훈련된 한 남성과 한 여성이 만나 둘[84]이 하나 곧 영혼의 친구(Soul-Mate)가 되는 결혼(marriage)에 있어 거의 필수적인 것은 예식(wedding ceremony, 히 13:4)과 더불어 예물이다. 예물 중 가치 여부를 떠나 반지(웨딩 밴드, 웨딩 링)는 거의 필수적인 것으로 변치 않는 약속, 사랑을 상징한다. 학자들은 정경 66권 중 로마서(1:1~16:27)를 가리켜 결혼의 황금반지의 보석[85]에 해당한다고 말한다. 그러므로 구원론(Soteriology)에 있어 이신칭의, 이신득

---

84 창조주 하나님은 태초에 당신의 형상(צֶלֶם, 쩨렘, 지정의/G1504 (εἰκών, eikōn): Often translated as "image" in the New Testament, used to describe Christ as the image of God (Colossians 1:15) and believers being conformed to the image of Christ (Romans 8:29))을 따라 당신의 모양(דְּמוּת, 데무트, 신체적 형상, From the root דָּמָה (damah), meaning "to be like" or "to resemble."/ The Greek equivalent often used in the Septuagint (LXX) for 'demuth' is ὁμοίωμα (homoioma), Strong's Greek 3667, which also means likeness or resemblance.)대로 한 남성(זָכָר, 자카르, nm, G435 (ἄρσην, arsēn): Specifically denotes male gender.)과 여성(נְקֵבָה, 네케바, nf, G2338 (θῆλυς, thēlys): Used in the New Testament to denote female, as seen in passages like Matthew 19:4, "He answered, 'Have you not read that from the beginning the Creator 'made them male and female'?"/Derived from the root נָקַב (naqab), meaning "to pierce" or "to designate.")을 만드셨다. 이는 성(性)의 목적을 분명히 하신 것(창 1:28)이다.

85 독일의 루터교 경건주의(Pietism) 창시자(<<경건한 요청(Pia Desideria)>>)인 필립 야콥 스패너(Philipp Jakob Spener, 1635-1705, 신앙과 삶의 균형과 조화)는 '성경을 1개의 반지로 볼 때 로마서는 반지의 보석이고 그중 8장은 그 보석의 가장 빛나는 부분이다'고 했다. 그는 '종교개혁이 교회 제도는 개혁했으나 신앙인의 내면과 영성은 충분히 변화시키지 못했다'고 비판했다.

를 드러내는 로마서는 우리를 향한 하나님의 변치 않는 사랑을 잘 보여주며 택정함을 입은 자녀에 대한 확실한 구원의 약속을 보증하고 있다. 특히 양괄식(兩括式, topic at the beginning & the end, 1~2/38~39)으로 강조되고 있는 이곳 8장(1~39)은, 정경의 백미(白眉, highlight)라고 일컫는 로마서가 반지라면, 그 반지 중앙에 박힌 다이아몬드('영원'을 상징)라고 입을 모은다.

"그러므로 이제 그리스도 예수 안에 있는 자에게는 결코 정죄함이 없나니 이는 그리스도 예수 안에 있는 생명의 성령의 법이 죄와 사망의 법에서 너를 해방하였음이라"_롬 8:1-2

"내가 확신하노니 사망이나 생명이나 천사들이나 권세자들이나 현재 일이나 장래 일이나 능력이나 높음이나 깊음이나 다른 아무 피조물이라도 우리를 우리 주 그리스도 예수 안에 있는 하나님의 사랑에서 끊을 수 없으리라"_롬 8:38-39

많은 학자들은 로마서 8장이 '황금장(golden chapter)'[86]이라는 것에 동의한다. 그만큼 핵심장이라는 것으로 특히 29-30절을 가리켜 '구원의 황금사슬(the golden chain of salvation)'이라고 부르기도 한다.

한편 상기 로마서 8장 2절에 나오는 '죄와 사망의 법(죄로 인한 사망에 이르게 되는 원리)'이라는 말은 생각만으로도 가슴이 짓눌림과 동시에 목이 졸리는 느낌이 있다. 그런 지독하게 답답한 상황을 영 단번(once for all)에 해결하신, 시원하게 뚫어 주신(진정한 자유, 해방을 허락하신) 분이 바로 '세상의 빛(죄와 어둠을 몰아내신 빛이신 예수), 생명의 빛(죽음, 사망을 몰아내신 빛이신 예수)'으로 오신, '그리스도이시

---

86 칼빈주의 신학자 윌리엄 퍼킨스(William Perkins, 1558-1602, 영, 케임브리지 신학자)는 일련의 구원의 여정(칭의→성화→영화)을 가리켜 황금사슬(golden chain)이라고 불렀다. 칼빈은 구원이란 전적인 하나님의 택정이라고 했는데 나와 공저자는 이에 동의하고 있다.

자 메시야이신 예수님(길이요 진리요 생명, 요 14:6)'이시다.

구원자(The Savior)이신 예수님(Ἰησοῦς)은 '죄와 사망의 법(죄로 인한 사망에 이르게 되는 원리)'으로부터 '생명의 성령의 법'을 허락하신 분이시다. 그러므로 죄인된 인간에게 주어진 진정한 자유[87]는 길[88]이요 진리요 생명이신 '예수 그리스도의 유일성(예수 그리스도로 인하여, 예수 그리스도 안에서만 구원, 행 4:12)' 덕분이다. 이 말인즉 진정한 자유(해방)는 삼위일체 하나님과의 바른 관계와 친밀한 교제 가운데에서만 주어진다는 것이다.

"진리를 알찌니 진리가 너희를 자유케 하리라"_요 8:32
"그러므로 아들이 너희를 자유케 하면 너희가 참으로 자유하리라"_요 8:36
"주는 영이시니 주의 영이 계신 곳에는 자유함이 있느니라"_고후 3:17
"그리스도께서 우리로 자유케 하려고 자유를 주셨으니 그러므로 굳세게 서서 다시는 종의 멍에를 메지 말라"_갈 5:1

참고로 로마서 8장 2절의 법(法)이란 단어를 쪼개어 보면 수(水, 물)와 거(去, 갈)의 합성어로 법(法)이란 '물같이 흐르는 것'이란 의미로 물같이 지속적으로 공평무사(公平無私, impartiality), 공명정대(公明正大, being fair & just)하게 흘러야 올바른 법이라는 말이다. 아모스 5장 24절의 말씀[89]과 상통하고 있다.

---

[87] 세상은 자기 마음대로 하는 것을 '자유(경험론적 자유, 영국식)'라고 하나 실상 그것은 '방종(放縱, self-indulgence)'에 불과하다. 한편 자유주의자는 이성적 자유(관념론적 자유, 독일식)를 이상적으로 생각하여 세상을 자기 잣대(기준)에 따라 보고 듣고 아전인수(我田引水, arguing from a self-centered angle)로 판단한다(현대성에 굴복, 인간을 소외시키는 것이 기독교라고 했던 루드비히 포이어바흐(마르크스를 완성시킨 자)를 언급하며 이정훈 교수는 '인간 귓구멍에 최적화로 들려주는 자'라고 했다). 그러나 진정한 자유는 '길이요 진리요 생명이신 예수 그리스도 안에만' 있다.

[88] 복의 히브리어는 에쉐르(אֶשֶׁר, nm)이며 동사 아솨르(Derived from the root verb אָשַׁר (ashar), meaning "to go straight, to advance, to be blessed.")에서 파생되었다. 이 말인즉 바른 길이신 예수 그리스도를 쫒아가는 사람은 이미 복받은 사람이라는 의미이다.

[89] 이 말인즉 하나님의 공의(쩨다카)는 물같이 흐르며 세상의 기준과 원칙이 되고, 하수같이 흐름으로 비록

"오직 공법(מִשְׁפָּט, righteousness and justice)을 물같이, 정의(מִשְׁפָּט, 미쉬파트, 심판, the act of judgment)를 하수같이 흘릴찌로다"_암 5:24

그런 의미에서 작금의 대한민국의 사법 시스템은 그 효력을 상실해 가는 듯 여겨진다. 왜냐하면 법 조항이나 법 적용에 있어 점점 더 진리(Truth)에 입각한 진실(Integrity)이 희미해져가기 때문이다.

'진리(Truth)'란 절대기준으로서 '오직 예수(Solus Christus, 오직 복음), 오직 말씀(Sola Scriptura)'을 말한다. '진리'의 소멸은 많은 경우 교회(교회공동체)의 바른 역할(말씀과 교리에의 올인) 부재에 있다. 교회가 절대적 기준인 '진리의 말씀'에 목숨을 걸지 못하자 기준이 없어져 버린 세상은 다양[90](다양한 문화, 종교, 가치관, 세계관, 사고방식, 존재방식, 행동양식 등등)해짐을 넘어 마구 폭주하고 있는 것이다. 그 결과 온 세상 어디를 가더라도 부정과 불법, 부패가 판을 치고 있다. 이들은 또아리를 틀고 견고하게 자리를 잡아가다가 서로 합종연횡(合從連橫, 합종책은 균형유지(Balancing), 연횡책은 편승(Bandwagoning), 국제정치학자 케네스 월츠)하면서 카르텔을 형성하여 무소불위(無所不爲)의 난폭한 권력을 휘두르고 있다. 그러다 보니 나쁜 면에서는 모두 다 상향(上向) 평준화(平準化)되어 비슷비슷(현대화, 세속화된 도시문화, 비슷한 식음료, 비슷한 브랜드의 의복, 비슷한 멀티미디어 등등)해져 버렸다.

어느덧 우리 주변에는 상대주의(相對主義, Relativism, 절대적인 진리는 없다는 사상)가 쉽게 관찰되는 것을 넘어 아예 또아리를 틀듯 요지부동(搖之不動)이 되어버렸

당장은 비가시적이나 여전히 흐르고 있는 하나님의 심판(미쉬파트)은 '물같이 흐르는 하나님의 정의'에 따라 반드시 심판한다는 말이다.

90 참고로 전세계 곳곳에 DEI Policy(다양성(Diversity), 형평성(Equity), 포용성(Inclusion)의 정책 기조)가 있는데 말의 의미와는 달리 죄악에로의 잰걸음이기에 논란의 여지가 많을 뿐만 아니라 반기독교적이기도 하다. 가스펠송이 기억난다. '이 세상은 날이 갈수록 악해져가고 온 거리마다 넘쳐나는 죄악의 물결, 사람들은 참 자유가 뭔지도 모르고 어둠의 길을 방황하며 소리지르네.'

다. 세월의 흐름과 더불어 상대주의가 득세하자 절대 진리인 기독교마저 상대화되면서 많은 종교 중의 하나(구원다원주의, 종교혼합주의 등등)인 양 취급되어지고 있다. 점점 더 기독교의 절대 진리가 희미해지면서 이제는 바야흐로 사라져가는 중이다. '진실(Integrity)'의 경우 사실을 왜곡한 악한 권력들(권력을 추구하는 악한 (부정, 불법, 부패 카르텔)세력들의 날조, 과장, 속임수, 인신공격, 이상하고도 교묘한 이념이나 이기적이고 사적인 슬로건 등등)과 그들의 교묘한 조작(부정선거, 부분적 사실, 왜곡, 축소, 과장 등등)으로 인해 점점더 거짓이 일상화(日常化, routinization)를 넘어 어느덧 익숙하게(familiar, used to) 되어 버렸다.

이제 우리는 헤어나기 힘든 암울한 일상 속에서 허우적거리며 겨우겨우 숨만 할딱거리며 살아가고 있다. 이때 진정한 그리스도인(크리스티아노스, 행 11:26, Χριστιανός, nm)이라면 유일하고도 절대적인, 그러면서도 선명한 길이요 진리요 생명인 하나님의 말씀[91]의 법(法)으로 돌아가야 한다. 곧 "예수 믿음과 하나님의 계명(로고스이신 말씀, 계 14:12)"을 붙들어야 한다. 앞서 언급한 '물같이 흐르는 법'은 '예수 그리스도'뿐이시다. 그분 안에서는 생명의 성령의 법이지만 예수 그리스도 밖에는 죄와 사망의 법뿐임을 똑똑히 기억해야 한다.

예수님은 하나님의 독특한(Unique) 아들(독생자)로서 하나님의 본체(존재론적 동질성, essential equality, 분리되지 않는, 빌 2:6)이시다. '구원자(the Savior)'이신 예수님(이에수스, Ἰησοῦς)은 성부하나님의 '유일한 기름부음 받은 자' 곧 그리스도, 메시

---

91 말씀의 헬라어는 케리그마(Κηρυγμα)이다. 곧 신구약 정경 66권, 31,173구절로서 권위의 말씀을 가리킨다. 그중 각자에게 주신, 허락하신, 다가온 말씀이 레마(ῥῆμά)이다. 그 말씀(λόγος)을 붙들고 말씀(λόγος)이 앞서가게 해야 하며 그 말씀(λόγος)이 나의 Life style이 되도록 해야한다.

야로서 이 땅에 역사상 유일한 의인으로 신인양성의 하나님으로 성육신(incarnation)하신 다른 하나님(기능론적 종속성, functional subordination, 구분되는 하나님)이시다. 나와 공저자는 개념(conceptualization) 상 존재론적 동질성(Essential Equality)과 기능론적 종속성(Functional Subordination)이신 삼위일체 하나님을 '다른 하나님, 한 분 하나님' 곧 '구분되나 분리되지 않는 하나님'이라고 칭한다.

하나님의 크신 은혜 안에서 예수 그리스도의 십자가 보혈로 우리는 죄(원죄와 자범죄, 후자의 경우 반복적인 회개가 필요)에서 해방되었고 사망(영적 죽음)에서 생명(영적부활)으로 옮기어졌다. 성경은 "죄의 삯은 사망(롬 6:23)"이라고 분명히 말씀하고 있다. 이는 죄를 지은 것에 대한 대가 지불이 아니라 죄에 대해 주어지는 마땅한 형벌(롬 7:5, 8:13, 고전 15:56, 고후 3:7)을 가리키는 것으로 곧 죄(성경적 죄)의 결과 사망(영원한 죽음, 둘째 사망, 계 20:10, 14, 약 1:15)에 이르게 됨을 말씀하신 것이다. 결국 죄와 사망은 늘 함께 붙어다님을 알 수 있다.

죄(罪)란 다가오는 느낌 그 자체부터가 뭔가 무겁고 음침하고 칙칙하며 끈적끈적하다. 더 나아가 '죄'의 결국인 '사망'은 훨씬 더 무겁고 어두우며 끝없는 나락(那落/奈落, bottomless pit, ἄβυσσος, 무저갱(계 20:3))으로 떨어지는 것 같은 느낌이다. 그렇기에 죄의 결과를 생각하면 죄를 지으려는 생각조차도 끔찍하기만 하다. 간혹 그리스도인 된 우리가 죄를 지을 때 알게 모르게 오싹함을 느끼게 되는 것(죄에 대한 민감성)은 성령님의 죄에 대한 경고임을 알아야 한다.

우리 모두는 그리스도 예수 안에서 생명의 성령의 법에 의해 죄의 종노릇에서 완전히 자유하게 된, 죄와 사망의 법이라는 굴레(어둠, 억압, 압박, 갈 5:19-21)에서도 완전히 해방(롬 8:1-2)된, 이전과는 완전히 다른 새로운 피조물

⁽고후 5:17⁾이 되었다. 그리하여 이제 우리는 하나님과의 바른 관계와 친밀한 교제 가운데 '샬롬'⁹²으로 살아가게 되었다. 할렐루야.

그런 그리스도인으로서의 '맛과 멋과 향기'는 생명의 성령의 법을 좇아 살아가는 것으로부터 나옴을 잊지 말아야 한다. 그러므로 이제 후로는 생명의 성령의 법 아래에서 죄와 어둠으로부터의 자유함, 사망으로부터의 해방을 누리며 성령충만함으로 성령의 풍성한 열매⁽갈 5:22-23, 한 인격 안에 내재된 풍성한 성령의 열매⁾를 맺고 살아가야 할 것이다.

그런 우리는 하나님의 사랑에 "빚진 자⁽롬 8:12⁾"로서 한 번 인생 동안 낯 두꺼운 얼굴로 하나님의 면전⁽Coram Deo⁾에서 뻔뻔하게 굴어서는 안 된다. 그렇다고 하여 주눅 들어 살라는 것은 더더욱 아니다. 왜냐하면 정죄감, 죄책감, 수치심에 빠져 사는 것은 사단의 교묘한 속임수에 놀아나는 것이기 때문이다.

우리 안에는 주인 되신 진리의 영, 예수의 영이신 성령님이 내주하신다. 그렇기에 비록 생긴 것⁽형상, 쩨렘⁾은 천사의 얼굴이 아닐지라도 표정⁽모양, 데무트, 지정의⁾만큼은 천사의 얼굴처럼⁽행 6:15⁾ 보이며 살아가기 위해 매사 매 순간 몸부림을 쳐야 한다. 이때 자기 의를 드러내려 하기보다는 주인 되

---

92 참고로 나는 지난 나의 모든 저술에서 '샬롬'이라고 쓰지 말라고 지속적으로 강조해왔다. 왜냐하면 '샬롬'은 여부스 족속들이 섬겼던 태양신 중 일몰 신의 이름 '샬림⁽Shalim⁾ or 샬렘⁽Shalem⁾'과 어근이 같기 때문이다. 앞서 5장⁽각주 66⁾을 참고하라.
노아 홍수 후 예루살렘에 먼저 가 살던 가나안인들⁽함의 후예, 노아의 족장 선언으로 인해, 창 9:25-27⁾은 추분이 되면 태양이 바로 그들 앞에 떠서 바로 등 뒤로 진다는 것을 알고 이곳이 세상의 축⁽하늘과 땅이 만나는 곳⁾이라고 생각했다. 그러다 보니 예루살렘을 그들이 숭배하던 태양신⁽샤하르(일출 신, Shachar), 샬림(Shalim, 샬렘, 일몰 신)⁾의 거주지로 여겼다. 그렇기에 예루-샬렘은 '샬렘 혹은 샬림 신의 집'이라는 의미로 전해져 왔다. 한편 그곳에 살던 여부스 족속들⁽가나안족속의 일파⁾은 다윗에 의해 추방되었다. 이후 예루살렘은 '샬롬' 곧 평화⁽Shalom⁾를 뜻하는 '평화의 도시'가 되었다. <오직 성령이 너희에게 임하시면>, 이선일, 이성준, 산지, 2023, p440; <예루살렘>, 토마스 이디노풀로스, 이동진옮김, 그린비, 2005, p13-15

신 성령님의 능력으로 한 인격 안에 온전한 9가지 성령의 열매(갈 5:22-23)를 드러내야 한다.

우리의 주인 되시는 성령님은 언제나 우리의 연약함을 도우신다(롬 8:26). 내주하시는 그분만 의지하면서 그분께만 온전한 주권을 드리고 그분의 통치와 질서, 지배를 즐겁게 받으며 살아가는 것이 최고의 샬롬이며 행복인 것을 잊지 말아야 한다.

'성령님의 도우심'이라는 말에서 '돕다'에 해당하는 히브리어가 커네그도(עֵזֶר, suitable, כְּנֶגְדּוֹ from נֶגֶד, 눈에 잘 띄는, 뚜렷한) 에제르(עֵזֶר, nm, a helper, 창 2:20)이다. 이에 상응(相應)하는(correspond to) 독특한 헬라어는 쉰안티람바노마이[93] (συναντιλαμβάνομαι, v, 롬 8:26, 눅 10:40)인데 이는 포용해주고 후원해주며 늘 함께할 뿐만 아니라 완전한 능력으로 도와줌을 가리킨다. '기도'를 예로 든다면 '우리를 도우시는 성령님'이란 우리에게 먼저 ⑴기도할 마음을 주시고 ⑵기도할 풍성한 재료를 주실 뿐만 아니라 ⑶우리를 대신하여 말할 수 없는 탄식으로 아버지 하나님께 중보해 주시는 하나님이시라는 말이다. 바로 그 성령님을 주인으로 모시고 살아가는 우리(아담 네페쉬)는 육신의 일을 생각하는 자, 곧 육신을 따르는 자(בָּשָׂר, 아담)처럼 마음(육신)의 정욕대로 세상과 슬그머니 타협하며 살아서는 곤란하다.

루아흐(רוּחַ, 생기) 곧 성령님이 내주하지 않는 아담(카토이케오)들은 자신들이

---

93 쉰안티람바노마이(συναντιλαμβάνομαι, v)는 properly, to give assistance with full initiative because closely-identified - supplying help that exactly corresponds to the need를 말한다. [Note the prefixes: 4862 /sýn ("closely identified with") and 473 /antí ("corresponding") which each nuance the root (2983 / lambánō, "aggressively lay hold of"). 4878 (synantilambánomai) is always in the Greek middle voice in the NT to further underline the high personal (self) interest motivating giving the help (which is personally shared).]

주인이 되어 자신들의 생각대로 엄청난 고집 속에 살아가고 있다. 바로 약 300~350년간 지속되었던 사사시대의 모습이다.

"그때에 이스라엘에 왕이 없으므로 사람이 각각 그 소견에 옳은대로 행하였더라"_삿 21:25

이 시대를 살았던 사람들은 '살았으나 실상은 죽은 사람들(계 3:1)'이었다. 반면에 영을 따르는 자(아담 네페쉬)는 성령님(רוח, 생기)을 주인으로 모시고 살아가기에 영의 일을 가장 먼저, 그리고 가장 중요하게 생각(롬 8:5)한다. 그들이 바로 영으로써 몸의 행실을 죽이며(롬 8:13, 죄 죽이기) 성령님을 온전한 주인(주권, 통치, 질서, 지배 하에)으로 모시고 살아가는 진정한 사람(아담 네페쉬), 곧 하이 네페쉬 하야(아담 네페쉬)이다. 이런 아담 네페쉬들은 자신의 모든 것을 생명의 성령의 법 아래에 둘 뿐만 아니라 자신의 온갖 생각과 복잡한 마음을 내려놓고 성령님의 통치와 질서, 지배 하에서 살아가려 몸부림친다. 그들은 하나님의 법을 즐거워하며 주야로 묵상하며 살아간다. 새 마음과 새 영을 가졌기에 기꺼이 하나님의 종이 되려고 한다.

"하나님의 영으로 인도함을 받은 우리는 하나님의 자녀이고 하나님의 후사(롬 8:14, 17)"이다. 그런 하나님의 후사 된 우리는 영광과 함께 고난을 기꺼이 감수(롬 8:17-18)하며 살아가야 한다.

감사한 것은 모든 사람의 일생 가운데 주어지는 고난의 경우, 가만히 살펴보면 '고난-총량 불변의 법칙(Law of conservation of total amount-Suffering)'이 전제되어 있는 듯한 것이다. 곧 모든 인생들에게 들이닥치는 양적인 면에서의 고난은 거의 대부분 비슷비슷하다는 것이다. 차이가 있다면, 어떤 이는 인생 초반에 왕창 덮치는 가하면 다른 이는 뒤늦게, 어떤 이들은 일생을 통해 골고루 덮치는 듯한 것이다. 어떠하든 already~not yet인 제한된 인생 동안에는 어떤 형태이든, 어느 시기이든, 어느 정도의 강도이든 간에 ⑴고난만큼은 피할 수 없다는 것과 ⑵전체적인 고난의 양은 비슷하다는 것, 그리고 ⑶고난이 닥치면 육체적으로는 힘들고 피곤하며 괴로운 것은 사실이라는 점이다. 그렇기에 각자에게 닥친 고난은 인생 풍랑이요 고해 가운데 넘실거리는 거친 파도임에는 틀림없다.

문제는 고난에 휩쓸린 인생이 그 풍랑에 너무 많이 흔들리거나 심지어는 거친 파도 속으로 매몰될 때이다.

심한 풍랑으로 인해 몹시 괴로운가?

그렇다면 예수 믿음(오직 믿음(피스티스), 믿음(피스튜오), 그리고 믿음(피스토스))과 하나님의 계명(말씀)을 통해 인내(휘포모네, 히 10:36~39)하며 그분의 신실하심을 더욱더 강건하게 붙들라. 그러면 오히려 그 풍랑으로 인해 주어진 상황과 환경을 거뜬히 극복하게 됨은 물론이요 바라던 목표지점에 더 빨리 가게 될 것이다.

거칠고 높은 파고로 인해 몹시 괴로운가?

그렇다면 하나님의 인자하심을 붙들라. 그러면 오히려 그 휘몰아치는 격랑(激浪, heavy seas)같은 파도는 특별 훈련과정(special training process)이 되어 종국적으로 정금 같은(욥 23:10) 인생으로 만들 것이다.

하나님의 자녀 된 우리가 지녀야 할 것은 소망, 용기와 실력, 그리고 인내이다. 분명히 알아야 할 것은 '예수, 그리스도, 생명'이라는 소망을 가진 자에게는 결코 영원한 고난이란 있을 수가 없다라는 점이다. 왜냐하면 그 소망(엘피스)은 육신적 죽음(아날뤼시스, 이동 혹은 옮김) 후 곧장 홀연히 변화

(고전 15:51)된 몸(신령한 몸, 고전 15:44) **부활체**(고전 15:42-44)로 미래형 하나님나라에의 입성과 영생을 보장하기 때문이다.

전해져 오는 멋진 이야기가 있다. 1564년 5월 27일 저녁 임종(臨終) 전에 있었던 존 칼빈의 이야기이다. 당시 그는 자신을 소개하며 '나, 존 칼빈은 하나님의 말씀의 종(I, John Calvin, Minister of the Word of God)'이라고 고백했다.

'하나님의 말씀의 종(Minister of the Word of God)'

그는 생전에 로마서 8장 18절을 애용했고 임종 직전에도 이 구절을 외우며 아날뤼시스(육신적 죽음 곧 이동)를 맞이했다고 한다.

"생각건대 현재의 고난은 장차 우리에게 나타날 영광과 족히 비교할 수 없도다" _롬 8:18

우리는 비록 유한된 한 번의 직선 인생을 살아가지만 가시적, 비가시적 고난과 핍박은 각 개개인에 따라 정말 다양하다는 것을 익히 알고 있다. 그렇기에 우리가 끝까지 붙들어야 할 것은 시시각각 끊임없이 다가오는 고난의 과정 속에서도 예수 믿음과 하나님의 계명, 그리고 '소망(미래형 하나님나라에의 입성과 영생)'을 붙들고 인내⁹⁴(ὑπομονή, nf)하며 끝까지 예수님의 재림을 통한 '몸의 구속(부활체, 고전 15:42-44)'을 기대하며 기다려야 하는 것이다. 삼위일체 하나님은 이런 우리를 매사 매 순간 도우시며 인도하시고 보호하신다. 곧 나하흐의 성부하나님, 에트(임마누엘)의 성자하나님, 할라크의 성령하나님이시다. 그저 감사이다. 그런 은혜를 누리며 살아갈 수 있

---

94 휘포모네(from 5259 /hypó, "under" 안든든 3306 /ménō, "remain, endure")는 '아래에서 견디고 유지하다'라는 의미로 properly, remaining under, endurance; steadfastness, especially as God enables the believer to "remain (endure) under" the challenges He allots in life.이다.

음에 그저 감격일 뿐이다.

참고로 삼위일체 하나님에 대한 개념(다른 하나님, 한 분 하나님, 구분되나 분리되지 않는 하나님, 기능론적 종속성, 존재론적 동질성)을 한 번 더 정리하고자 한다.

성부하나님은 보이지 않는 자존(自存)하시는 하나님으로 인간의 구속을 계획하셨다.

나타내 보이신 성자하나님은 성부에게서 낳아지시고(begotten) 구속주로 보내심(그리스도 & 메시야)을 받아 십자가 보혈로 인간의 구속을 성취하셨다.

성자의 사역을 효과있게 하시는 성령하나님은 성부와 성자에게서 나오시고(발출, Procession of the Holy Spirit) 보내심을 받았다. 그런 성령님은 '그리스도의 영(롬 8:9)'으로 '아들의 영, 진리의 영, 예수의 영'이라 칭함을 받는다. 바울은 성도들 속에 내주하시는 성령(요일 3:24, 4:13, 고후 1:22, 5:5, 엡 1:13-14, 4:30)을 '예수를 죽은 자 가운데서 살리신 이의 영(롬 8:11)', '하나님의 영(롬 8:14, 9)'이라고 했다.

삼위일체 하나님 다른 하나님, 한 분 하나님 구분되나 분리되지 않는 하나님 기능론적 종속성(Functional Subordination), 존재론적 동질성(Essential Equality)				
성부 하나님	성령을 통해 성자의 말씀, 지혜를 드러내심	낳으시고 Beget	From the Holy Father	자존하시는 보이지 않는
성자 하나님	성부의 말씀, 지혜를 통해 당신을 드러내심	낳아지시고 Begotten	Through the Son	나타내 보이는
성령 하나님	성자의 말씀, 지혜를 통해 성부를 드러내심	나오시고(발출) Procession of the Holy Spirit	By the Holy Spirit	성자의 사역을 효과 있게 하는

되돌아보면, 만세전에 성부하나님의 무한하신 은혜로 아무 조건없이 일방적으로 택정(각주 84)되었음에 먼저 감사해야 한다. 그렇기에 '구원의 황금사슬(the golden chain of salvation)'이라고 불리는 로마서 8장 29-30절을 가만히 묵상하다 보면 우리는 어느 새 큰 감동에 사로잡히게 될 수밖에 없다.

"하나님이 미리 아신 자들로 또한 그 아들의 형상을 본받게 하기 위하여 미리 정하셨으니 이는 그로 많은 형제 중에서 맏아들이 되게 하려 하심이니라 또 미리 정하신 그들을 또한 부르시고 부르신 그들을 또한 의롭다 하시고 의롭다 하신 그들을 또한 영화롭게[95] 하셨느니라(예언적 과거)" _롬 8:29-30

결국 상기 구절의 구원에 대한 '하나님의 보증'은 우리로 하여금 구원의 견고함, 구원의 확실성, 구원의 안전성으로 이끈다. 구원의 완성 곧 '최후 승리의 보증'을 재삼재사(再三再四, again & again) 반복하여 확인시켜 주는 말씀인 것이다. 특별히 '보증'에 대해 로마서 8장은 3번이나 반복(32, 33-34, 38-39절)하여 강조하고 있다.

"자기 아들을 아끼지 아니하시고 우리 모든 사람을 위하여 내어 주신 이가 어찌 그 아들과 함께 모든 것을 우리에게 은사로 주지 아니하시겠느뇨" _롬 8:32

---

95 예지→예정→유효적(효과적) 부르심→칭의→성화→영화의 순서를 잘 보여주고 있다.
예정의 헬라어는 프로오리조(προορίζω, 어떤 것을 미리 결정하다, god 4:28, 고전 2:7, 엡 3:11, (from 4253 /pró, "before" and 3724 /horízō, "establish boundaries, limits") - properly, pre-horizon, pre-determine limits (boundaries) predestine)이다. 예정은 '죄인들의 구원과 더불어 이와 관련된 모든 일들에 대한 하나님의 계획'이라고 정의(Aechibald Alexander Hodge, 1823-1886)하고 했다. 곧 신의 선택과 주권적 결정을 말한다. 반면에 예지는 인간의 결단과 행위를 강조하는데 이의 헬라어는 프로기노스코(προγινώσκω, (from 4253 /pró, "before" and 1097 /ginóskō, "to know") - properly, foreknow; used in the NT of "God pre-knowing all choices - and doing so without pre-determining (requiring) them" (G. Archer)/Jer 18:8-10 on the perfect harmony of divine sovereignty and human freedom)이다.
마틴 루터(M. Luther)는 예지예정설(조건적 예정설, 그 사람이 믿을 것을 예측하시고 정하시나 확정하지 않으심)을, 칼빈(J. Calvin)은 이중예정설(무조건적 예정설, 하나님이 먼저 구원할 자를 정하심, 택정과 유기), 존 웨슬레는 예지설을 주장했다.

"누가 능히 하나님의 택하신 자들을 송사하리요 의롭다 하신 이는 하나님이시니 누가 정죄하리요 죽으실 뿐 아니라 다시 살아나신 이는 그리스도 예수시니 그는 하나님 우편에 계신 자요 우리를 위하여 간구하시는 자시니라"_롬 8:33-34

"내가 확신하노니 사망이나 생명이나 천사들이나 권세들이나 현재 일이나 장래 일이나 능력이나 높음이나 깊음이나 다른 아무 피조물이라도 우리를 우리 주 그리스도 예수 안에 있는 하나님의 사랑에서 끊을 수 없으리라"_롬 8:38-39

주의해야 할 것은 택정됨으로 구원이 '보증'되었다고 하여 지나치게 우쭐거리거나 예수님의 십자가 보혈을 당연시해서도 평가절하(平價切下, devaluation)해서도 안 된다는 것이다. 더 나아가 내가 '택정 & 보증'되었다고 하여 하나님의 구원은 따 놓은 당상이라며 구원받은 자로서의 세상을 향한 무책임(irresponsibility), 하나님의 뜻에 대한 무관심(indifference, apathy), 택정된 자로서의 편협함(narrow-mindedness)이나 지나친 자기만족(self-contentment) 등등에는 극도로 절제해야 한다. 오히려 아무 대가 없이 아무 공로 없이 구원해 주심에 대해 진정한 회심(회개+자의적 결단)과 더불어 점진적인 인격의 변화가 동반되어야 할 것이다. 한꺼번에 이룰 수 없으니 '점진적으로 변화 발전되어가야 한다'는 말이다. 이를 가리켜 나와 공저자는 성장과 성숙(Growth & Maturity)이라 칭한다.

참고로 '성장과 성숙(Growth & Maturity)'의 과정은 가장 먼저는 ⑴예수 그리스도의 심장(빌 1:8, σπλάγχνοις Χριστοῦ Ἰησοῦ, the affection of Christ Jesus)으로 치환수술을 받는 것이다. 이후 예수의 피가 우리 온 몸 구석구석을 돌아다니게 되면 온 몸의 모든 세포는 예수의 피를 받아 자라나며 점점 더 ⑵신의 성품(벧후 1:4, θείας κοινωνοὶ φύσεως, the divine partakers nature)에 이르게 된다. 그리하여 ⑶그리스도의 형상(갈 4:19, μορφωθῇ Χριστὸς, shall have been formed Christ)이 이루어지게 되고 종국적으로는 ⑷그리스도의 장성한 분량이 충만한 데까지(엡 4:13, εἰς ἄνδρα τέλειον, εἰς μέτρον ἡλικίας τοῦ πληρώματος τοῦ Χριστοῦ, unto a man a complete to the measure of the stature of the fullness of Christ) 나아가게 될 것이다.

예수 그리스도의 심장(빌 1:8)

→ 신의 성품(벧후 1:4)

→ 그리스도의 형상(갈 4:19)

→ 그리스도의 장성한 분량이 충만한 데까지(엡 4:13) 나아가야!

그러므로 우리는 정기적으로 자신을 되돌아보며 때가 되어 하나님의 은혜의 복음이 우리 각자에게 들리어졌음에 감사해야 한다. 우리는 우리를 부르신 그 부름(유효적 부르심 혹은 효과적 부르심)에 그저 감격해하고 지극한 감동과 더불어 지속적으로 넘치는 감사를 올려야 할 것이다. 우리를 택정하신 그분은 당신의 때에 당신의 방법으로 우리를 부르셔서 우리로 하여금 의롭다 칭함(중생, 칭의)을 얻게 하셨다. 그런 우리는 지금 영화롭게 되었고(아직은 성화-입양, 견인/수동적 성화, 능동적 성화) 장차 영원히 영화롭게 될 것(완전한 영화, 롬 8:30)이다.

그날(아날뤼시스) 이후에는 변화된 몸, 곧 시공을 초월한 부활체(resurrection body, 고전 15:42-44)로 살아갈 것을 상상하며 확신하며 우리는 오늘을 알차게 살아가야 한다. 바로 그날 우리는 '영광스러운 몸, 신령한 몸, 강한 몸, 썩지 아니할 몸'으로 미래형 하나님나라에서 신(神)과 방불(신의 본체가 아니라)하게 영생을 누리며 부활체로 살아가게 될 것이다. 이것이 바로 우리의 '소망(엘피스; 미래형 하나님나라에의 입성과 영생)'이다.

분명하고도 확실한 '소망'을 가진 우리는 결코 오늘을 놓아서는 안 된다. 비록 오늘이 "환난, 핍박, 기근, 적신, 위험, 칼, 그리고 곤고(롬 8:35)" 등등[96]으로 점철(點綴, be dotted)되었다 할지라도…….

"자기 아들을 아끼지 아니하시고 우리 모든 사람을 위하여 내어주신(롬 8:32)" 좋으신 분이 바로 성부하나님이시다.

신실하신 하나님은 지금 종말 시대(초림 후~재림 전, 일곱재앙+악한 영적세력들의 준동)의 한 부분을 악전고투(惡戰苦鬪)하며 살아가는 우리를 한순간도 놓지 않으시고 붙들고 계신다. 매사 매 순간 안팎으로 몰려오는 일곱재앙[97](인, 나팔, 대접 재앙)과 내 속에 거하는 여전한 죄를 넉넉히 이기게(롬 8:37) 하신다. 유한된 한 번의 직선 인생, 극히 제한된 일상적 삶에서의 두려움이나 모든 사람에게 반드시 닥치게 되는 육신적 죽음(히 9:27, 아날뤼시스)에 대한 두려움, 그 죽음 후의 미지의 세계에 대한 막연한 두려움과 공포 등등 그 어떤 것도

---

96 매사 매 순간 다가오는 안팎으로부터의 어려움들로서 "환난, 핍밥, 기근, 적신, 위험, 칼"이 외부로부터의 어려움이라면 "곤고"함은 내면의 지독한 어려움을 말한다. 사실 내면의 '곤고함'은 우리를 가장 처절하게 무너뜨리는 최대의 적이기도 하다. "환난"의 헬라어는 들립시스(θλῖψις, nf)인데 이는 '외부로부터 오는 모든 종류의 고난과 고통'을, "곤고"의 헬라어는 스테노코리아(στενοχωρία, nf)인데 이는 '좁은 방'이라는 의미로서 내면적으로 당하는 심적 고통, 불안, 걱정, 두려움을 가리킨다. "핍박"의 헬라어는 디오그모스(διωγμός, nm)인데 이는 '진리를 수호함에 있어 부당하게 당하는 폭력'을, "기근"의 헬라어는 리모스(λιμός, nm, hunger, famine)인데 이는 '양식이 없어 굶주림을 당하는'이라는 의미이고 "적신"의 헬라어는 귐노테스(γυμνότης, nf, nakedness)인데 이는 '입을 옷이 없어 헐벗고 수치를 당함'을 가리킨다. "위험(고후 11:23, 26)"의 헬라어는 킨뒤노스(κίνδυνος, nm, danger, peril, risk)인데 이는 '사람 혹은 천재지변으로 인한 신변의 위험'을, "칼"의 헬라어는 마카이라(μάχαιρα, nf)인데 이는 '상해를 입거나 목 베임을 당하는 등 세상 권력에 의한 생명의 위협'을 가리킨다.

97 일곱재앙은 모두 다 동일한 것으로 전 지구적으로 일어나되 각 지역적으로는 그 강도, 범위, 크기, 세기가 다른 것이며 종말시대(예수님의 초림 이후~재림 전) 동안에 복합적이고 반복적으로 나타난다. 일일이 구분하면서 시간순서로 나열할 필요가 없다. 요한계시록 장편(掌篇) 주석 <예수 그리스도 복음의 계시라> 참조

하나님의 사랑에 붙잡힌 우리를 흔들 수 없다.

심지어는 천사들이나 권세자라 할지라도…….

현재 일에 억눌리거나 치이지도 않을 것이며 아직 다가오지 않은 장래 일에 대한 걱정으로 한숨을 쉬거나 얽매이지도 않게 될 것이다. 능력이나 높음이나 깊음도 우리를 전혀 흔들지 못한다. 다른 어떤 피조물이라도 우리를 흔들 수 없다. 그런 우리는 내주하신 성령님(고전 3:16)의 통치와 질서, 지배 하에서만 살아갈 따름이다. '오직 말씀(Sola Scriptura)'만을 붙들고 그 말씀을 기준과 원칙으로 살아가기 위해 몸부림만 치면 된다.

언제 어디서나 무슨 일을 만나든지 능히 감당케 하실 좋으신 성령님, 혹여라도 우리가 감당치 못할 때에는 피할 길을 허락하실 신실하신 성령님의 능력을 구하기만 하면 된다. 다만 그 모든 일들에 성령님보다 말씀보다 앞서는 우(愚)를 범해서는 안 된다.

"주의 말씀은 내 발의 등이요 내 길의 빛이니이다" _시 119:105

"사망이나 생명이나 천사들이나 권세자들이나 현재 일이나 장래 일이나 능력이나 높음이나 깊음이나 다른 아무 피조물이라도[98] 우리를 우리 주 그리스도 예수 안에 있는 하

---

98 "사망"의 헬라어는 다나토스(θάνατος, nm)인데 이는 '육체의 죽음을 가져오는 세력'을, "생명"의 헬라어는 조에(ζωή, nf)로서 사망의 대구적 표현으로 '육체의 생명을 위협하는 세력'을 가리킨다. 결국 "사망이나 생명"은 인간생애 전체(Bengel)를 가리킨다.
"천사들"의 헬라어는 앙겔로스(ἄγγελος, nm)인데 이는 '하나님의 명령을 수행하는 영적 존재들'을, "권세자들"의 헬라어는 아르케(ἀρχή, nf, 원래는 창시자)인데 이는 '공중 권세 잡은 자, 사단의 수하에 있는 악령들'을 가리킨다. 즉 "천사들이나 권세자들"이란 영계의 존재들 모두(Godet)를 일컫는다.
"현재 일"의 헬라어는 에니스테미(ἐνίστημι, v, o place in, to be at hand, perf. part. to be present/things present)인데 이는 '현재에 환난을 가져오는 모든 세력'을, "장래 일"의 헬라어는 멜로(μέλλω, v)인데 이는 '장래(미래)에 환난을 가져오는 모든 세력'을 가리킨다. 곧 "현재 일이나 장래 일"이란 시간적으로 모든 때(Harrison)를 의미한다.
"능력"의 헬라어는 뒤나미스(δύναμις, nf)인데 이는 '인간보다 강한 모든 영적 존재들'을, "높음"의 헬라어는 휘프소마(ὕψωμα, nn, height, that which is lifted up)인데 이는 '지상이나 하늘 위에 있는 모든 세력'을, "깊음"의 헬라어는 바도스(βάθος, nn)인데 이는 '지하나 물 속에 있는 모든 세력'을 가리킨다. 즉 "높음이나 깊음"이란 공간적 전체(Denny)를 가리킨다. Harrison은 두 번째 견해(깊음)에 동의하면서 그 어떤 세력도 하나님의 사랑을 막지

나님의 사랑에서 끊을 수 없으리라" _롬 8:38-39

못한다고 했다.
"아무 피조물"의 헬라어는 티스 크티시스 헤테라(τις κτίσις ἑτέρα, any other created thing)인데 이는 '앞에서 언급된 것 이외의 모든 세력'을 가리킨다.

*핵심 요약 (위포밈네스코, ὑπομιμνήσκω & 디다스코, διδάσκω)

1. 회개와 사단의 교묘한 속임수
2. '샬롬' or '살롬'의 바른 표기는? → 살롬
3. 외부의 어려움과 내면의 어려움 & 각각의 의미

*강청기도

성부하나님을 찬양합니다. 성자하나님을 찬양합니다. 성령하나님을 찬양합니다. 삼위일체 하나님 한 분 만으로 만족하겠습니다. 삼위일체 하나님께만 영광 돌리겠습니다.

이곳 8장을 통해 죄와 사망의 법과 생명의 성령의 법(롬 8:1-2)을 알려주시며 복음인 생명의 성령의 법 안에서 진정한 자유함(진정한 해방)을 얻게 해 주셔서 감사드립니다. 자유함으로 살되 방종하지 않게 하시고 율법에 예속되지 않게 하시되 율법을 통한 은혜 위에 은혜를 누리며 살아가게 하옵소서. 더하여 하나님의 자녀로서 하나님나라의 후사(8:17-18)임을 인식하고 매사 매 순간 고난을 감당하며 살아가게 하옵소서. "사망이나 생명이나 천사들이나 권세자들이나 현재 일이나 장래 일이나 능력이나 높음이나 깊음이나 다른 아무 피조물이라도 우리를 우리 주 그리스도 예수 안에 있는 하나님의 사랑에서 끊을 수 없으리라"는 로마서(8:38-39)의 말씀을 붙잡고 당당하게 살아가게 하옵소서. 당신의 인도하심, 함께하심, 동행하심을 확신하며 점점 더 생명의 성령의 법 아래서 자유함을 누리게 하옵소서. '오직 말씀', '오직 예수', '오직 복음'과 더불어 당신의 뜻을 따라 당신의 기쁨으로만 살아가게 하옵시고 무슨 일을 하든지 마음을 다하여 주께 하듯 하게 하고 사람에게 하듯 하지 않게 하옵소서. 살아도 주를 위하여 살게 하시고, 죽어도 주를 위하여 죽게 하옵소서. 모든 영광 하나님께 올려드립니다. 감사드리며 예수 그리스도의 이름으로 기도드립니다. 아멘

*핵심 요약 (휘포밈네스코, ὑπομιμνήσκω & 디다스코, διδάσκω)

1. 회개: 찬미의 제사, 입술의 열매

사단의 속임수: 정죄감, 죄책감, 수치심에 빠져들게 함

2. 나와 공저자는 '샬롬'이라고 쓸 것을 권장

'샬롬': 여부스 족속들이 섬겼던 태양신 중 일몰 신의 이름 → '샬림(Shalim/일출 신, 샤하르, Shahar)'을 연상시킴

예루살렘(יְרוּשָׁלַיִם, JeruShalem, Yerushalaim zlaor Yerushalayim, foundation of peace)이란 여부스 족속들이 섬기던 '샬림 혹은 샬렘 신의 집'이란 뜻으로 다윗이 여부스 족속을 몰아낸 후 예루살렘은 평화(Shalom)를 뜻하는 '평화의 도시'가 되었고 이후 '살롬'을 애용하게 되었다.

3.

매사 매 순간 다가오는 안팎으로부터의 어려움들			
외부로부터의 어려움	환난 (들맆시스, θλῖψις, nf)		외부로부터 오는 모든 종류의 고난과 고통
	핍박 (디오그모스, διωγμός, nm)		진리를 수호함에 있어 부당하게 당하는 폭력
	기근 (리모스, λιμός, nm, hunger, famine)		'양식이 없어 굶주림을 당하는' 이라는 의미
	적신 (귐노테스, γυμνότης, nf, nakedness)		'벌거벗음, 빈털터리'라는 의미로 입을 옷이 없어 헐벗고 수치를 당함
	위험 (고후 11:23, 26) (킨뒤노스, κίνδυνος, nm, danger, peril, risk)		사람 혹은 천재지변으로 인한 신변의 위협
	칼 (마카이라, μάχαιρα, nf)		상해를 입거나 목 베임을 당하는 등 세상 권력에 의한 생명의 위협
내면의 지독한 어려움	곤고함 (스테노코리아, στενοχωρία, nf)		'좁은 방'이라는 의미로서 내면적인 심적 고통, 불안, 걱정, 두려움 →우리를 처절하게 무너뜨리는 최대의 적

우리를 우리 주 그리스도 예수 안에 있는 하나님의 사랑에서 끊을 수 없으리라	
"사망" 다나토스(θάνατος, nm)	'육체의 죽음을 가져오는 세력'
"생명" 조에(ζωή, nf)	사망의 대구적 표현으로 육체의 생명을 위협하는 세력 결국 "사망이나 생명"은 인간생애 전체(Bengel)를 가리킴
"천사들" 앙겔로스(ἄγγελος, nm)	'하나님의 명령을 수행하는 영적 존재들'
"권세자들" 아르케(ἀρχή, nf)	'공중 권세 잡은 자, 사단의 수하에 있는 악령들' →즉 "천사들이나 권세자들"이란 영계의 존재들 지칭(Godet)
"현재 일" 에니스테미(ἐνίστημι, v, o place in, to be at hand, perf. part. to be present/things present)	'현재에 환난을 가져오는 모든 세력'
"장래 일" 멜로(μέλλω, v)	'장래(미래)에 환난을 가져오는 모든 세력' →곧 "현재 일이나 장래 일"이란 시간적으로 모든 때(Harrison)를 의미
"능력" 뒤나미스(δύναμις, nf)	'인간보다 강한 모든 영적 존재들'
"높음" 휘프소마(ὕψωμα, nn, height, that which is lifted up)	'지상이나 하늘 위에 있는 모든 세력'
"깊음" 바도스(βάθος, nn)	'지하나 물 속에 있는 모든 세력' →즉 "높음이나 깊음"이란 공간적 전체(Denny)를 가리킴 Harrison은 두 번째 견해(깊음)에 동의하면서 그 어떤 세력도 하나님의 사랑을 막지 못한다고 했다.
"아무 피조물" 티스 크티시스 헤테라(τις κτίσις ἑτέρα, any other created thing)	'앞에서 언급된 것 이외의 모든 세력'

레마 이야기 9

육신의 자녀, 약속의 자녀(9:8)

레마 2 표면적 유대인(육적 이스라엘), 이면적 유대인(영적 이스라엘)

레마 11 곁 가지(돌 감람나무)와 원 가지(참 감람나무)

일단의 학자들은 로마서 8장 이후 9~11장까지의 석장을 가리켜 로마서의 핵심장이라고 말하며 로마서의 절정이라고까지 평하기도 했다. 바로 존 지슬러(John A. Ziesler, 1939~, 뉴질랜드 신약성서 학자, 바울신학, 초기 기독교 연구로 유명)와 제임스 던(James D. G Dunn, 1939-2020, 영 성서학자, 스코틀랜드 교회 목회자)이다. 반면에 찰스 다드(Charles Harold Dodd, 1884-1973, 웨일즈 출신, 실현된 종말론(realized eschatology))와 불트만(R Bultmann, 1884-1976, 독, 성서학자, 신학자)은 이들 석장을 가리켜 삽입설 내지는 편지의 추신에 해당한다며 약간 폄훼(貶毀, 폄하, derogation, belittle)하기도 했다. 마치 창세기 1장과 2장을 두고 제1창조(창 1:1~2:3)와 제2창조(창 2:4~25)라고 약간 비아냥거리듯 하면서 창세기 2장은 편집된 것이라고 우기는 것과 비슷하다. 이는 창세기 1장과 2장의 각 구절에서의 주어인 엘로힘(전능주 하나님, 창조주 하나님, 창 1:1~2:3)과 야훼 엘로힘(디테일을 주관하시는 역사의 주관자 하나님, 창 2:4~2:25)을 분별치 못한, 얕음(shallow, superficial)의 결과이다.

나와 공저자는 황금장이라고 불리는 8장이 핵심장이라는 것과 9~11장 또한 합력하여 선을 이루는, 요한계시록(21:19-20)의 12가지 보석들이 균형과 조화를 이루는 것처럼, 정경의 6대 속성(무오류성, 완전성, 충분성, 명료성, 권위성, 최종성), 3대 영감(완전영감, 유기영감, 축자영감)을 지닌 소중한 하나님의 말씀이라는 것에 주저함이 없다.

우리는 간혹 정경 66권(구약 AD 90 얌니아, 신약 AD 397년 카르타고) 중 정말 의아하고 이해하기 어려운 부분(조각)을 만날 때가 있다. 그런 때에는 주저하지 말고, 너무 분석하려고도 말고, 그냥 '아멘!'으로 받아들이면 된다.

앞서 8장의 황금장[99]을 통해 우리는 "약속의 자녀[9:8]", 곧 "하나님의 자녀[요 1:12]"로서 "하나님의 영으로 인도함을 받는 하나님의 아들[14]"임을 확신하게 되었다. 감사하게도 우리는 "양자의 영을 받았으므로 아바 아버지[15]"라 부를 수 있게 되었고 "성령이 친히 하나님의 자녀인 것을 증거[16]"해 주셨음을 잘 알고 있다. 그렇기에 이제 후로는 '자녀이면 후사 곧 하나님의 후사요 그리스도와 함께 한 후사[17]'이기에 우리는 '그와 함께 영광[100]을 받기 위하여 고난도 함께 받기로[17]' 결단한 사람들이다.

이곳 9장의 서두(1~3절)에는 바울의 동족(골육친척)에 대한 사랑으로 인한 내면의 그치지 않는 고통이 잘 묘사되어 있다.

---

99 칼빈주의 학자 윌리엄 퍼킨스(William Perkins, 1558-1602, 영, 케임브리지 신학자)는 구원의 여정(칭의→성화→영화)을 황금사슬(golden chain)이라고 불렀다.
앞서 언급했지만 마틴 루터(M. Luther)는 예지예정설(조건적 예정설, 그 사람이 믿을 것을 예측하시고 정하시나 확정하지 않으심)을, 칼빈(J. Calvin)은 이중예정설(무조건적 예정설, 하나님이 먼저 구원할 자를 정하심, 택정과 유기), 존 웨슬레는 예지설을 주장했다. 나와 공저자는 칼빈이 말한 구원이란 '전적인 하나님의 택정'이라는데 동의하고 있다.

100 로마서 9장 4절의 '영광과'에서의 '영광'의 헬라어는 독사(δόξα, nf)이며 히브리어는 가시적이고 빛나는 하나님의 현현(theophany)인 쉐키나(Talmud שְׁכִינָה, Shekinah or Shechinah)이다. 이 '영광'은 시내산에서 십계명을 받을 때 임했던 하나님의 영광(출 24:16-17)이었고 하나님의 임재의 장소이던 성막(출 40:34)안 지성소의 속죄소 혹은 시은좌(레 16:2), 그리고 성전에 임했던 하나님의 영광(왕상 8:10-11, 대하 7:1-2, 겔 1:28)이었다.

"내가 그리스도 안에서 참말을 하고 거짓말을 아니하노라 내게 큰 근심이 있는 것과 마음에 그치지 않는 고통이 있는 것을 내 양심이 성령 안에서 나로 더불어 증거하노니 나의 형제 곧 골육의 친척을 위하여 내 자신이 저주를 받아 그리스도에게서 끊어질찌라도 원하는 바로라" _롬 9:1-3

이는 마치 우리를 향한 애끓는(heart-breaking) 예수 그리스도의 사랑과 비슷하다. 물론 바울과 예수님을 비교한다는 자체가 어불성설(語不成說)이기는 하다. 영국의 목사이자 신학자였던 필립 도드리지(Philip Doddridge, 1702-1751) 박사는 '내 자신이 저주를 받아 그리스도에게서 끊어질찌라도 원하는 바로라'는 구절을 '내 자신이 그리스도의 본보기를 따라(그리스도처럼) 저주가 되기를 원하노라'고 해석했다. 이는 갈라디아서(내가 세상을 대하여 십자가에 못박히리라, 6:14)와 에베소서(4:12)의 말씀(그리스도의 몸을 세우려 함)과 상통한다.

결국 상기의 말씀들은 영혼들(엄밀하게는, 택정되었으나 아직도 복음을 듣지 못해 세상에서 죽은 듯 살아가는 카데마이들, 엡 5:14)에 대한 지극한 사랑을 잘 보여주고 있는 것이다 (계 12:2, 시 119:53, 136, 렘 4:19, 9:1, 13:17, 14:17, 사 22:4, 에 4:1). 이는 오늘을 살아가고 있는 우리들에게 천국(하나님나라) 복음 전파(하나님의 은혜의 복음 선포, 증인으로서의 삶)에 대한 열정과 태도에 큰 도전을 준다.

참고로 '저주'에 해당하는 헬라어는 아나데마[101](ἀνάθεμα, nn, from ἀνατίθημι(십자가처럼 저주를 받아 위로 들어올려지다)이고 라틴어는 세포노(sepono from seorsim pono)인데 이 단어에는 '관계의 끊어짐'은 물론이요 '교제와 특권에서 축출'되고 '하나님의 얼굴이 감추어짐', '모든 이로부터의 멸시와 거부', 심지어는

---

[101] 아나데마(from 303 /aná, "up" concluding a process, which intensifies 5087 /títhēmi, "to place")란 properly, place up, referring to something pledged (given up) to destruction; a divine curse/ban ("accursed"); an "oath-curse."이다.

'죽음'까지도 엄몰(淹沒)될 수 있음이 전제되어 있다.

한편 이곳 9장에서는 만세전 '당신의 뜻에 의해 택하심을 따라' 육신의 자녀와 약속의 자녀를 구분[102]하셨다고 말씀하고 있다. '택하심'이란 모든 인간은 예외없이 동일하게 영 죽을 죄인이었으나 영원 전, 곧 태초(올람, 케뎀, 아르케)에 은혜에 풍성하신 하나님의 선하신 기쁨 가운데 택정함이 주어진 것(엡 1:4-5, 요 15:16, 행 13:48, 롬 8:30, 딤후 1:9)이라는 말이다.

'택하심을 따라(롬 9:13-16, 렘 31:3, 요일 4:19, 딤후 1:9, 빌 2:13, 고전 1:27-28).'

이는 논리와 상식의 문제가 아니며 피조물인 인간이 하나님께 이해를 요구할 문제는 더더욱 아니다. '택정함'을 입은 우리로서는 그저 은혜(Sola Gratia)이고 그저 감사일 뿐이다.

4절에는 '당신의 뜻에 의해 택하심을 따라' 주어졌던 '육신의 자녀와 약속의 자녀'의 실례들을 사라의 자녀(이삭)와 하갈의 자녀(이스마엘), 리브가의 자녀[103]인 야곱과 에서, 모세와 바로, 토기장이와 진흙의 비유[104]를 통

---

102 '육신의 자녀'란 표면적(혈통적, 민족적) 유대인, 육적 이스라엘, 육신의 할례자를 말한다면 '약속의 자녀'란 이면적 유대인, 영적 이스라엘, 마음의 할례자를 가리킨다. 참고로 이스라엘의 헬라어는 이스라엘리테스 (Ἰσραηλίτης, nm, an Israelite)이며 히브리어는 동일한 음역(יִשְׂרָאֵל, God strives", another name of Jacob and his desc)인데 이는 사라흐(שָׂרָה, to persist, exert oneself, persevere)와 엘(אֵל, God, in pl. gods)의 합성어로서 '하나님께서 인도하신다, 하나님이 이끌어 가신다'는 의미이다.

103 사라와 리브가를 등장시키신 이유는 (1)나이 많아 인간의 육체로는 불임(infertility)이었던 사라가 하나님의 능력으로 이삭을 낳은 것과 상대적으로 사라보다는 젊은 나이였지만 리브가의 출산(이삭은 40세에 결혼 후 20년 간 아이가 없었음, 이삭의 나이 60세 때 자식, 아브라함은 100세 때 자식을 얻음, 창 25:20, 26)에도 하나님의 간섭이 있었다는 것과 (2)어머니가 달랐던 이삭과 이스마엘의 경우 하나님의 선택과 유기가 주어졌고 비록 한 엄마인 리브가에서 난 에서와 야곱의 경우에도 하나님의 선택과 유기가 주어졌음을 드러내고 있다. 결국 모든 것은 하나님의 섭리와 경륜 아래 있으며 '선택과 유기'는 전적으로 하나님의 주권 영역이라는 것이다.

104 로마서 9장 21절의 "토기장이"란 예수님을 가리킨다(슥 11:12-13, 렘 18:4, 6). 특히 예레미야서에는 '토기장이'이신 예수님의 권한에 대해 "자기 의견에 선한대로", "진흙이 토기장이의 손에 있음 같이 너희가 내 손에 있느니라"고 말씀하셨다. "진흙 한 덩이"란 '가치없는 존재, 별 볼일 없는 존재'라는 의미이다.

해 보여주고 있다. 상기의 실례들 중 어느 한 편을 택정한 것은 하나님의 언약들(6대 언약: 아담, 노아, 아브라함, 모세, 다윗 언약을 통한 예수 그리스도 새 언약)과 약속들(시 125:5, 그리스도 메시야 약속: 사 55:2-3, 삼하 7:4-17, 렘 23:5-6, 마 1:1)에 대한 당신의 신실함을 드러낸 것이기도 하다.

참고로 12절에는 '큰 자가 어린 자를 섬기리라'는 말씀이 있다. 이는 전적인 1)'하나님의 주권 영역'이다. 그렇기에 우리는 이에 대해 왈가왈부(曰可曰否, arguing over something) 가타부타(可他否他, yes or no)할 수가 없다. 왜냐하면 로마서 9장 20~21절과 이사야 45장 9절, 예레미야 18장 4, 6절 말씀 때문이다.

"이 사람아 네가 뉘기에 감히 하나님을 힐문하느뇨 지음을 받은 물건이 지은 자에게 어찌 나를 이같이 만들었느냐 말하겠느뇨 토기장이가 진흙 한 덩이로 하나는 귀히 쓸 그릇을, 하나는 천히 쓸 그릇을 만드는 권이 없느냐" _롬 9:20-21

"질그릇 조각 중 한 조각 같은 자가 자기를 지으신 자로 더불어 다툴찐대 화 있을찐저 진흙이 토기장이를 대하여 너는 무엇을 만드느뇨 할 수 있겠으며 너의 만든 것이 너를 가리켜 그는 손이 없다 할 수 있겠느뇨" _사 45:9

"진흙으로 만든 그릇이 토기장이의 손에서 파상하매 그가 그것으로 자기 의견에 선한대로 다른 그릇을 만들더라~진흙이 토기장이의 손에 있음 같이 너희가 내 손에 있느니라" _렘 18:4, 6

또한 '큰 자가 어린 자를 섬기리라'는 말씀을 역발상(逆發想, contrarian thinking, buck the trend)을 통해 아버지의 마음을 좀 더 헤아려본다면 큰 자와 으뜸이

한편 디모데후서 2장 20절에는 금그릇, 은그릇, 나무그릇, 질그릇이 나오는데 그릇을 재료별로 분류했다. 그러다 보니 마치 재료에 방점을 둔 듯하나 결코 그렇지 않다. 물론 재료도 중요한 것이 사실이다. 그러나 그 말씀에는 깊은 뜻이 있는데 재료의 귀함이 아니라 '주인의 쓰심에 합당한 거룩하고 귀한 그릇이 되라'는 것에 방점이 있다. 그렇기에 고린도후서 4장 7절에는 질그릇이라 할지라도 그릇의 재료에 초점이 있는 것이 아니라 그 안에 무엇이 담겨 있느냐에 따라 보물함(보석함)이 될 것을 말씀하고 있다.

되고자 하는 자(마 20:26-27, 23:11-12)에게 너희들도 나처럼 2)'섬기는 자가 되라'는 말씀인 것도 잊지 말아야 한다.

'하나님의 주권 영역'에 대해 알미니안주의자들(Arminianists)은 종종 하나님 안에 모순과 불일치가 있다(하나님의 은밀한 뜻과 계시된 뜻이 다르다)며 '뜻(하나님의 은밀한 뜻과 계시된 뜻)의 모순(Contradictions of Wills)'을 이야기하곤 한다. 나와 공저자는 그들의 이런 생각에 깜짝깜짝 놀라곤 한다. 길지 않은 제한되고 유한된 한 번의 직선 인생 동안에 우리는 전적으로 '하나님의 주권'을 인정하고 선하신 하나님을 무한 신뢰함으로 하나님만 바라보며 '소망(엘피스: 미래형 하나님나라에의 입성과 영생)'을 견고히 붙들고 살아가야 한다.

비록 내우외환(內憂外患)의 과정이 힘들고 험하며 가는 길이 아무리 거칠다 할지라도 약속의 자녀들은 그런 것들 앞에서 주눅들거나 두려워 떨 필요가 없다. 그 이유는 자명하다. 이미 로마서 8장 35절에서 인간에게 닥칠 수 있는 최고의 고난 일곱 가지를 말씀해 주시며 이들을 두려워할 필요가 없다고 하셨기 때문이다. 더 나아가 이런 모든 것들은 다 일시적(한시적 기간)일 뿐만 아니라 종국적으로 하나님의 사랑에서 우리를 끊을 수 있는 것은 아무 것도 없다고 말씀하셨기 때문이다.

참고로 외환(外患, external trouble)과 내우(內憂, internal trouble)를 살펴보면 다음과 같다. 먼저 '외환(外患, external trouble)'으로는 '환난, 핍박, 기근, 적신, 위험, 칼'을 들 수 있다.

들립시스(θλῖψις, nf)인 "환난(고난)"의 경우 엄청난 압박과 더불어 외부로부터 오는 온갖 종류의 고통을 말하며 핍박(디오그모스, διωγμός, nm)으로부터 온다. 디오그모스(διωγμός, nm)인 "핍박"은 그리스도인들이 특별히 진리를 수

호함에 있어 부당하게 당하는 폭력과 박해(religious persecution), 압박 등을 가리킨다. 결국 성도가 세상 속에서 말씀을 부여잡고 올바르게 살아가려다 보면 핍박으로 인한 환난(들립시스, θλῖψις, nf)은 당연한 것이라는 말이다.

리모스(λιμός, nm)인 "기근"은 양식이 없어 굶주림을 당하는 것으로 계시록 13장 17절, 히브리서 10장 32-34절은 종말 시대(예수님의 초림~재림 전) 동안에 신앙의 정절을 지키려고 하다가 자의적 기근에까지 이르게 될 것을 말씀하셨다. 귐노테스(γυμνότης, nf)인 "적신"은 '벌거벗음, 빈털터리'를 의미하는 것으로 입을 옷이 없어 헐벗고 수치를 당하는 처절한, 가장 밑바닥 상태를 가리키는 것으로 신앙의 정절을 유지함에 있어 빈털터리까지도 각오해야 함을 말씀하셨다. 킨뒤노스(κίνδυνος, nm)인 "위험(고후 11:23, 26)"의 경우 사람으로부터의 위험, 천재지변으로 인한 신변의 위험, 심지어는 목숨까지도 위태로운 것을 가리키며 "칼"의 헬라어 마카이라(μάχαιρα, nf)는 '상해를 입거나 목 베임을 당하는 등 세상 권력에 의한 생명의 위협'을 가리킨다.

그렇다면 '내우(內憂, internal trouble)'인 '곤고'란 무엇일까? 앞서 언급한 외환(外患)의 6가지도 만만치 않게 어렵고 힘들지만 '곤고'라는 내우(內憂)는 앞의 6가지를 다 합친 것보다 훨씬 더 어렵고 힘들다. 실제로 내면의 곤고함으로 인한 '큰 근심과 그치지 않는 고통(롬 9:2)'은 외환(外患)보다 훨씬 크고 깊고 넓은 것이 사실이다.

"곤고"의 헬라어 스테노코리아(στενοχωρία, nf)는 '좁은 방'이라는 의미로 내면적으로 여유가 전혀 없는 가운데 당하는 심적 고통, 불안, 걱정, 두려움을 가리킨다. 일반적으로 여유(space, room, margin)가 없으면 외부로부터의 자극이나 상황에 완충지대가 없어 내게로 곧장 그 자극이 다가온다. 그러면 제법 아프고 당황스럽고 힘든 것이 사실이다. 이런 직접적인 자극을 없애려면 내 주위에 여유(space, room, margin)라는 완충지대(緩衝地帶, buffer zone)를 항상 준비해 두어야 한다.

의사인 나는 "곤고"의 헬라어 스테노코리아(στενοχωρία, nf) 곧 '협착(Stenosis)'이라는 의학용어의 느낌이 누구보다도 생생하게 다가온다. 혈관이 협착되어 좁아지면 피 공급이 원활치 못해 말초 부분에는 마비와 저림 현상이 가중된다. 만약 뇌로 가는 혈관이 협착되면 뇌의 어느 부분이 피 공급을 받지 못해 그 기능을 잃어버린다. 그러면 온 몸의 운동신경과 감각신경의 기능이 저하되어 통증과 불편의 가중됨은 말로 표현하기조차 어렵다. 정형외과를 전공한 입장에서 'Stenosis'라는 단어는 더욱 익숙하다. 척추관 협착증(Spinal Stenosis), 손목의 협착성 건막염(Stenosing Tenosynovitis), 손목 터널증후군(Carpal tunnel syndrome) 등등 협착으로 인한 괴로움은 말로 다 표현 못 한다. 나는 환자들이 그토록이나 호소하던 온갖 종류의 고통들을 수십 년간 보아왔다. 그러므로 내게 '내우(內憂, internal trouble)'인 '곤고함'이라는 단어로부터 오는 힘듦, 거칠고 날카로우며 짜증나고 지침, 거센 통증과 불편함에의 느낌 등등은 앞서 6가지의 외환(外患)을 단숨에 뛰어넘어 버린다.

문제는 내우(內憂, internal trouble)와 외환(外患, external trouble)이 겹쳐서 닥칠 때이다. 로마서 8장 38-39절에는 10가지 세력들(사망, 생명, 천사들, 권세자들, 현재 일, 장래 일, 능력, 높음, 깊음, 다른 아무 피조물)이 나온다. 내우외환은 대부분 상기의 10가지 세력들로부터 알게 모르게 덮치는 것으로 거침없고 급작스럽다. 때로는 거칠며 억세기까지 하다. 그러나 걱정할 것 없다. 왜냐하면 하나님의 약속 곧 "사망이나 생명이나 천사들이나 권세자들이나 현재 일이나 장래 일이나 능력이나 높음이나 깊음이나 다른 아무 피조물조차도 '약속의 자녀'인 우리에게서 예수 그리스도 안에 있는 하나님의 사랑을 끊을 수가 없다"고 말씀하셨기 때문이다. 그렇게 약속하신 분이 바로 좋으시고 신실하신 하나님 곧 우리의 하나님이시기 때문이다.

이곳 9장의 제목 '육신의 자녀, 약속의 자녀'에서의 '약속의 자녀'란 예수 그리스도를 영접한 하나님의 자녀 된 우리에게만 주신 정체성(Christian Identity)이자 우리만이 갖고 있는 절대 가치(Core Value)이다. 연약한 우리는 비록 세상 속에서는 '그들의 잣대'에 따른 가치가 상대적으로 적을 수도 있지만[105] 우리를 알아보시는 하나님 앞에서는 결코 아니다.

내가 아끼는 '오래된 차 이야기'를 들어 비유한다면 다음과 같다. 나는 아주 오래 전에 자녀들로부터 2인용 컨버터블 스포츠카인 로드스터(roadster, 카브리올레(cabriolet), convertible)를 선물 받았다. 오래된 연식으로 이미 단종된 차이기에 대한민국에는 몇 대 없는 차 중의 하나이다. 그래서 부품 조달이 어렵고 A/S를 받기도 아주 까다롭다. 약간은 골치거리라는 이야기이다. 중고차 시장에 팔려고 내놓았더니 US 1,000$ 정도였다. 속상하여 폐차하려 했더니 US 100$이었다. 그래서 울며 겨자먹기로 그냥 소유하

---

105 히브리서 11장 38절의 '이런 사람은 세상이 감당치 못하도다'는 말씀의 세 해석중 하나에 해당한다. (1)세상은 신앙의 선진들을 가치없게 여긴다 (2)신앙의 선진들은 세상을 가치없게 여긴다 (3)올곧은 신앙을 가진 선진들의 삶의 모습에 세상은 그들을 감당치 못한다.

고 있다. 가끔씩 화창한 날 아내와 함께 뚜껑을 열고 시골길을 달리는데만 사용한다. 얼마 전 서울에 사는 지인(희귀 경매 자동차 딜러 장로님)에게서 연락이 왔다. 그는 '힘들지만 관리를 잘하면서 더 오래 갖고 있으라'고 했다. 희귀품이기에 지금도 100배의 가치이지만 조금 더 오랜 시간이 지나면 1,000배도 될 수 있다고 했다. 이 말인즉 '골동품'으로서의 가치를 알아주는 곳에서는 그 가격이 무궁무진하다는 것이다.

결국 우리를 향한 '약속의 자녀'라는 당신의 언약에 대한 가치(하나님 앞에서 나는 무한한 가치를 지닌 골동품)는 세상이 치부해버리는 가치를 훨씬 초월하여 무궁무진하다는 것이다. 역사의 주관자 하나님은 구원에 관한 당신의 주권[106]에 대해 일관되게 여러 번 강조하셨다. 동시에 최고의 가치를 지닌, '약속의 자녀'인 우리를 향하여는 전혀 걱정하지 말라며 사랑과 신뢰, 긍휼과 자비를 베풀어 주셨다.

"내가 긍휼히 여길 자를 긍휼히 여기고 불쌍히 여길 자를 불쌍히 여기리라" _롬 9:15
"그러나 하나님께서 세상의 미련한 것들을 택하사 지혜 있는 자들을 부끄럽게 하려 하시고 세상의 약한 것들을 택하사 강한 것들을 부끄럽게 하려 하시며 하나님께서 세상의 천한 것들과 멸시받는 것들과 없는 것들을 택하사 있는 것들을 폐하려 하시나니" _고전 1:27-28
"그런즉 하나님께서 하고자 하시는 자를 긍휼히 여기시고 하고자 하시는 자를 강퍅케 하시느니라" _롬9:18

---

106 '구원의 주권'이란 하나님이 독재자라는 것이 아니라 '당신의 섭리 하 경륜을 따라 작정과 예정을 이루신다'는 의미이다. 이를 위해 야곱과 에서가 소환되었고 토기장이의 예를 들어주신 것이다.

역사의 주관자 하나님은 호세아 선지자(롬 9:25-26)와 이사야 선지자(롬 9:27-29)를 호출하셔서 '당신의 주권'에 대해 다시 이렇게 말씀하셨다.

"원하는 자로 말미암음도 아니요 달음박질하는 자로 말미암음도 아니요 오직 긍휼히 여기시는 하나님으로 말미암음이니라" _롬 9:16

진실로 아멘이다. 할렐루야!

*핵심 요약 (위포밈네스코, ὑπομιμνῄσκω & 디다스코, διδάσκω)

1. 택정과 유기
2. 토기장이와 진흙, 그릇의 종류
3. 하나님의 주권

*강청기도

성부하나님을 찬양합니다. 성자하나님을 찬양합니다. 성령하나님을 찬양합니다. 삼위일체 하나님 한 분 만으로 만족하겠습니다. 삼위일체 하나님께만 영광 돌리겠습니다.

이곳 9장을 통해 표면적 유대인(육적 이스라엘)인 육신의 자녀와 이면적 유대인(영적 이스라엘)인 약속의 자녀(9:8) 곧 "하나님의 자녀(요 1:12)"를 구분해주시고 우리를 당신의 자녀되게 하심에 감사드립니다. 말씀을 통해 "하나님의 영으로 인도함을 받는 하나님의 아들(8:14)"임을 더욱더 확신하게 하옵소서. 정말 감사하게도 우리는 "양자의 영을 받았으므로 아바 아버지(8:15)"라 부를 수 있는 자들이 되었고 "성령이 친히 하나님의 자녀인 것을 증거(8:16)"해 주신 것을 알게 하셨음에 감사드립니다. 이제 우리는 하나님의 자녀로서 하나님나라의 후사(8:17-18)임을 인식하고 매사 매순간 고난을 감당하며 살아가게 하옵소서. 동시에 진정한 자유함과 해방을 누리며 살아가게 하옵소서. 그 어떤 것도 하나님의 사랑에서 우리를 끊을 수 없다고 하셨사오니 그 하나님만을 붙들고 살아가게 하옵소서. 그리하여 나하흐의 하나님, 에트의 하나님, 할라크의 하나님께 온전히 순종(surrender)하며 살아가게 하옵소서. 복음과 십자가를 자랑하고 복음과 십자가로 살아가게 하옵소서. 무슨 일을 하든지 마음을 다하여 주께 하듯 하게 하고 사람에게 하듯 하지 않게 하옵소서. 살아도 주를 위하여 살게 하시고, 죽어도 주를 위하여 죽게 하옵소서. 모든 영광 하나님께 올려드립니다. 감사드리며 예수 그리스도의 이름으로 기도드립니다. 아멘

*핵심 요약 (위포밈네스코, ὑπομιμνῄσκω & 디다스코, διδάσκω)

1. 칼빈주의 학자 윌리엄 퍼킨스(William Perkins, 1558-1602, 영, 케임브리지 신학자): 구원의 여정(칭의→ 성화→영화)을 황금사슬(golden chain). 구원=전적인 하나님의 택정(by Calvin)

   *사라와 리브가를 등장시키신 이유:

   1) 나이 많아 인간의 육체로는 불임(infertility)이었던 사라: 하나님의 능력으로 이삭을 낳은 것/상대적으로 사라보다는 젊은 나이였으나 리브가의 출산(이삭은 40세에 결혼 후 20년 간 아이가 없었음, 이삭의 나이 60세 때 자식, 아브라함은 100세 때 자식을 얻음, 창 25:20, 26)에도 하나님의 간섭이 있었다.

   2) 어머니가 달랐던 이삭과 이스마엘의 경우: 하나님의 선택과 유기가 주어짐/한 엄마인 리브가에서 난 에서와 야곱의 경우: 하나님의 선택과 유기가 주어짐→모든 것은 Q의 섭리와 경륜 아래, '선택과 유기'는 전적인 Q의 주권 영역

2. 토기장이와 진흙 한 덩이

토기장이=예수님 (슥 11:12-13, 렘 18:4, 6, 롬 9:20-21) 진흙 한 덩이: 가치없는 존재, 별 볼일 없는 존재		
예레미야서(18:4, 6) 이사야서(45:9)	디모데후서(2:20)	고린도후서(4:7)
'토기장이'이신 예수님의 권한	금그릇, 은그릇, 나무그릇, 질그릇	질그릇
1)"자기 의견에 선한대로" 2)"진흙이 토기장이의 손에 있음 같이 너희가 내 손에 있느니라"	그릇을 재료별로 분류(재료에 방점X → 재료의 귀함이 아니라 주인의 쓰심에 '합당한 거룩하고 귀한' 그릇이 되라는 것에 방점)	질그릇이라 할지라도(재료에 초점X) 그 안에 무엇이 담겨 있느냐에 따라 보물함(보석함)이 될 수 있음.

3.

"내가 긍휼히 여길 자를 긍휼히 여기고 불쌍히 여길 자를 불쌍히 여기리라" _롬 9:15

"그런즉 하나님께서 하고자 하시는 자를 긍휼히 여기시고 하고자 하시는 자를

강퍅케 하시느니라" _롬9:18

"원하는 자로 말미암음도 아니요 달음박질하는 자로 말미암음도 아니요 오직 긍휼히 여기시는 하나님으로 말미암음이니라" _롬 9:16

레마 이야기 10
마음으로 믿어 의에 이르고 입으로 시인하여 구원에 이르느니라(10:10)

심의(心義) 구구(口救)

10:17 그리스도의 말씀 → 들음 → 믿음

'믿음 3총사(롬, 히, 갈)'라는 별명에 걸맞게 구원론(Soteriology)에 대해 로마서는 이신칭의(以信稱義), 이신득의(以信得義)를 선명하게 말씀해주는, 그리하여 '오직 믿음(Sola Fide)', '오직 은혜(Sola Gratia)'로 이끄는 소중하고 고마운 정경이다.

곧 만세전에 하나님의 은혜로(엡 2:8, by His grace, 피스토스) 택정하심을 입어 때가 되매 복음이 들려져(그리스도의 말씀→들음→믿음, 롬 10:17) '주신 믿음(피스티스, 하나님의 선물, 엡 2:8, 히 5:4)'을 통해 그에 반응(입으로 시인(눅 12:9), 마음으로 믿어)하는 믿음(피스튜오)으로 의롭다 칭함(Justification, 칭의)을 얻게 되었음(요일 4:15, 5:1, 히 5:9)을 알려주고 있다. 곧 '오직 믿음(피스티스, 주체이신 예수님), 믿음(피스튜오, 주체이신 성령님), 그리고 믿음(피스토스, 주체이신 성부하나님)'이다(Sola Fide, 히 10:38-39).

복음(Good News)에는 '하나님의 의(義)' 곧 하나님의 성품인 공의를 만족하는 대가 지불(속량)로서의 십자가 보혈이 전제되어 있다. '십자가 보혈'은 하나님 편에서는 공의$^{(우리의 영 죽을 죄에 대한 심판의 정당성)}$에 의한 '차가움'이지만 우리의 편에서는 지극한 하나님의 사랑$^{(예수 그리스도를 속량제물로 대신하여 죽게하심으로 구원을 허락하심)}$으로 최고의 '따스함'이다. 바로 그 공의와 사랑은 하나님의 성품으로 십자가[107]는 공의와 사랑의 결정체이다.

이 말인즉 '십자가'의 중의적 의미[108]인 공의$^{(대가 지불로 인한 구속)}$와 사랑$^{(구속의 결과 구원)}$이 바로 복음$^{(Good\ News)}$이라는 것이다. 그러므로 복음과 십자가는 떼려야 뗄 수 없는 것이다. 결국 복된 소식$^{(복음)}$인 구원은 '믿음$^{(피스티스,\ 주신\ 믿음)}$'으로 '믿음$^{(피스튜오,\ 고백한\ 믿음)}$'에 이르게 된 것이기에 의롭다 칭함을 받은 우리는 전적인 하나님의 은혜 곧 신실하심, 미쁘심$^{(믿음,\ 피스토스)}$을 결코 잊어서는 안 된다. 히브리서 장편$^{(掌篇)}$ 주석 〈오직 믿음, 믿음, 그리고 믿음〉은 이에 대해 잘 설명해주고 있다.

이곳 로마서 10장 2절에는 '하나님께 열심이 있으나 올바른 지식을 따른 것이 아니니라'고 말씀하시는 대목이 나온다. 이는 성도들이 가끔 엉뚱한 일$^{(롬\ 9:31-32,\ 10:3)}$을 하는 이유가 바로 (1)올바른 지식이 없어서, 혹은 (2)가짜 은혜로 인한 감정$^{(종교적\ 열심에서\ 나온)}$을 진짜로 착각한 때문이라는 지적이다.

---

107   골고다 언덕의 십자가는 셋이었다. 좌우편 강도와 중앙의 예수님이다. 이 말인즉 예수님은 '불법자의 동류로 여김을 받았다$^{(눅\ 22:37)}$'는 말이다. 이사야는 '범죄자 중 하나로 헤아림을 입었다$^{(사\ 53:12)}$'고 했다. 그러나 실상은 많은 사람의 죄를 대신 진 것이며 모든 범죄자를 위해 로마서 9장 20~21절과 이사야 45장 9절, 예레미야 18장 4, 6절 대속제물$^{(화목제물)}$로서 중보하셨던 것이다. 기억해야할 것은 '예수를 믿은$^{(영접한)}$ 한편 강도는 구원을 받았다'는 것이다.

108   속량의 대가인 십자가 보혈은 하나님의 공의$^{(죄에\ 대한\ 심판)}$로 인해 반드시 필요한 것이었다. 동시에 죄인 된 우리를 향한 하나님의 지극한 사랑은 예수님의 십자가로 나타났다. 그렇기에 십자가에는 공의와 사랑이 전제되어 있고 그 십자가는 우리에겐 지극한 복음이 맞다. 결국 복음과 십자가는 불가분의 관계이다.

그렇다면 '올바른 지식에서 나온 하나님께 대한 열심'인 '거룩한 감정' 이란 무엇일까? 여기에는 선행조건이 있다. 곧 ⑴신령한 교훈(하나님의 말씀 곧 실제적인 지식, 요일 4:7, 빌 1:9)과 더불어 ⑵빛(세상의 빛, 생명의 빛이신 예수님을 드러냄)과 열(빛을 내기 위한 희생 감수 & 감당)이 함께 하는 뜨거운 열정(enthusiasm)과 ⑶차가운 판단에 따른 순발력(power)과 지속성(durability)이다.

올바른 지식 →하나님의 뜻 →소명과 사명 감당	
그릇된 지식에서 나온 하나님께 대한 열심으로서의 자신의 감정	올바른 지식에서 나온 하나님께 대한 열심으로서의 거룩한 감정
⑴올바른 지식 결여 (말씀보다, 성령님보다 앞서지 말라) ⑵가짜 은혜로 인한 일시적 감정(종교적 열심에서 나온)을 진짜로 착각	⑴신령한 교훈(하나님의 말씀 곧 실제적인 지식, 요일 4:7, 빌 1:9) ⑵뜨거운 열정(enthusiasm): 1)빛(세상의 빛, 생명의 빛이신 예수님을 드러냄) 2)열(빛을 내기 위한 희생 감수 & 감당) ⑶차가운 판단: 1)순발력(power) 2)지속성(durability)

한편 로마서 10장 4절은 "그리스도는 모든 믿는 자에게 의를 이루기 위하여 율법의 마침[109](τέλος, nn)이 되시니라"고 말씀하셨다. 이 말인즉 '예수 그리스도'는 알파(ἄλφα)와 오메가(Ω) 되시며 모든 것은 로고스(Λόγος)이신 예수님(창조주, 초림의 구속주)에서 종결(완성, 마침, 목적; 재림의 승리주, 심판주 예수님)된다는 의미이다. 그렇기에 우리는 우리 스스로를 구원하기 위해 무엇인가를 하려고 굳이 애써 하늘에 올라가려는 노력도, 음부에 내려가려는 노력도 할 필요가 없다라는 것이다(롬 10:5-7, 신 30:11-14). 그렇기에 바로 뒤이어 나오

---

[109] '율법의 마침'이란 삶(행위)의 목적(완성)이 되심을 말한다. 그러므로 '율법의 완성'이란 예수 그리스도 새 언약의 성취를 이루신 초림의 구속주 예수님, 장차 예수 그리스도 새 언약의 완성을 이루실 재림의 심판주 예수님을 의미한다. '마침'의 헬라어 텔로스는 properly, consummation (the end-goal, purpose), such as closure with all its results./[This root(tel-) means "reaching the end (aim)." It is well-illustrated with the old pirate's telescope, unfolding (extending out) one stage at a time to function at full-strength (capacity effectiveness)]이다.

는 6절의 "믿음으로 말미암는 의(막 16:16)"라는 말씀은 우리를 많이 전율케 한다. 동시에 로마서(10:21)와 이사야서(65:2)의 말씀은 죄인 된 우리를 벅찬 감동으로 눈물짓게 하며 코 끝이 저리도록 감격시킨다.

"이스라엘에 대하여 가라사대 순종치 아니하고 거스려 말하는 백성에게 내가 종일 내 손을 벌렸노라(사 65:2, 눅 15:20 탕자를 향한 아버지의 마음) 하셨느니라"_롬 10:21
"내가 종일 손을 펴서 자기 생각을 좇아 불선한 길을 행하는 패역한 백성들을 불렀나니"_사 65:2

앞서 각주에서 언급했지만 마침(완성, 종결, 목적)의 헬라어는 텔로스(τέλος, nn, properly, consummation (the end-goal, purpose), such as closure with all its results)인데 이는 완성, 목적(purpose)이라는 의미로 예수님의 가상 7언(십자가 상(上)의 일곱 마디) 중 여섯 번째 외침인 테텔레스타이(다 이루었다, 요 19:30, Τετέλεσται, It has been finished)와 상통한다.

결론적으로 은혜에 풍성하신(신실하신, 미쁘신, 피스토스) 성부하나님은 예수 그리스도(성자하나님)로 말미암아 허락하신(주신) 믿음(객관적 믿음, 피스티스)을 성령하나님의 가르쳐 주심(고전 12:3, 예수의 그리스도, 메시야되심)으로 인해 우리가 믿음으로(주관적 믿음, 피스튜오) 반응(고백)하게 하셔서 예수를 그리스도와 주[110]로 영접하게 하셨다. 그 결과 의(義)롭다 칭함(이신칭의, 이신득의)을 받게 하셨다. 이 모든 것은 성부하나님의 신실하심, 미쁘심(피스토스) 덕분이다.

그저 감사일 뿐이며 그저 할렐루야일 뿐이다.

---

110 그리스도로 영접함(The Savior)이란 세례(밥티조)의 4가지 의미 중 첫 세 가지로 ⑴예수님의 십자가 보혈로 죄 씻음, ⑵예수님을 영접, ⑶예수님과의 연합 곧 하나 됨(Union with Christ)을 말한다. 주(主)로 영접함(Lord, Headship)이란 ⑷그 예수님을 나의 주인(Lordship, Headship; 주권, 통치, 질서, 지배하에 들어감)으로 받든다는 의미이다.

*핵심 요약 (휘포밈네스코, ὑπομιμνῄσκω & 디다스코, διδάσκω)

1. 로마서 10장 9-10절

2. 거룩한 감정(종교적인 열심에서 나온 감정과 구별하여)

3. 율법으로 말미암는 의 & 믿음으로 말미암는 의

4. 아름답도다 좋은 소식을 전하는 자들의 발이여

    갈 6:14

    고전 2:2

    고전 1:18

5. 롬 10:17

*강청기도

성부하나님을 찬양합니다. 성자하나님을 찬양합니다. 성령하나님을 찬양합니다. 삼위일체 하나님 한 분 만으로 만족하겠습니다. 삼위일체 하나님께만 영광 돌리겠습니다.

이곳 10장에서는 마음으로 믿어 의에 이르고 입으로 시인하여 구원에 이르느니라(10:10) 고 하시며 심의(心義) 구구(口救)를 가르쳐 주셨음에 감사드립니다. 그 믿음 조차도 '여겨주심'이었음에 그저 감사이며 그저 은혜(오직 은혜, Sola Gratia)임을 고백합니다. 여생을 감사로 살아가게 하시고 하나님의 은혜에 빚진 자로서 오직 하나님께 영광이라는 Soli Deo Gloria로 살아가게 하옵소서. 오직 믿음, 믿음, 그리고 믿음을 마음 판에 새기게 하시고 그리스도의 말씀을 들음으로 믿음이 보다 더 굳건하여 세상과 타협않게 하시고 세상 속에서도 흔들리지 않게 하옵소서. 무슨 일을 하든지 마음을 다하여 주께 하듯 하게 하고 사람에게 하듯 하지 않게 하옵소서. 살아도 주를 위하여 살게 하시고, 죽어도 주를 위하여 죽게 하옵소서. 모든 영광 하나님께 올려드립니다. 감사드리며 예수 그리스도의 이름으로 기도드립니다. 아멘

*핵심 요약 (휘포밈네스코, ὑπομιμνήσκω & 디다스코, διδάσκω)

1. 네가 만일 네 입으로 예수를 주로 시인하며 또 하나님께서 그를 죽은 자 가운데서 살리신 것을 네 마음에 믿으면 구원을 얻으리니 사람이 마음으로 믿어 의에 이르고 입으로 시인하여 구원에 이르느니라.

요 1:12~13, 영접하는 자(λαμβάνω, 1:12, 심의, 롬 10:9-10)

*믿음$^{(4:45)}$으로 영접

람바노(λαμβάνω, 오직 믿음, 믿음, 그리고 믿음)/데코마이(δέχομαι, 기적에 의한 가짜믿음)

곧 그 이름을 믿는(πιστεύω, 구구, 롬 10:9-10) 자들에게는 하나님의 자녀가 되는 권세를 주셨으니(δίδωμι) 이는 혈통으로나 육정으로나 사람의 뜻으로 나지 아니하고

*Natural decent, Human decision, Husband's Will

오직 하나님께로서 $^{(거듭, 3:3)}$ 난 자들이니라.

*거듭나다(γεννηθῇ/be born, ἄνωθεν/from above)의 중의적 의미

거듭남의 기원(위로부터, 택정함), 거듭남의 본질(새롭게, 새로운 피조물)

2. 롬 10:2

하나님께 열심이 있으나 올바른 지식을 따른 것이 아니니라(롬 10:2)	
올바른 지식 없는, 가짜 은혜로 인한 자신의 감정 =종교적 열심에서 나온 감정	올바른 지식에서 나온, 진정한 은혜에 의한 하나님께 대한 열심 =거룩한 감정
성도들이 가끔 엉뚱한 일(롬 9:31-32, 10:3)을 하게 됨 → (1)올바른 지식 결여 _(말씀보다, 성령님보다 앞서지 말라) (2)가짜 은혜로 인한 일시적 감정(종교적 열심에서 나온)을 진짜로 착각	(1)신령한 교훈(하나님의 말씀 곧 실제적인 지식, 요일 4:7, 빌 1:9) 이 선행 (2)빛과 열이 함께 하는 뜨거운 열정(enthusiasm) (3)차가운 판단으로 인한 순발력(power)과 지속성 (durability)이 뒤따라야

3. 하나님의 의

1) 율법으로 말미암는 의(롬 10:5): 행함으로 구원 → "그리스도를 모셔 내리려는 것(6)", "그리스도를 죽은 자 가운데서 모셔 올리려는 것(7)"

2) 믿음으로 말미암는 의: 믿음으로 구원 → 예수님이 허락(택정)하신 의에서 끝(완성된다, 텔로스, 롬 10:4, 21)이 난다. 그러므로 6절의 전반부인 "믿음으로 말미암는 의"는 "누가 하늘에 올라가겠느냐 하지 말라", "누가 음부에 내려가겠느냐 하지 말라"는 말이다. 곧 '믿음의 의'를 위해 메시야를 찾아 하늘로 올라가거나 음부로 내려가는 노력이 전혀 필요치 않다(Clarke)는 의미.

*Bengel: 그리스도께서 성육신하시고 공생애 후 죽으시고 음부의 고통을 체험(완전한 죽음 의미)하셨으며 모든 것을 다 이루신 후 부활하셔서 승천하심으로 하나님의 언약을 성취하셨다고 해석 → 이후 우리는 그 예수를 입으로 시인하고 마음으로 믿으면(롬 10:9-10) 또 다른 보혜사이신 성령님의 내주하심으로 온전한 그리스도인이 된다(롬 8:9) → 그러므로 이제 후로는 구원을 위해 예수께서 다시 하늘에서 내려올 필요도 없고 우리 또한 구원을 위해 하늘(신 30:12)로 올라가거나 음부(바다 밖, 신 30:13)로 내려갈 노력을 할 필요도 없다.

4. "그러나 내게는 우리 주 예수 그리스도의 십자가 외에 결코 자랑할 것이 없으니 그리스도로 말미암아 세상이 나를 대하여 십자가에 못 박히고 내가 또한 세상을 대하여 그러하니라"_갈 6:14

"내가 너희 중에서 예수 그리스도와 그의 십자가에 못 박히신 것 외에는 아무 것도 알지 아니하기로 작정하였음이라"_고전 2:2

"십자가의 도가 멸망하는 자들에게는 미련한 것이요 구원을 얻는 우리에게는 하나님의 능력이라"_고전 1:18

5. "그러므로 믿음은 들음에서 나며 들음은 그리스도의 말씀으로 말미암았느니라"_롬 10:17

레마 이야기 11
곁 가지(돌 감람나무)와 원 가지(참 감람나무)

접붙임(농부, 포도나무, 가지, 요 15장)

10장의 마지막 절인 21절에서는 '순종치 아니하고 거스려 말하는 이스라엘 백성'에게 그럼에도 불구하고 하나님은 '종일 그 손을 벌려 그들이 돌아오기만을 기다렸다'고 하셨다. 마치 집 나간 탕자가 '그저' 돌아오기만을 목놓아 기다렸던 그 아버지처럼(눅 15:11-32)……

계속하여 11장 1절은 이렇게 시작한다. 아버지 하나님의 마음을 모르고 끝까지 곁길로 나가 버린 민족적(혈통적, 표면적) 이스라엘에 대해 '하나님은 그들을 버리셨느뇨'라고 반문하고 있다. 그에 대한 답은 집 나간 탕자를 기다리는 애끓는 아비의 심정을 생각하면 명료해진다

이곳 4절에는 아버지 하나님께서 '이스라엘의 남은 자'를 두셨다고 했다. 곧 "은혜로 택하심을 따라 남은 자" 즉 "바알[111]에게 무릎을 꿇지 아

---

111   로마서 11장 4절의 "바알에게"에 해당하는 헬라어는 테 바알(τῇ, Art-DFS, Βάαλ)인데 놀랍게도 여기에는 여성 관사가 사용되어 있다. 바알은 남(男)신(神)임에도 불구하고 말이다. 이에 대하여 Bruce는 히브리 사본 중 바알(the substitution of the Hebrew בֹּשֶׁת in Ish-bosheth, Mephi-bosheth, etc. 2 Samuel 2:8, 10; 2 Samuel 4:4 with 1 Chronicles 8:33, 34, also 2 Samuel 11:21 with Judges 6:32; etc.)은 '수치'라는 뜻의 여성명사 보쉐트(בֹּשֶׁת, nf, shame, shameful thing)로 대치되기도 하기에 여성 관사가 쓰였다고 주장했다.

니한 칠 천"이라고 했다. 여기서 칠 천(7,000)이란 7×10×10×10으로서 7[112]은 맹세의 수, 언약의 수, 약속의 수, 완전수이며 10, 100, 1000은 만수이자 완전수이다. 곧 '만세전에 당신의 크신 은혜로 택정하셨던, 당신 만이 알고 계신 많은 수'라는 의미이다. 이를 가리켜 계시록 7장 9절에는 "아무라도 능히 셀 수 없는 큰 무리"라고 했고 7장 14절에는 "어린 양의 피에 그 옷을 씻어 희게 한 자들"이라고 말씀하셨다.

주의할 것은 하나님께서 '남은 자(사 6:13, 10:22)'라고 표현한 것을 두고 민족적(표면적, 혈통적) 이스라엘의 남은 자라고 해석하든지 이단들이 주장하는 그들만의 적은 수로 해석하는 문자적(그나마도 엉터리) 해석은 경계해야 한다.

정확한 것은 이곳 로마서 11장 5절의 "그런즉 이와 같이 이제도 은혜로 택하심을 따라 남은 자가 있느니라"고 하신 말씀이다. 곧 구원에 대한 하나님의 주권 영역에는 더 이상 왈가왈부(曰可曰否)하지 말고 그냥 입을 닫아야 한다는 것이다. 우리가 올인해야 할 것은 그들이 듣든지 아니 듣든지 때를 얻든지 못 얻든지 복음과 십자가를 자랑하며 전하는 일이다(행 20:24, 고전 2:2, 4:1, 9:16, 9:23-27, 갈 6:14). 결론적으로 '택하심'을 따라 남은 자 된 혈통적(민족적, 육적, 표면적) 유대인들과 하나님의 은혜로 만세전에 택함을 입은 자 된 이방인들(영적, 이면적 유대인)이 하나님께로 돌아오는 것만이 중요하다. 동시에 유대인이든 이방인이든 동일하게 구원에 이르게(롬 11:32) 되었음에 그저 감사해야할 뿐이다.

---

112 일곱(7, שִׁבְעָה)의 히브리어는 Derived from the Hebrew root שָׁבַע (sheva), meaning "seven."인데 이 단어에서 쇼바(שָׁבַע, v, The cultural emphasis on truthfulness and faithfulness in oaths is evident throughout the Old Testament, where God Himself is depicted as swearing by His own name to assure the fulfillment of His promises, denominative verb from sheba)라는 동사가 파생되었다.

할렐루야! Soli Deo Gloria!

참고로 조나단 에드워즈(Jonathan Edwards)의 〈로마서 주석, p311~317〉에 의하면 '택하심'은 오직 하나님의 선하신 기쁨에서 나온 것(엡 1:4-5, 요 15:16, 행 13:48)으로 '택함 받은 자'는 '동일한 죄악성과 동일한 비참 속에 있었으나 영원 전에(엡 1:4, 딤후 1:9) 하나님의 뜻에 의해 아무 공로 없이 택정함을 입어 정결케 된 은혜 받은 자'라고 했다. 그런 그들은 영원 전부터 예수 그리스도에게 주어졌던 하나님의 자녀들이다(요 17:2, 9). 그렇기에 택정함을 입은 자는 그저 감사할 것밖에 없음을 알아야 한다.

만세전에 하나님의 은혜로 택정함(택정)을 입었으나 아직도 세상에 거하며 살아가는 자들(카데마이, 계 14:6)이 여전히 많다는 사실은 매우 안타깝다. 그들은 지금까지도 '복음을 듣지 못해' 예수님께로 돌아오지 못한 사람들이다. 우리는 세상 속에 있는 이런 카데마이들이 하나님의 은혜의 복음을 듣고(롬 10:14-15) 다시 돌아오기만을 기다리는 아버지 하나님의 마음을 읽을 수 있어야 한다. 그렇기에 먼저 그리스도인 된 우리들은 이런 '아버지 하나님의 뜻(델레마 데우)'을 잘 알고 복음을 적극적으로, 열정적으로 그리고 전략적이되 지속적으로 전해야[113] 한다. 우리는 그들이(카데마이들이) 듣든지 아니 듣든지 때를 얻든지 못 얻든지 복음(예수, 그리스도, 생명)을 선포(선포의 삶)하고 매사 매순간 복음의 증인(증인의 삶)으로 빛과 소금의 역할을 감

---

113 복음 전파에 있어 평신도 신학자였던 폴 스티븐스(캐나다 리전트칼리지 명예교수, 맥매스터 대, 풀러 신학교)는 "교회만 다니지 말고 교회가 되어라"고 강조하며 오직 말씀, 오직 복음, 오직 예수에 초점을 두고 복음과 십자가로 살아갈 것을 말하기도 했다. 한편 바울은 그들이 듣든지 아니 듣든지 복음을 전했는데 당시 바울은 소아시아와 마게도냐의 큰 간선도로를 따라 큰 도시들을 중심으로 선교했다(Ramsey). 그의 선교에 있어 빌립보는 로마에 이르는 군사도로(Via Epnatia)였기에 아주 중요한 거점 지역이었다. 그리하여 결국 그는 로마서 15장 19절에 기록된 대로 예루살렘에서 일루리곤(아드리아 해 동쪽 연안)까지 편만하게 복음을 전할 수 있었다.

당하며 살아감이 마땅하다.

태초에 삼위일체 하나님은 천지를 공동으로 창조하신 후 당신의 형상(쩨렘, 신체적 형상)을 따라 당신의 모양(데무트, 성품 곧 지, 정, 의)으로 남성(זָכָר, nm, male/v, remember)과 여성(נְקֵבָה, nf, a female/נָקַב, v, to pierce)을 만드시고 세상을 다스리게(관리하게) 하셨다. 그런 와중에 피조물인 인간은 에덴동산에서 "하나님과 같이 되려다가(창 3:5)" 쫓겨났다. 감사한 것은 최초의 원시복음인 '아담 언약(창 3:15)'을 허락하신 후에야 에덴동산에서 그들을 쫓아내신 것이다.

에덴동산을 나온 이후 영적 죽음 상태의 죄인 된 아담과 하와는 자녀를 낳게 되는데 아담은 930세까지 살면서(히 9:27) 많은 자녀들을 낳았다(창 5:4-5).

개중 아담의 계보는 셋으로 이어진다. 아담의 10대[114] 손인 노아 시대에 이르면 죄인 된 인간들의 그 악행은 극(네피림 사상)에 다다르게(창 6:5-7) 된다. 그리하여 하나님은 전 지구적인 홍수(Global Flood, 노아의 600세때, 창 7:6)를 일으켜 기식하는 모든 생물들을 다 멸하신 후 노아 방주에 올랐던 8명을 통해 하나님은 당신의 창조에 대한 기대를 다시 이어 가셨다(나는 이를 가리켜 재수(再修)에 빗대어 '재창조'라고 한다). 소위 '노아 언약'이다. 이는 2중 언약[115]으로 홍수 전 언약(방주 언약, 구원 언약, 창 6:18-19)과 홍수 후 언약(무지개 언약, 심판(과 신원) 언약, 창 8:21)으로 나눈다.

---

114 1 세대(one generation)는 문화와 시대(동서양, 히브리인들)에 따라 다소 차이가 있다. 일반적으로 동양은 30년, 서양은 25년, 히브리인들은 40년으로 간주하나 혼재되기도 한다. 엄밀하게 보면 노아는 9대손이나 에덴동산에서 쫓겨난 후의 죄인 된 아담를 나는 '인간 1대'로 취급하여 에녹은 7대로, 노아는 10대로 취급한 것이다.

115 나는 홍수 전 언약(방주 언약, 구원 언약, 창 6:18-19)이란 방주이신 초림의 예수 그리스도께로 나아오면 구원이라는 것을, 홍수 후 언약(무지개 언약, 심판 언약, 창 8:21)이란 다시는 물로 심판을 하시지 않고 재림의 심판주 하나님의 백보좌 심판을 통과한 후 영생을 누릴 것을 예표한 것이라고 해석한다.

'전 지구적인 홍수'라는 어마무시한 극한 상황을 겪었음에도 불구하고 홍수 이후 방주(1년 12일, 곧 377일 방주생활, 창 7-8장)에서 내리자마자 즉시로 여전한 죄인으로서의 인간은 홍수 전(前)과 마찬가지로 죄를 향해 빨리 달려갔다.

마치 아무 일도 없었다는 듯이······.

결국 인간이란 아날뤼시스(육신적 죽음) 전(前)까지는 죄를 안 지을 수 없는 존재임을 여실히 드러낸 것이다. 그리하여 하나님과의 관계[116]가 깨어진, 영적 죽음 상태인, 죄인 된 인간은 아버지 하나님의 안타까운 마음에 더하여 애간장을 태우며 점점 더 하나님으로부터 멀어져 갔다. 급기야는 대적하기에까지 이르러 바벨탑까지 쌓게 된다(창 11장).

결국 신실하시고 좋으신 하나님은 창세기 11장을 끝으로 긴 한숨과 함께 당신의 원 역사(Original History)를 닫으시고야 말았다.

창세기 12장에 이르게 되면, 당시 갈대아 우르(אוּר, '불(Flame)'이라는 뜻, 창 11:31) 땅에서 호젓하게 동시에 안연하게 살아가고 있던 아브라함의 인생 속에 영광의 하나님이 먼저 찾아가셔서(행 7:2-4) '본토, 친척, 아비 집을 떠나라(창 12:1)'고 하신다. 목적지는 가나안 땅(창 11:31)이었다. 히브리서(11:8)에 의하면 '갈 바를 알지 못하고 나갔으며'라고 했다. 이 말인즉 약속의 땅 가나안은 젖과 꿀이 흐르는 곳만은 아니었다는 것을 암시하는 말이다. 이 말인즉 이로부터 500년 후의 모세에게 말씀하셨던 '젖과 꿀이 흐른다고 하셨던 가나안 땅'의 자초지종(自初至終, the whole story)에 대한 자세한 얘기는 아브라함

---

116   하나님과의 '바른' 관계와 '친밀한' 교제는 한 번의 직선 인생을 살아가는 그리스도인들에게는 절대적이며 기본이요 너무나 중요한 것이기도 하다. 바른 관계에는 수동성, 순종성이 요구되고 친밀한 교제에는 능동성, 적극성, 즉각성, 순수성, 지속성(열정이 전제된)이 요구된다.

에게는 없었음을 암시하고 있다.

이후 아브라함, 이삭, 야곱, 요셉에 이르기까지 족장들을 통하여(선민 역사 or 족장사, Patriachal History) 역사의 주관자 하나님은 계속하여 당신의 역사(His-Story)를 이어 가셨다.

그렇게 500년이 흘렀다.

흉년과 기근을 피하여 가나안에서 애굽 땅으로 이주하여 430년(출 12:40-41, 갈 3:17, 혹은 400년, 창 15:13) 동안이나 살았던 이스라엘 백성들이 점점 더 억압을 받게 되자 하나님은 지도자 모세를 택하셔서 출애굽을 하게 하신다. 하나님은 출애굽 후 광야에서 율법을 주셔서 인간의 연약함과 죄인 됨, 그리고 메시야의 절대 필요성을 '알고 갈망'하게 하셨다. 그리고는 그 일에 먼저 유대인들을 택하셔서 선민으로 삼으셨다.

하나님은 그들이 당신의 마음을 알리는데 앞장서기를 원했다. 그러나 이스라엘은 선민으로서의 의무와 책임보다는 특권적 권리에 더 집착했다. 이는 모든 인간들에게서 나타나는, 동일한, 끈질긴 죄성의 발로이다. 더 나아가 급기야는 예수 그리스도 대신에 율법이라는 되지도 않을 '자기 의'를 붙들고야 말았다.

1942년에 발표한 C.S.루이스의 〈스크루테이프의 편지, 홍성사〉에 대장 마귀(고위 악마, 스크루테이프)와 꼬마 마귀(그의 조카 견습 마귀, 웜우드)가 대화하는 장면이 있다. 그리스도인이 진리의 한 조각을 줍게 되자 걱정스러워하는 웜우드에게 걱정 말라며 '저놈은 진리를 교리로 만들어 자기 주변을 정죄할 것'이라고 했다. 에베소 교회가 첫 사랑을 잃고 진리를 무기로 삼아 상대를 정죄했던 것을 생각하면 쉽게 이해가 되는 부분이다.

그런 육적 이스라엘에게서는 결코 희망이 보이지 않았다. 때가 되매 그 율법을 성취하실 초림(십자가 보혈, 요 12:32)의 예수 그리스도께서 오셔서 십자가 보혈로 당신을 통해 인간의 구원을 허락하셨다. 조건이 있다면 그리스도 메시야이신 '그 예수를 믿어야'[117] 하는 것이다. 곧 '율법으로 말미암는 의'가 아닌[118] '믿음으로 말미암는 의'이다. 진실로 감사한 것은 믿음(피스티스)은 전적인 하나님의 은혜의 선물(롬 3:20, 24, 27-28, 4:4, 11:6, 갈 5:4, 딛 3:5, 엡 2:9)이라는 사실이다. 로마서 10장 9-13절에 의하면, 누구든지 저를 믿는 자는, 주의 이름을 부르는 자는 부끄러움을 당하지 아니하고 구원을 얻으리라고 말씀하셨다.

한편 하나님의 마음을 알리는 그 일에 먼저 선택을 받았던 유대인을 가리켜 로마서 11장 17절은 "참 감람나무 가지"라고 했고 먼저 선택을 받지 못한 이방인들은 "돌 감람나무 가지"(야생의 감람나무로서 열매에 기름이 적어 경제성

---

[117] 구원에 이르는 믿음 즉 구원의 필수 조건은 내적 믿음("마음에")과 함께 외적 시인("입으로")이 결부되어야 하며 동시에 반드시 전인격적(全人格的)이어야만 한다(마 10:22, 눅 12:8, 요 9:22, 12:42, 약 2:17-22, 요일 2:23, 4:15, Murray). 그런 신앙고백의 결과가 바로 구원이다. 한편 '외적 시인'이란 "입으로" 예수를 주로 시인하는 것으로서 예수의 주 되심(Lordship)이라는 것은 그리스도의 성육신과 수난, 죽음, 부활, 승천과 함께 승리주 하나님으로서의 하나님 보좌 우편에 앉으심까지 시인하는 것을 통칭(마 28:18, 행 2:36, 10:36, 롬 1:4, 14:9, 고전 12:3, 엡 1:20-23, 빌 2:11, 히 1:3, 벧전 3:21, 22, Murray)한다. 반면에 '내적 믿음'이란 "마음에" 믿는 것으로 예수 그리스도의 대속죽음과 부활(롬 1:4, 고전 15:3, 4)을 믿는 것이다.

[118] 로마서 10장 5절의 전반부인 "율법으로 말미암는 의"라는 것은 그 다음 구절인 6절과 7절의 후반부인 "그리스도를 모셔 내리려는 것", "그리스도를 죽은 자 가운데서 모셔 올리려는 것"을 말한다.
반면에 6절의 전반부인 "믿음으로 말미암는 의"는 "누가 하늘에 올라가겠느냐 하지 말라", "누가 음부에 내려가겠느냐 하지 말라"는 말이다. 이 말인 즉 '믿음의 의'를 위해 메시야를 찾아 하늘로 올라가거나 음부로 내려가는 노력이 필요치 않다(Clarke)는 의미이다.
한편 Bengel은 그리스도께서 성육신하시고 공생애 후 죽으시고 음부의 고통을 체험하셨으며 모든 것을 다 이루신 후 부활하셔서 승천하심으로 하나님의 언약을 성취하셨다고 해석했다. 이후 우리는 그 예수를 입으로 시인하고 마음으로 믿으면(롬 10:9-10) 또 다른 보혜사이신 성령님의 내주하심으로 온전한 그리스도인이 된다(롬 8:9). 그러므로 이제 후로는 구원을 위해 예수께서 다시 하늘에서 내려올 필요도 없고 우리 또한 구원을 위해 하늘(신 30:12)로 올라가거나 음부(바다 밖, 신 30:13)로 내려갈 노력을 할 필요가 없게 되었다는 말이다.

이 없는 쓸모없는 나무를 가리킴)"에 비유하고 있다. 요지는 참 감람나무의 뿌리이신 예수님께 '붙어 있는 것'이 중요하며 가지의 경우 돌 감람나무 가지든 참 감람나무 가지든 상관없이 참 감람나무 되신 예수님께 '붙어있으면' 살게 된다는 것이다. 즉 예수께 붙어있으면 돌 감람나무든 참 감람나무든 간에 '선민 곧 영적 이스라엘'이 된다는 것이다.

감사한 것은 11장 23절에 의하면 "접붙이실 능력[119]이 하나님께 있음이라"고 말씀하신 것이다. 이 말인즉 구원은 역사의 주관자 하나님의 작정과 예정, 섭리와 경륜 하에 이루어진다는 것이다.

그저 하나님의 은혜이다. 오직 은혜(Sola Gratia)일 뿐이다. 그렇기에 에베소서는 "그의 은혜의 풍성함을 따라(1:7)", "그 은혜의 지극히 풍성함을(2:7)", "그 은혜를 인하여(2:8)"라고 말씀하셨다.

> "우리가 그리스도 안에서 그의 은혜의 풍성함을 따라 그의 피로 말미암아 구속 곧 죄사함을 받았으니"_엡 1:7
> "이는 그리스도 예수 안에서 우리에게 자비하심으로써 그 은혜의 지극히 풍성함을 오는 여러 세대에 나타내려 하심이니라"_엡 2:7
> "너희가 그 은혜를 인하여 믿음으로 말미암아 구원을 얻었나니 이것이 너희에게서 난 것이 아니요 하나님의 선물이라 행위에서 난 것이 아니니 이는 누구든지 자랑치 못하게 함이니라"_엡 2:8-9
> "하나님이 우리를 구원하사 거룩하신 부르심으로 부르심은 우리의 행위대로 하심이 아니요 오직 자기 뜻과 영원한 때 전부터 그리스도 예수 안에서 우리에게 주신 은혜대로

---

119 '접붙이실 능력'에서 굳이 하나님의 '능력'을 들먹인 이유는 다음과 같다. "접붙임"이란 현대의 농업지식에서는 나쁜 나무에 좋은 가지를 붙이는 것을 말한다. 그렇기에 이 구절을 보면 참 감람나무(좋은 나무)에 돌 감람나무(나쁜 가지)가 접붙임을 받았기에 하나님의 구원 방식은 현대의 농업 지식과 정반대임을 알 수 있다. 곧 자연법칙을 초월한 방법으로 돌 감람나무인 이방인들을 구원하신 하나님의 방법에 주목해야 함을 강조하고 있는 것이다.

하심이라"_딤후 1:9

주의할 것은 접붙임을 받아 살아나게 된 이방인들은 선민이었던 혈통적 이스라엘을 향하여 자긍하거나 높은 마음을 품지 말아야 한다는 것이다. 왜냐하면 선민이든 이방인이든 간에 구원은 역사의 주관자 하나님의 구속사(Redemptive history)의 전개 과정에서 주어지기 때문이다.

또한 "하나님의 은사와 부르심[120](롬 11:29)"에는 후회하심이[121] 없다고 하셨다. 그렇기에 안심이 되는 것은 만세전에 하나님의 은혜로 택정함을 입은 자는 유대인[122]이든 헬라인이든 간에 하나님의 때에 하나님의 방법으로 그들에게 복음이 들려져서 반드시 다시 돌아오게 될 것(롬 11:7, 26)이

---

120 "은사"의 헬라어는 카리스마(χάρισμα, nn)인데 이는 '공적이 전혀 없음에도 불구하고 하나님으로부터 받게 된 무조건적 은혜나 호의'로서 혈통적 이스라엘에게 부여된 독특한 민족적 은혜(Godet)를 가리킨다. "부르심"의 헬라어는 클레시스(κλῆσις, nf)인데 이는 구원으로 인도하는 하나님나라에의 초대(Thayer)로서 메시야 왕국에 참여하도록 초대하신 하나님의 행위를 말한다. 그러므로 "은사와 부르심"이란 다른 단어(Cranfield)이나 같은 의미로서 이스라엘이 받은 특권을 언급한 강조적 표현이다(Kasemann).

121 "후회하심이 없느니라"의 헬라어는 아메타멜레토스(ἀμεταμέλητος, adj)로서 이는 '돌이키심이 없다'는 의미로 '되돌이키지 않는 어떤 결정성(irrevocable of something)'을 강조한 표현(Bauer)이다. 참고로 '하나님의 후회(창 6:6, 민 23:19, 삼상 15:11, 29)'라는 말은 마치 하나님의 속성이 변경하기라도 하는 것처럼 여겨지지만 그런 의미가 아니다. '하나님의 후회'라는 것은 오히려 인간의 악함에 대한 하나님의 슬픔과 분노의 감정을 표현한 것으로 신인 동형 동성론(anthropomorphism)적 표현이다.

122 참고로 시오니즘(Zionism, 고대 유대인들이 고국 팔레스타인에 유대 민족 국가를 건설하는 것을 목표로 한 유대 민족주의 운동)을 주장하는 세대주의자들(dispensationalist)이 있다. 이들 세대주의는 교회 및 교파의 형식적 제도나 조직을 경시하는 교회갱신운동 단체인 플리머드 형제단(Plymouth Brethren)에서 유래했다. 대표적 지도자는 아일랜드 출신의 다비(J.N. Darby, 1800-1882)이며 그들은 스코필드 관주 성경을 사용한다.
"세대주의자들"의 특징은 (1)성경을 지나치게 문자적으로 해석하며 (2)구약 이스라엘과 신약 교회의 관계성을 부인한다 (3)전 천년왕국설을 근간으로 일곱 세대로 구분했는데(무죄시대, 양심시대, 인류통치시대, 약속 시대, 율법시대, 은혜시대, 왕국시대) 각 시대는 서로 관련성이 없다고 했다.
한편, 세대주의자들의 주장을 가만히 살펴보면, 우리는 자연스럽게 다음의 3가지 질문이 떠오른다. (1)우리는 이스라엘의 들러리인가 (2)이스라엘이 회복되면 세상과 역사는 끝이 나는가 (3)참 이스라엘이 과연 누구인가, 이 3가지 질문에 대한 세대주의자들의 대답은 모두 다 성경과는 충돌이 되기에 무천년설자로서 개혁주의자인 나는 세대주의라는 옷이 약간 불편하다. 나와 공저자는 "이스라엘"이란 예수 그리스도 안에서 한 지체된 하나님의 모든 자녀들로서 '영적 이스라엘'을 가리킨다고 생각하고 있다.

라는 점이다. 이 모든 일은 하나님의 작정과 예정, 섭리 하 경륜에서 이루어진다. 한편 하나님의 섭리와 경륜은 너무 커서 우리의 지식과 상식으로는 도무지 알 수가 없다. 그렇기에 로마서 11장 33절은 "하나님의 지혜[123]와 지식의 부요함이여 그의 판단은 측량치 못할 것이며 그의 길은 찾지 못할 것이로다'라고 말씀하셨다

곁 가지인 돌 감람나무 가지나 참 감람나무 가지는 참 감람나무이신 예수님께 붙어있기만 하면 된다. 그 예수님은 태초(올람, 케뎀, 아르케)부터 존재하신 삼위일체 하나님이시며 태초(베레쉬트, 게네시스)에 천지를 공동으로 창조하신 삼위일체 하나님이시다. 그런 하나님은 처음과 나중 곧 알파와 오메가요 시작과 끝이시다(계 1:8, 22:13). 곧 하나님은 이제도 있고 전에도 있었고 장차 올 자요 전능한 자(계 1:8)로서 만물의 근원(주에게서 나오고 주로 말미암고)이자 종국적인 운명(곧 완성, 주에게로 돌아감이라=주안에 있음이라, 고전 8:6)이시다(골 1:16, 히 2:10, 잠 16:4, 롬 11:36).

"이는 만물이 주에게서 나오고 주로 말미암고 주에게로 돌아감이라[124] 영광이 그에게 세세에 있으리로다 아멘"_롬 11:36

"그러나 우리에게는 한 하나님 곧 아버지가 계시니 만물이 그에게서 났고 우리도 그를

---

123 지혜의 히브리어(왕상 3:9, 지혜로운 마음, 듣는 마음)는 레브(לב) 쇼메아(שֹׁמֵעַ)인데 이를 찬찬히 묵상해 보면 야고보서 1장 5-8절 말씀에 고개가 끄덕여진다. '지혜'란 바르게 분별하고 잘 깨닫는 머리, 맑은 영안, 큰 귀, 하나님의 세미한 음성에 민감하게 반응하는 예민한 마음, 열정적인 손과 발을 가리킨다.

124 "주에게서 나오고"의 헬라어는 엑스(ἐξ, from)인데 이는 만물의 기원(origin)을, "주로 말미암고"의 헬라어는 디아(διά, through, by)인데 이는 경로 혹은 과정을, "주에게로 돌아감이라"의 헬라어는 에이스(εἰς, unto(to))인데 이는 종국(완성, 운명) 혹은 목표를 의미한다. 여기서 '주'라는 것은 창조주 하나님을 가리킨다(시 104:24, 잠 3:19). 결국 하나님만이 유대인과 이방인들의 구원의 동인(動因)이자 완성자요 목표라는 의미이다(Hendriksen, 고전 8:6, 엡 4:5-6).

위하며 또한 한 주 예수 그리스도께서 계시니 만물이 그로 말미암고 우리도 그로 말미암았느니라"_고전 8:6

"그는 보이지 아니하시는 하나님의 형상이요 모든 창조물보다 먼저 나신 자니 만물이 그에게 창조되되 하늘과 땅에서 보이는 것들과 보이지 않는 것들과 혹은 보좌들이나 주관들이나 정사들이나 권세들이나 만물이 다 그로 말미암고 그를 위하여 창조되었고 또한 그가 만물보다 먼저 계시고 만물이 그 안에서 함께 섰느니라"_골 1:15-17

로마서 1부(1~11장)의 마지막 장을 마치며 지금까지의 개략 곧 로마서 1~10장까지의 개요를 정리하면 다음과 같다.

로마서 1장에서는 복음(1:1-17)에 대해, 그리고 이방인의 죄(1:18-32)에 대해 말씀하셨다. 특히 이방인의 죄를 폭로하시며 그들을 향해 불의로 진리를 막는 자들이라고 지적하셨다. 그런 그들은 하나님의 진노를 받게 되어 "더러움에 내어버려둠(24)"을, "부끄러운 욕심에 내어버려둠(26)"을, 종국적으로는 "상실한 마음에 내어버려둠(28)"을 당하게 될 것이라고 경고하셨다. 이는 회복을 전제한 체벌인 하나님의 자녀들을 향한 '징계(히 12장, 파이데이아)'와는 완전 다른 것이다.

참고로 '징계'는 돌밭을 '옥토'로 만들기 위한 일종의 '돌부리 제거 과정'임을 알아야 한다. 올바르게 멋지게 되라고 징계를 허락한 것이기에 우리는 인내(휘포모네)로써 기꺼이 그 '과정'을 감내해야 한다. 물론 자신의 잘못이나 실수의 대가로 주어진 징계까지도 훈련 과정이라고 포장하는 것에는 약간 염치가 없지만 그것조차도 시행착오(施行錯誤, trial & error)로 생각하여 훈련 과정(Training process)이라고 받아들이는 것이 바로 큰 사람의 모습이다. 결국 아버지께서 징계를 주시면 자녀 된 우리는 아버지의 마음을 헤아려 교육과 훈련(Education & Training)으로 알고 달게 감당해야 한다.

 2장에서는 소위 하나님을 안다고 하는 선민 유대인들의 실상을 드러내며 그들의 죄를 지적하셨다. 놀랍게도 그들은 '하나님의 인자하심, 용납하심, 길이 참으심'을 멸시⁽⁴⁾했다. 더 나아가 은근한 오만과 고집을 부렸을 뿐만 아니라 구원에의 당위성이라는 착각으로 인해 그들의 삶에는 회개치 아니하는 마음이 가득했다⁽⁵⁾. 그들은 율법을 의지한다고 자랑하면서⁽¹⁷⁾ 걸핏하면 하나님을 모독했다. 그들은 선민 유대인으로서 율법을 앎에도 불구하고 자신에게는 적용하지 않았다. 더 나아가 율법을 가르치면서 정작 자신은 실천하지 않았는데⁽¹⁷⁻²⁴⁾ 하나님은 이를 지적하셨다.

 3장에서는 유대인이든 이방인이든 간에 "의인은 없나니 하나도 없다⁽¹⁰⁾"라고 하시며 모든 사람들의 죄를 지적하고 있다. 그렇다. 어느 누구를 막론하고 아담 이래로 모든 인간은 영적 죽음(첫째 사망) 상태로 태어나며 예외없이 모두가 다 죄인이다(연합과 대표의 원리). 그렇기에 전적 부패(Total corruption), 전적 무능(Total inability), 전적 타락(Total depravity)한 상태의 인간은 스스로의 힘으로는 하나님의 영광에 결코 이르지 못한다. 그러나 때가 되매 "하나님의 한 의⁽²¹⁾"가 나타났다. 곧 예수 그리스도이시다. 그리하여 "예수 그리스도 안에 있는 구속으로 말미암아 하나님의 은혜⁽²⁴⁾로 의롭다 하심을 얻게 되었음"을 명료하게 밝히고 있다. 할례자이든 무할례자이든 상관없이(갈 3:28) "믿음으로 말미암아⁽³⁰, ³¹⁾" 하나님은 당신의 '택정된 자들을 의롭게' 하신다.

 4장은 믿음의 조상이라는 아브라함을 실례(實例)로 들며 그는 '오직 믿음'으로⁽⁴:³, 창 ¹⁵:⁶⁾ 의롭다 하심을 얻은 사람이라고 소개하고 있다. 그런 아브라함은 처음부터 믿음이 있었던 것이 아니라 믿음이 있노라고 하나님께서 간주하며 '여겨주셨던(여김을 받았던)' 사람이라고 말씀하고 있다. 그렇기에 창세기 15장 6절은 "여호와께서 이를 그의 의로 여기시고"라고 하셨던 것이다. 여기서 우리는 '여기다, 간주하다'라는 단어에 집중해야 한다. 이 단어(롬 4장)는 하나님의 은혜를 고스란히 드러내는(Sola Gratia) 말로서 히브리어로는 하솨브(חשב)이며 헬라어로는 로기조마이(λογίζομαι)이다. 그저 감사 또 감사일 뿐이다.

결국 그의 믿음은 행위로도(2) 아니요 할례로도(11) 아니며 율법으로(13) 말미암은 것은 더욱 아니라는 것이다. 오직 '여겨주신' 믿음의 의(義)로 말미암은 것(13)이라고 하셨다. 더하여 일한 것이 없이 하나님께 의(義)로 여기심을 받는 사람의 행복에 대해 다윗을 예로(6, 7, 8) 들어주시며 "그 불법을 사하심을 받고 그 죄를 가리우심을 받는 자는 복이 있고 주께서 그 죄를 인정치 아니하실 사람은 복이 있도다"라고 말씀하셨다. 결국 모든 것은 이신득의 곧 오직 믿음, 믿음, 그리고 믿음으로 의(義)롭다 하심을 얻었다는 것이다.

5장은 오직 믿음으로 의롭다 하심(칭의)을 얻게 된 우리는 이제 "예수 그리스도로 말미암아 하나님으로 더불어 화평(1)"을 누릴 수 있게 되었음을 선포하고 있다. '오직 은혜(Sola Gratia)'이다. 이제 우리는 성자하나님의 영광[125]을 바라보며 믿게 되었고 성부하나님의 영광을 통해 소망(엘피스, 미래형 하나

---

125 뉘앙스나 쓰임새가 약간 다르기는 하나 여기서 영광과 영화는 다른 단어 같은 의미이다. 아더 핑크(Arthur Walkington Pink, 1886-1952, 영, 무디 성경학원, 은혜, 칭의, 성화에 주관심)는 영광을 받으신 하나님을 '성부하나님의 영화'라고 했고 영광이 되신 예수님을 '성자하나님의 영화'라고 했다.

님나라에의 입성과 영생)을 가질 수 있게 되었다. 한편 하나님과의 화평이란 연합과 대표의 원리에 의해 하나님과의 바른 관계(창조주-피조물)와 친밀한 교제(로고스이신 말씀을 통한 교제)를 갖게 되었음을 의미한다. 곧 우리로 화목을 얻게 하신 우리 주 예수 그리스도로 말미암아 하나님 안에서 풍성한 기쁨을 누리게 되었다는 것이다.

6장은 만세전 하나님의 은혜로 택정함을 받아 그리스도와 함께 죽고 그리스도와 함께 살아난 우리는 이신칭의, 이신득의로 인해 하나님과 화평(샬롬)을 누리게 되었다. 문제는 유한되고 제한된 직선의 일회 인생을 기쁨 속에 살아가게 된 우리라 할지라도 여전히 already~not yet이기에 육신의 장막을 벗는 그날까지는 죄와 싸워야 한다는 것이다. 그런 우리는 한 번 인생을 성령님께 온전한 주권을 드리고 그분의 통치, 질서, 지배하(성령충만함 가운데)에서 성화의 삶(거룩함으로126)을 살아가야만 한다.

우리는 죄로 하여금 죽을 몸에 왕 노릇(12) 하지 못하게 해야 하며 불의의 병기(13)로 사망을 위하여 열매(7:5)를 맺지 못하도록 하기 위해 부단히 싸워야 한다. 왜냐하면 이미 우리는 죄에 대하여는 죽은 자(11)이기 때문이다. 그런 우리는 의(義)의 병기(13)로서 그리스도 예수 안에서 하나님을 대하여는 산 자(11)로 하나님의 충성된 종이 되어 거룩함에 이르는 열매(22), 곧 하나님의 영광을 위한 열매(7:4)를 풍성하게 맺으며 살아가야 할 것

---

126 우리는 하나님의 성품인 '거룩(코데쉬)'을 본받아 '거룩함(카다쉬)'으로 살아가야 한다. 여기서 '거룩함'이란 (1)구별됨, 차이, 다름(set apart), (2)하나님과 사람 앞에서 순수하고 정직함(purity & honesty), (3)유한되고 제한된 직선 인생을 알차게 살아감(fulfill), (4)광채(sheen, 빛과 소금, 향기로 선한 영향력)를 발휘하며 살아감, (5)고상함(Loftiness) 곧 예수님의 성품(온유, 겸손), 경건(εὐσέβεια, 유세베이아=바른(εὖ) 예배를 드리는 것(σέβομαι)), 선한 양심(성령님께 지배되어진 양심), (6)복음전파(증인으로서의 삶과 선포의 삶)를 가리킨다.

이나.

7장은 율법의 기능에 대해 말씀하고 있다. 남편을 율법으로 비유한 후 남편이 죽으면 아내는 그 남편의 법에서 벗어나게 되듯 그리스도로 말미암아 그리스도인 된 우리는 율법에서 벗어나게 되었음을 말씀하고 있다. 한편 율법은 하나님의 은혜로 주신 것(요 1:16, 17)이다. 그렇다 하더라도 '율법을 행함'으로 구원을 얻을 육체는 없음을 알아야 한다. 또한 그러라고 주신 것도 아니다. 율법은 (1)죄를 깨닫게 하여 우리로 죄인 됨을 알고 그 죄를 회개케 하려는(구약에서는 제사제도를 통해) 것이며 (2)장차 율법을 완성하실 그리스도, 메시야를 대망하라고 주신 것이다.

알아야 할 것은, 이신칭의로 말미암아 하나님의 자녀가 되었다(요 1:12-13) 하더라도 우리는 여전히 제한된(already~not yet) 육신을 가졌기에 원하는 바 선 보다는 원치 아니하는 바 악을 행하기에 빠르다(15-19)는 것이다. 그런 내 안에는 두 법, 즉 죄의 법(죄와 사망의 법)과 하나님의 법(생명의 성령의 법)이 있다(20-25). 그렇기에 바울은 "오호라 나는 곤고한 사람(24)"이라고 외치며 "이 사망의 몸에서 누가 나를 건져내랴(24)"고 외쳤던 것이다.

8장은 황금장으로서 로마서의 핵심이요 성경 전체의 핵심이다. 이신칭의, 이신득의로 인해 구원을 얻게 된(Soteriology) 우리는 "예수 그리스도 안에 있는 생명의 성령의 법"으로 인해 죄와 사망의 법에서 해방되었다. 그런 우리 안에는 그리스도의 영, 또 다른 보혜사이신 진리의 영이신 성령님(디다스코, 휘포밈네스코, 요 14:26)이 내주(내주성령)하신다. "하나님의 영으로 인도함을 받는(14)" 우리 모두는 "하나님의 아들"이며 양자의 영(15)을 받았으므로 아바 아버지라 부를 수 있고 하나님의 자녀, 곧 하나님의 후사(17)가

되었다. 이후 성부하나님은 자녀 된 우리를 내우외환(內憂外患)의 그 어떤 것에서도 보호하실 뿐만 아니라 그 어느 것도 당신의 사랑에서 결코 끊을 수 없다(Perseverance of the saints)고 단정적으로 선포하시며 약속해주셨다.

9장에서는 육신의 자녀, 약속의 자녀를 구분하시며 하나님의 주권 영역과 더불어 "이스라엘 사람"이라는 단어의 영적 의미를 한 번 더 되새겨 볼 것을 말씀하셨다. '이스라엘'이라는 명칭은 얍복강 가의 야곱에게 하나님께서 처음으로 주셨던 이름이다. "저희는 이스라엘(창 32:28, 요 1:31, 47, 49, 12:13) 사람이라"는 말씀에서 보듯 그들은 하나님에 의해 먼저 선택되어졌고 그리하여 구약시대의 주역으로 발탁되었다. 이 말인즉 하나님의 주권적 의지는 이스라엘을 선민(選民)으로 약속하셨듯이 그리스도인 된 '영적 이스라엘 사람'을 약속의 자녀로 여기시고 끝까지 인도하실 것이라는 의미이다.

10장에서는 '마음으로 믿어 의에 이르고 입으로 시인하여 구원에 이르느니라(10:10 심의(心義) 구구(口救))'고 하시며 구원은 전적인 하나님의 은혜(피스토스; 신실하심, 미쁘심)라고 하셨다. '오직 은혜(Sola Gratia)'이다. 문자적으로만 보면 영 죽을 우리가 살아난 것은 예수님을 믿었기 때문(피스티스)이다. 그러나 죽었던 우리가 예수님을 믿을 수는 없다. 이미 죽었기 때문에…….

좋으신 하나님은 만세전에 당신의 무한하신 은혜로 우리를 아무 조건 없이 택정하셨다. 하나님의 정하신 때가 되매 죽었던(영적 죽음, 첫째 사망) 우리를 먼저 살리신 후 복음을 듣게하셔서 우리로 믿게 하셨던 것이다(피스튜오).

할렐루야!

*핵심 요약 (위포밈네스코, ὑπομιμνῄσκω & 디다스코, διδάσκω)

1. 접붙임

   돌 감람나무, 참 감람나무(롬 11장)/농부, 포도나무, 가지(요 15장)

2. 믿음으로 구원

   1) 내적 믿음

   2) 외적 시인

3. 하나님의 은사와 부르심에는 후회하심이 없다

4. "이는 만물이 주에게서 나오고 주로 말미암고 주에게로 돌아감이라 영광이 그에게 세세에 있으리로다 아멘" _롬 11:36

*강청기도

성부하나님을 찬양합니다. 성자하나님을 찬양합니다. 성령하나님을 찬양합니다. 삼위일체 하나님 한 분 만으로 만족하겠습니다. 삼위일체 하나님께만 영광 돌리겠습니다.
이곳 11장에서는 곁 가지(돌 감람나무)과 원 가지(참 감람나무), 그리고 접붙임(농부, 포도나무, 가지)을 통해 참 감람나무의 뿌리이신 예수에게 '붙어 있는 것'이 중요하며 그 가지가 돌 감람나무 이든 참 감람나무 이든 상관없이 참 감람나무 되신 예수님께 '붙어있으면' 살아나게 됨을 가르쳐 주셨음에 감사드립니다. 더욱 감사한 것은 "접붙이실 능력이 하나님께 있음이라"고 말씀하신 것입니다. 한 번 일회의 직선 인생을 살아가는 동안 흔들리지 않고 하나님께만 붙어있게 하옵소서. 오직 은혜로 아직도 바알에게 무릎을 꿇지 않은 7,000인 중에 거하게 하심에 감사드립니다. 이는 당신의 은혜로 남은 자가 되게 하신 것임을 고백합니다. 당신의 인자와 엄위를 바라보며 그 안에 거하게 하시고 당신께만 영광을 돌리며 (Soli Deo Gloria) 살아가게 하옵소서. 세상 속에서 세상과 동화되거나 타협않게 하시고 세상 속에서도 흔들리지 않게 하옵소서. 무슨 일을 하든지 마음을 다하여 주께 하듯 하게 하고 사람에게 하듯 하지 않게 하옵소서. 살아도 주를 위하여 살게 하시고, 죽어도 주를 위하여 죽게 하옵소서. 모든 영광 하나님께 올려드립니다. 감사드리며 예수 그리스도의 이름으로 기도드립니다. 아멘

*핵심 요약 (휘포밈네스코, ὑπομιμνήσκω & 디다스코, διδάσκω)

1. 접붙임: 참 감람나무의 뿌리이신 예수께 붙어 있는 것(예수께 붙어있으면 돌 감람나무 든 참 감람나무 든 간에 '선민 곧 영적 이스라엘'이 됨)이 중요→접붙이실 능력이 하나님께 있음(롬 11:23)

하나님의 마음을 알리는 그 일에 먼저 선택받은 유대인: 참 감람나무(롬 11:17)

먼저 선택을 받지 못한 이방인들: 돌 감람나무(야생의 감람나무로서 열매에 기름이 적어 경제성이 없는 쓸모없는 나무를 가리킴)

주의) 접붙임 받아 살아나게 된 이방인들: 선민인 이스라엘을 향해 자긍하거나 높은 마음을 품지X →왜냐하면 선민임에도 불구하고 복음을 거부했던 혈통적 유대인들이나 후에 복음을 받아들였던 이방인들이 구원을 얻게 된 것은 역사의 주관자 하나님의 구속사(Redemptive history)의 전개 과정이었기 때문→결국 모든 것은 역사의 주관자 하나님의 섭리와 경륜 하에 있고 모든 것은 하나님의 은혜 곧 오직 은혜(Sola Gratia)이다.

"너희가 그 은혜를 인하여 믿음으로 말미암아 구원을 얻었나니 이것이 너희에게서 난 것이 아니요 하나님의 선물이라 행위에서 난 것이 아니니 이는 누구든지 자랑치 못하게 함이니라" _엡 2:8-9

2. 구원

구원에 이르는 믿음(구원의 필수 조건)	
(1) 내적 믿음("마음에") + (2) 외적 시인("입으로") + (3) 전인격적(全人格的, 마 10:22, 눅 12:8, 요 9:22, 12:42, 약 2:17-22, 요일 2:23, 4:15, Murray)	
→그런 신앙고백의 결과가 구원	
(1) 내적 믿음 ("마음에")	"마음에" 예수 그리스도의 대속죽음과 부활(롬 1:4, 고전 15:3, 4)을 믿는 것
(2) 외적 시인 ("입으로", Murray)	"입으로" 예수를 주(예수의 주 되심(Lordship)로 시인하는 것 : 그리스도의 성육신과 수난, 죽음, 부활, 승천과 함께 승리주 하나님으로서의 하나님 보좌 우편에 앉으심까지 시인하는 것(마 28:18, 행 2:36, 10:36, 롬 1:4, 14:9, 고전 12:3, 엡 1:20-23, 빌 2:11, 히 1:3, 벧전 3:21, 22)
(3) 전인격적(全人格的, Murray) 마 10:22, 눅 12:8, 요 9:22, 12:42, 약 2:17-22, 요일 2:23, 4:15,	지적으로 알고 정적으로 느끼고 의지적으로 그렇게 살아가는 것

3. 은사(카리스마, χάρισμα, nn): '공적이 전혀 없음에도 불구하고 하나님으로부터 받게 된 무조건적 은혜나 호의' →혈통적 이스라엘에게 부여된 독특한 민족적 은혜(Godet)

"부르심(클레시스, κλῆσις, nf): 구원으로 인도하는 Q나라에의 초대(Thayer) →메시야왕국에 참여토록 초대하신 하나님의 행위

"은사와 부르심": 다른 단어(Cranfield), 같은 의미 →이스라엘이 받은 특권을 언급한 강조적 표현(Kasemann).

후회하심이 없느니라(아메타멜레토스, ἀμεταμέλητος, adj)→'돌이키심이 없다' →'되돌이키지 않는 어떤 결정성(irrevocable of something)'을 강조(Bauer).

참고로 '하나님의 후회(창 6:6, 민 23:19, 삼상 15:11, 29)': 마치 하나님의 속성이 변개하기라도 하는 것처럼 여겨지지만 그런 의미가 아니다. '하나님의 후회'라는 것은 오히려 인간의 악함에 대한 하나님의 슬픔과 분노의 감정을 표현한 것으로 신인동형 동성론(anthropomorphism)적 표현.

4. "주에게서 나오고"의 헬라어 엑스(ἐξ, from): 만물의 기원(origin)

"주로 말미암고"의 헬라어 디아(διά, through, by): 경로 혹은 과정

"주에게로 돌아감이라"의 헬라어 에이스(εἰς, unto(to)): 종국(운명) 혹은 목표를 의미 →'주'라는 것은 창조주 하나님을 가리킴(시 104:24, 잠 3:19).

→결국 하나님만이 유대인과 이방인들의 구원의 동인(動因)이자 완성자요 목표라는 의미(Hendriksen, 고전 8:6, 엡 4:5-6).

괴짜의사 Dr. Araw의
쉽고 바르게 읽는 로마서 장편(掌篇)강의 Handbook

살아도 주를 위하여 죽어도 주를 위하여

2부
그리스도인의 삶

복음과 십자가만 자랑하기
복음과 십자가로 살아가기

레마 이야기 12
하나님이 기뻐하시는 거룩한 산 제사, 영적 예배(12:1)

12:2 분별(도키마제인)

흔히 로마서를 분류할 때 전반부인 1~11장까지는 복음과 교리에 관한 이야기라고 하며 후반부인 12~16장까지는 복음과 십자가로 살아가고 복음과 십자가를 자랑하는 삶의(복음과 십자가에 입각한) 이야기라고 칭한다. 개중 특별히 마지막 16장은 예수 그리스도 안에서 한 피 받아 한 몸을 이루어 지체(고전 12:20, 27)가 된 동역자들 간의 바른 관계와 친밀한 교제(코이노니아[127] κοινωνία, nf; 롬 15:26, 고후 8:4, 9:13, 히 13:16)의 중요성[128]에 대한 말씀이다.

참고로 이곳 12장에서의 하나님이 기뻐하시는 거룩한 산 제사 곧 '영적 예배(λογικὴν λατρείαν, reasonable service)'란 '합리적인 예배', '마땅히 드려야 할 예배', '합당한 예배'로서 지적, 정적, 의지적 예배라는 의미가 전제되

---

[127] 나와 공저자는 지체들 간의 교제(코이노니아, κοινωνία, nf, properly, what is shared in common as the basis of fellowship (partnership, community) from 코이노노스(κοινωνός, nm, (a masculine noun/substantival adjective) - properly, a participant who mutually belongs and shares fellowship; a "joint-participant."))를 단순교제(Fellowship, 식탁교제 포함)+소통(말씀, 찬양, 기도)으로 정의했다. 디모데전서 6장 18절의 코이노니코스(κοινωνικός, adj, ready to partner with (fellowship in)와 로마서(12:13), 갈라디아서(6:6), 빌립보서(4:15)에 사용된 코이노네오(κοινωνέω, v, to participate (share in), as an associate ("partaker")는 각각 형용사와 동사이다.

[128] 바른 관계는 수동성과 순종성이 요구되고 친밀한 교제는 능동성, 적극성, 즉각성, 순수성, 열정을 포함하는 지속성이 요구된다.

어 있다. '지적 예배'라 함은 말씀이 중심이 되고 진리의 영이신 성령님에 의해 말씀이 앞서가며 인도되어지는 예배로서 신령과 진리의 예배(요 4:23-24)를, '정적 예배'라 함은 말씀의 맛에 흠뻑 취하여(계 10:10) 그 말씀에 감동되어지는(계 10:11) 예배를, '의지적 예배'라 함은 그 말씀을 기준과 원칙으로 삼아 말씀대로 살아가겠다는 결단과 더불어 이후의 모든 삶을 말씀 중심으로 살아가는(성경적 세계관으로 살아가는) 삶의 예배를 가리킨다.

하나님이 기뻐하시는 거룩한 산 제사='영적 예배'(λογικὴν λατρείαν, reasonable service)' '합리적인 예배', '마땅히 드려야 할 예배', '합당한 예배'로서 지적, 정적, 의지적 예배라는 의미가 전제	
지적 예배	말씀이 중심이 되고 진리의 영이신 성령님에 의해 말씀이 앞서가며 인도되어지는 예배로서 신령과 진리의 예배(요 4:23-24)
정적 예배	말씀의 맛에 흠뻑 취하여(계 10:10) 그 말씀에 감동되어지는(계 10:11) 예배
의지적 예배	그 말씀을 기준과 원칙으로 삼아 살아가겠다는 결단과 더불어 이후의 모든 삶을 말씀 중심으로 살아가는(성경적 세계관으로 살아가는) 삶의 예배

우리는 감사하게도 만세전에 하나님의 은혜로 택정함을 입었다. 때가 되매 성부하나님의 유일한 기름부음 받은 자(the Anointed, 그리스도의 3중직; 왕, 선지자, 제사장)이신 그리스도(크리스토스), 메시야(마쉬아흐) 곧 구원자(the Savior)이신 예수(이에수스)께서 이 땅에 완전한 인간(역사상 유일한 의인)으로 오셨다. 그 예수님은 여자의 후손(창 3:15)으로 성령으로 잉태되어(신(神), 존재론적 동질성, 기능론적 종속성) 성육신(유일한 의인)하신 신인(神人)양성의 하나님으로 공생애 전까지 수동적 입장을 취하시며 인성으로서의 모든 것을 순종하시고 배우셨다(메시야닉 신비, Messianic Secret, 히 5:7-10). 공생애 동안(AD 26~30년 중반, 4번의 유월절)에는 메시야닉 사

인(Messianic sign, Healing Ministry, 사 29:18, 35:5-6, 42:7, 61:1)을 통해 당신께서 그리스도, 메시야이심을 드러내신 후 천국복음[129](하나님나라 복음, 하나님의 은혜의 복음)을 가르치시고(Teaching Ministry) 전파하셨다(Preaching Ministry).

이후 하나님의 공의로 인한 대가 지불인 십자가 보혈이라는 속량제물(대속제물, 화목제물)이 되셔서 우리의 수치와 저주를 몽땅 짊어지고 대신하여 죽으셨다(출 17:6, 구약에 나타나셨던 예수님은 호렙산 반석 위에서도 우리를 위해 죽으셨다). 죽음 이기시고 3일 만에 부활(고전 15:4)하신 후 40일간 이 땅에 계시다가 예수님은 승천하시며 "하늘로 가심을 본 그대로 오시리라(행 1:11)" 약속하시며 우리에게 지상대명령(Great Commandment)을 주셨는데 곧 마태복음 28장 18-20절의 '복음 전파'이다.

"예수께서 나아와 일러 가라사대 하늘과 땅의 모든 권세를 내게 주셨으니 그러므로 너희는 가서 모든 족속으로 제자를 삼아 아버지와 아들과 성령의 이름으로 세례를 주고 내가 너희에게 분부한 모든 것을 가르쳐 지키게 하라 볼찌어다 내가 세상 끝날까지 너희와 항상 함께 있으리라 하시니라"_마 28:18-20

하나님은 우리에게 어마어마한(invaluable) 선물인 복음(예수, 그리스도, 생명 곧 구속의 결과 구원)을 아무 대가 없이, 아무 공로 없이 거저 주셨다. 그것을 오해하여 복음을 '값싸게(valueless)' 여기거나 아무렇게나(돼지에게 진주를 주듯) 전해서는 안 된다. 값으로 매길 수 없는(invaluable) 그 크신 은혜(받을 자격이 없음에도 주신)와 긍휼(죄로 인해 죽을 수밖에 없었음에도 용서해주신)을 '값없이(free of charge)' 전해야 한다.

---

129 천국복음이란 하나님나라 복음으로 예수 그리스도를 통하여 구원이 주어지고 영원히 하나님나라(already~not yet, 현재형 하나님나라-아날뤼시스-부활체, 미래형 하나님나라)를 누리게 된다는 최고의 기쁜 소식을 말한다.

육신의 장막을 벗는 그날(아날뤼시스)까지…….

19세기 영국의 선교사이자 남아프리카의 탐험가(31년 동안)였던 리빙스턴130 (David Livingstone, 1813-1873)이 하나님나라에 가기 1년 전에 썼던 일기는 우리로 하여금 어떻게 살다가 죽을 것인가에 대해 묵직한 울림을 준다.

"3월 19일, 나의 생일이다. 나의 왕 되시고 나의 생명되시고 전부이신 예수님, 나의 모든 것을 주님께 바칩니다. 자비로우신 아버지 저를 받아 주시고 이 해가 가기 전에 제 일을 마칠 수 있게 해 주옵소서. 예수님의 이름으로 기도드립니다. 아멘"

훗날 그는 무릎을 꿇은 채로 기도하다가 미래형 하나님나라에 갔다고 한다. 디모데후서 4장 7-8절 말씀이 연상된다.

> "내가 선한 싸움을 싸우고 나의 달려갈 길을 마치고 믿음을 지켰으니 이제 후로는 나를 위하여 의의 면류관이 예비되었으므로 주 곧 의로우신 재판장이 그 날에 내게 주실 것이니 내게만 아니라 주의 나타나심을 사모하는 모든 자에게니라" _딤후 4:7-8

로마서는 1장 16-17절을 통해 모든 믿는 자에게 구원을 주시는 하나님의 능력이 바로 복음(하나님의 은혜의 복음)이라고 천명함으로 시작된다. 하나님의 성품인 '공의와 사랑'의 결정체인 십자가(보혈)가 바로 복음인데 그 복음의 주체이시며 구속을 성취하신 예수를 믿음(피스티스)으로 구속의 보증이신 성령님으로 인해 믿음(피스튜오)에 이르게 된다고 선포하고 있다. 소위

---

130 그의 아내 메리(Mary)는 남아프리카 선교회(SAM, South Africa Mission) 창시자인 모펫(Robert Moffat, 1795-1883) 목사의 딸이었다. 리빙스턴은 빅토리아 폭포(Victoria Falls, 잠비아와 짐바브웨 경계의 잠베지 강의 상류)를 발견(1855년)했던 인물이다.

"믿음(From 피스티스)으로 믿음(To 피스튜오)에 이르게 하나니(롬 1:17)"이다. 결국 죄인 된 우리가 구원을 얻게 된 것은 인간의 구속을 계획하신 성부하나님의 신실하심, 미쁘심(By 피스토스) 덕분이다.

모든 사람은 영 죽을 죄인으로서 영적 죽음(영적 사망, 첫째 사망) 상태로 태어난다. 그렇기에 선민이었던 유대인도 이방인도 모두가 다 죄인이다. 의인은 없나니 하나도 없다. 결국 아담의 원죄로 인해 대표와 연합의 원리에 의해 모든 사람은 죄인으로(전가) 영적 죽음(첫째 사망) 가운데 태어나는 것이다. 그러나 그리스도인 된 우리는 예수 그리스도 안에 있는 구속으로 말미암아 하나님의 은혜로 값없이 의롭다 하심을 얻어 믿음으로 이면적 유대인, 곧 영적 이스라엘이 되었다. 그러므로 누구든지 그리스도 예수 안에서는 하나(Variety in Unity)이다.

혈통적(표면적) 이스라엘의 국부였던 아브라함 또한 예수 그리스도를 '믿음으로 의롭다 하심을 받아' 구원을 얻어 영적 이스라엘이 되었다. 이방인 된 우리 또한 그 예수 그리스도를 '믿음으로 의롭다 하심을 받아' 영적 이스라엘(이면적 유대인)이 된 것이다. 변치 않는 동일한 것은, 유대인이든 이방인이든 간에 둘 다 만세전에 하나님의 크신 은혜로 택정함을 입었다는 것이다. 차이가 있다면, 선민 역사에서 유대인은 먼저 부름을 받은 것이고 이방인은 나중에 부름을 받은 것이다.

택정함을 받은 우리 모두는 때(카이로스)가 되매 예수 그리스도로 말미암아 하나님으로 더불어 화평(샬롬, 에이레네)을 누리게 되었다. 그리하여 비록 already~not yet이기는 하나 지금은 현재형 하나님나라에서 성령님의 통치와 질서, 지배 하에서(성령충만함 가운데) 하나님과의 바른 관계와 친밀한 교제 속에 살아가고 있는 것이다. 그런 우리는 더 이상 죄에게 종 노릇하며 불의의 병기로 사망을 위한 열매를 맺으며 살아가는 것은 곤란하다. 보다 더 적극적으로 의의 병기로서 거룩함에 이르는 열매를 풍성하게 맺으며 살아가야 한다.

조심스럽지만 우리가 인정해야 할 것은 아직은 already~not yet이라는 점이다. 그렇기에 육신의 장막을 벗는 그날^(아날뤼시스)까지 우리 안에는 두 법 곧 '생명의 성령의 법'과 '죄와 사망의 법'이 뒤엉켜 있다는 사실이다. 그러므로 매사 매순간 '원하는 선보다는 원치 아니하는 악'으로 빨리 달려감으로 인해 치르게 되는 곤고함은 피할 수 없다는 사실을 직시해야 한다.

그렇다면, 곤고함을 줄일 수 있는 방법은 없을까?

있다. 확실하게 있다. 그것은 '성령충만함'이다. 곤고함으로 살아갈 수밖에 없는 우리에게 유일한 해결책이 있다면 그리스도 예수 안에 있는 생명의 성령의 법 아래로 들어가는 것이다. '성령충만함'이란 성령님께 온전한 주권을 드리고 그분의 통치, 질서, 지배 하에서^(성령충만으로만) 살아가는 것이다. 결국 연약하고 제한된 우리는 한 번 인생 동안만큼은 성령님의 능력을 힘입어 매사 매 순간 죄와 사망의 법과 싸워야 한다.

피 흘리기까지…….

너무도 감사한 것은, 제한되고 유한된 한 번 인생을 살아가며 비록 우리가 원치 않은 죄 가운데 살아간다고 할지라도 하나님이 우리를 위하시기에 어느 누구도 우리를 참소^(讒訴, slander)할 수가 없고 그 관계를 끊을 수도 없다라는 점이다. 그들이 모든 수단을 동원하여 아무리 우리를 넘어뜨리려 하여도 우리는 로마서 8장 35절, 38-39절의 말씀을 견고하게 붙들고 살아가면 된다.

> "누가 우리를 그리스도의 사랑에서 끊으리요 환난이나 곤고나 핍박이나 기근이나 적신이나 위험이나 칼이랴" _롬 8:35
> "내가 확신하노니 사망이나 생명이나 천사들이나 권세자들이나 현재 일이나 장래 일이나 능력이나 높음이나 깊음이나 다른 아무 피조물이라도 우리를 우리 주 그리스도 예수 안에 있는 하나님의 사랑에서 끊을 수 없으리라" _롬 8:38-39

신실하신 하나님은 언약의 말씀(6대 언약, 곧 일방 언약, 은혜 언약, 불평등 언약)을 통해 당신의 약속의 자녀(요 1:12)들을 허락하셨다. 하나님의 주권적 의지는 하고자 하시는 자를 택하셔서 그렇게 인도(사 55:8-9)해 가신다. 어느 시대 건 어느 민족이건 간에 하나님은 당신의 은혜로 '남은 자(Remnant)'를 두셔서 그들을 보호하시고 인도해 가신다(시 37:23-24, 고후 4:7-9, 잠 16:9). 동시에 그들을 하나님의 하나님 되심에 대한 도구로 사용하신다. 쓰임을 받는 그 일에 우리는 그저 감사할 것밖에 없다. 왜냐하면 하나님의 작정(Decree)과 예정(Predestination), 섭리(Providence)와 경륜(Administration)[131]은 너무 커서 우리가 다 알 수도 없을 뿐만 아니라 알려고 할 필요도 없기 때문이다.

> "깊도다 하나님의 지혜와 지식의 부요함이여, 그의 판단은 측량치 못할 것이며 그의 길은 찾지 못할 것이로다. 누가 주의 마음을 알았느뇨 누가 그의 모사가 되었느뇨 누가 주께 먼저 드려서 갚으심을 받겠느뇨 이는 만물이 주에게서 나오고 주로 말미암고 주에게

---

131 작정(Decree)이란 성경적 세계관 곧 창조, 타락, 구속, 완성이라는 전체의 청사진을, 예정(Predestination)이란 하나님의 작정(주권) 속에 택정된 자들의 구원이 성취됨을, 섭리(Providence)란 작정과 예정이 성취되기 위한 하나님의 간섭과 열심을, 경륜(Administration)이란 목적과 방향이 있는 특별한 섭리를 가리킨다.

로 돌아감이라 영광이 그에게 세세에 있으리로다 아멘" _롬 11:33-36

그러므로 예수 그리스도 안에서 새 생명(New life, 영생)을 통해 새로운 피조물(New Creation)이 된 우리는 하나님이 기뻐하시는 거룩한 산 제사를 드리며 살아감이 마땅하다. 이른바 영적 예배(Spiritual Worship)이다. 삶으로 드리는 모든 예배[132]이다.

잊지 말아야 할 것은, 예배란 '오직 하나님께만 영광[133](Soli Deo Gloria)'인 것은 맞지만 예배를 드림에 있어 먼저 하나님께 은혜를 구하며 '그 은혜로 (은사가 아닌 은혜로)' 예배를 통해 하나님의 하나님 되심을 '올려드리고' 하나님의 하나님 되심을 '드러내야' 한다는 것이다. 그러므로 한 번 인생을 살아가는 동안 하나님을 올려드린답시고 은사[134]를 구하기보다는 먼저 은혜를 구해야할 뿐만 아니라 이미 주신 하나님의 크신 은혜를 감사함

---

[132] "예배"의 헬라어는 라트레이아(λατρεία, nf)인데 이는 예배(RSV, worship) 혹은 섬김(KJV, service)으로 번역되며 라오스(λαός, nm)와 에르곤(ἔργον, nn)의 합성어로서 삶으로 드리는 모든 것(spiritual worship, emphasizing a life dedicated to God beyond mere ritualistic practices)이 '예배'라는 말이다.
곧 학생은 공부가 예배이며 자식은 부모를 향한 효도가 예배이고 부모는 자식을 잘 양육함이 예배이다. 직장인은 열심히 직장에서 '주께 하듯' 일을 하는 것이 예배이며 부부가 아름답게 행복하게 사는 것 또한 예배이다. 참고로 '성지순례'라는 말에서의 성지(聖地)란 성령님이 내주하시는 각자의 몸을 가리킨다. 그렇기에 '부부 간의 성지순례'는 아내가 남편을, 남편이 아내를 찾아가는 것(창 2:25)을 말한다.

[133] '영광'의 이중적 의미는 (1)올려드리다(찬양과 경배), (2)드러내다(능력, 성품, 속성을)이다. 곧 하나님의 하나님 되심을 찬양하고 경배함으로 올려드리는 것과 하나님의 능력과 성품, 속성을 이 땅에 드러내는 것을 말한다. 결국 신령과 진리의 예배, 하나님이 기뻐하시는 거룩한 산 예배는 우리의 힘으로가 아닌 하나님의 은혜로(은사가 아닌) '우리가' 드리는 것이다. 그렇게 예배를 드릴 수 있게 하신 창조주 하나님의 무궁하신 은혜에 피조물인 우리는 그저 감사, 감격할 뿐이다.

[134] '은사'의 어두운 면을 부각시켰던 인물이 신약해석학의 거두였던 토마스 슈라이너(Thomas R. Schreiner, 신학자, 미 남침례교, 1954~)이다. 그는 은사중지론을 주장하며 '예언'을 부정했다. 나와 공저자의 경우 역시 예언이 왜곡되어 마치 앞날을 다 안다는 듯이 과장하는 것에는 부정적이다. 그리스도인이라면 순간 순간을 하나님의 뜻을 따라 하나님의 기쁨으로 살아가면 되는 것이지 앞날을 미리 알 이유도 필요도 없다.
한편 나와 공저자는 구약의 예언은 말씀이 육신이 되신 '예수, 그리스도, 생명' 곧 '복음과 생명'으로 성취되었고 신약의 예언은 정경화 작업(구약; AD 90, 신약; AD 397) 이후 6대 속성, 3대 영감으로 이루어진 말씀이 예언이며 예수 그리스도 새언약이 성취된 초림 이후 완성될 재림에 대한 말씀이 '신약의 예언'이라고 믿고 있다.

으로 찬양함이 마땅하다.

플리머스 형제회(Plymouth brethren) 운동의 창립멤버 중 한 명이자 5만 번 이상 기도 응답을 받은, 브리스톨(Bristol) 고아들의 아버지였던, 기도의 특권을 톡톡히 누린 신앙선배 중에 조지 밀러(George Muller, 독, 1805-1898)가 있다. 그는 일반 사람들이 흔히 아는 것과는 달리 믿음의 은사, 기도의 은사보다는 믿음의 은혜, 기도의 은혜를 보다 더 간절히 구했던 진정한 신앙인의 표본이었다.

참고로 사람 관계에 있어서 로마서 12장 20절은 원수에게 '친절을 베풀라'고 했다. 14절에는 한 걸음 더 나아가 핍박[135](박해)하는 자를 '축복하라'고 했다. 핍박(διώκω, v)이란 '추격하다'라는 의미로 '따라다니면서 괴롭히다'는 말이다. 문제는 그런 자를 어떻게 축복할 수 있을까이다. 이에 대해 로마서 12장 21절은 명료하게 '선(하나님의 말씀)으로 악을 이기라(이때 주의할 것은 죄는 미워하되 사람은 미워하지 않아야 하는 것이다)'고 하셨다. 그러면서 잠언 25장 21-22절을 주셨다. 동시에 심판의 주권자는 당신이심을 분명히 하셨다.

"네 원수가 배고파 하거든 식물을 먹이고 목말라 하거든 물을 마시우라 그리하는 것은 핀 숯으로 그의 머리에 놓는 것[136]과 일반이요 여호와께서는 네게 상을 주시리라" _잠

---

[135] '박해하다'의 헬라어는 디오코오(διώκω, v)인데 이는 properly, aggressively chase, like a hunter pursuing a catch (prize). 1377 (diōkō) is used positively ("earnestly pursue") and negatively ("zealously persecute, hunt down"). In each case, 1377 (diōkō) means pursue with all haste ("chasing" after), earnestly desiring to overtake (apprehend)이다.

[136] 애굽의 풍습에는 회개의 증거로 숯불을 담은 냄비를 머리에 이고 다녔는데 이것을 잠언에 인용했다는 견해가 있다. 또 다른 견해로는 동방세계에서 난방과 취사용으로 화롯불을 꺼뜨리면 이웃에 가서 숯불을 얻어오게 했다고 한다. 그렇게 이웃을 이롭게 함으로 그간에 원수로 살았던 이웃과 화해하라는 것이라고도 했다. 즉 기꺼이 숯불을 건네주어 이웃의 머리에 숯을 이고 가게 하는 친절을 베푸는 그 행위로 인해 지금까지 악을 일삼았던 원수에게 부끄러움과 후회를 불러일으키게 한다는 것이다.

25:21-22

그리스도인 된 우리는 삼위일체 하나님(기능론적 종속성, 존재론적 동질성)만을 믿고 따르고 의지하며, 찬양하고 경배하며 영광돌리는 일에만 매진(邁進, strive)하고 올인(All in)해야 한다.

이 세대를 본받지 말고 오직 마음(νοῦς, nm)을 새롭게 함으로 변화(Transformation)를 받아 매사 매 순간 하나님께서 선하게(good, τὸ ἀγαθὸν) 여기시고 기뻐하시고(well-pleasing, εὐάρεστον) 온전하다(perfect, τέλειον)고 여기시는 '당신의 그 뜻(the Will of God; τὸ θέλημα τοῦ Θεοῦ)'을 정확하게 분별(δοκιμάζω, to test, by implication to approve)함으로 입증한(δοκιμάζω, to approve by testing) 후 즉각적으로, 능동적, 적극적, 지속적으로 살아가기 위해 모든 일들에 열정을 다하며 몸부림쳐야 한다. 참고로 '즉각적, 능동적, 적극적, 지속적 몸부림'에 대한 단어의 의미를 현실에서 보다 더 생생하게 이해하자면 로런스 피터 요기베라(Yogi Berra, LawrencePeter Berra, 1925-2015, 야구감독, 선수, 이탈리아계 미국인)의 말이 도움이 될 듯하다.

It's not over till it's over, 끝날 때까지는 끝난 게 아니다.

한편 우리가 특별히 주목해야 할 것은 로마서 12장 2절의 '마음(누스, νοῦς, nm)'이라는 단어이다. 사단은 우리 마음의 생각과 뜻을 공격의 주 타깃으로 삼는다. 그러므로 우리는 마음에 하나님의 말씀(히 4:12)을 가득 채우고 매사 매 순간 마음의 생각과 뜻을 지키는 일에 바싹 긴장해야 한다.

"만물보다 거짓되고 심히 부패한 것은 마음이라 누가 능히 이를 알리요마는"_렘 17:9
"무릇 지킬 만한 것보다 더욱 네 마음을 지키라 생명의 근원이 이에서 남이니라"_잠 4:23

"하나님의 말씀은 살았고 운동력이 있어 좌우에 날 선 어떤 검보다도 예리하여 혼과 영과 관절과 골수를 찔러 쪼개기까지 하며 또 마음의 생각과 뜻을 감찰하나니" _히 4:12

네덜란드 신학자이자 성경학자인 헤르만 리델보스(Herman Nicolaas Ridderbos, 1909-2007)는 '마음(누스, νοῦς, nm)'이 하나님의 음성(말씀)보다 다른 것에 먼저 귀 기울이면 사단의 미혹에 빠지게 된다고 했다. 분명한 실례가 선악과를 따먹은 '마음(누스, νοῦς, nm)'관리의 실패자 아담이다.

마음은 자신이 철저하게 관리해야 할 영역(잠 4:23)이다. 동시에 성령의 능력으로 매사 매 순간 마음을 새롭게 함으로 변화시켜야(ἀλλὰ μεταμορφοῦσθε τῇ ἀνακαινώσει τοῦ νοός, be transformed by the renewing of the mind) 한다. 그리하여 하나님의 자녀답게 자신의 소속(하나님나라)을 당당하게 밝힌 후 유한된 한 번의 직선 인생을 자신의 정체성(Christian Identity)대로 '~답게' 말하고 '~답게' 행동하며 살아가야 한다. 언행(言行)심사(心思)에서, 세상 속에서, 타협하지 않고 동화되지 않고 하늘나라에 소속된 하나님의 자녀'~답게' 살아가야 한다.

한편 성경이 말씀하고 있는 하나님의 자녀 된 우리를 향한 하나님의 뜻(델레마 대우)은 '하나님의 거룩(코데쉬)을 본받아 거룩함[137](카다쉬)으로 살아가는 것(살전 4:3)'과 '항상 기뻐하고 쉬지 말고 기도하며 범사에 감사하며 살아가는 것(살전 5:16-18)'이다.

---

[137] '하나님이 기뻐하시는 거룩한 산 제사'인 영적 예배에는 '거룩함'이 전제되어 있다. '거룩함'이라는 의미는 6가지인데 구별됨(Set apart), 순수함과 정직함(Purity & Honesty), 알차게 살아감(Fulfill), 빛과 소금(Salt & Light), 광채(Sheen), 향기(fragrance, perfume)로의 역할, 고상함(Loftiness, 예수님의 성품, 즉 온유와 겸손, 경건, 선한 양심), 복음 전파(Preaching)를 가리킨다. 그러므로 '산 제사, 영적 예배'에는 반드시 '거룩함'이 전제되어야 한다.

살롬: 하나님과의 바른 관계와 친밀한 교제

→카리스(풍성한 은혜):

1)카라(기쁨) 2)유카리스테오(감사) 3)기도는 그리스도인만의 특권

그러므로 이제 후로는 우리 안에 내주하시는 주인 되신 성령님의 주권, 통치, 질서, 지배 하에서 성령님의 음성에 보다 더 민감함(성령충만)으로 살아가야 할 것이다.

할렐루야.

*핵심 요약 (위포밈네스코, ὑπομιμνήσκω & 디다스코, διδάσκω)

1. 삼위일체 하나님

2. 메시야닉 신비 & 사인

3. 교회의 본질과 사명

   1) 본질

   2) 사명

4. 예배 (하나님이 기뻐하시는 거룩한 산 예배)

5. 거룩과 거룩함

6. 6대 언약

*강청기도

성부하나님을 찬양합니다. 성자하나님을 찬양합니다. 성령하나님을 찬양합니다. 삼위일체 하나님 한 분 만으로 만족하겠습니다. 삼위일체 하나님께만 영광 돌리겠습니다.

이곳 12장에서는 하나님이 기뻐하시는 거룩한 산 제사, 영적 예배(12:1)를 가르쳐 주셨고 이를 기뻐하신다고 하시며 매사 매 순간 하나님의 선하시고 기뻐하시고 온전하신 이 무엇인지 잘 분별(도키마제인)함으로 나아가게 하신 하나님을 찬양합니다. 교회의 본질인 예배를 놓치지 않게 하옵소서. 라트레이아(λατρεία, nf)를 잊지 않게 하옵소서. 신령과 진리의 예배가 되게 하시며 마음과 뜻과 정성을 다한 예배가 되게 하옵소서. 하나님의 주권을 인정함으로 내가 앞서려는 모든 시도, 태도를 자제하게 하시되 마음과 생각까지도 주장하여 주옵소서. 무슨 일을 하든지 마음을 다하여 주께 하듯 하게 하고 사람에게 하듯 하지 않게 하옵소서. 살아도 주를 위하여 살게 하시고, 죽어도 주를 위하여 죽게 하옵소서. 모든 영광 하나님께 올려드립니다. 감사드리며 예수 그리스도의 이름으로 기도드립니다. 아멘

*핵심 요약 (휘포밈네스코, ὑπομιμνήσκω & 디다스코, διδάσκω)

1. 존재론적 동질성, 기능론적 종속성; 다른 하나님, 한 분 하나님; 구분되나 분리되지 않는 하나님

2. 성령으로 잉태되어(신(神)) 성육신(유일한 의인)하신 신인(神人)양성의 예수님은 공생애 전까지 수동적 입장을 취하시며 인성으로서 모든 것을 순종하시고 배우셨다(메시야닉 신비, Messianic Secret). 공생애 동안 메시아닉 사인(Messianic sign)을 통해 당신께서 그리스도, 메시야이심을 드러내신 후 천국 복음(하나님나라 복음)을 가르치시고(Teaching Ministry) 전파하셨다(Preaching Ministry).

3. 교회와 예배

교회		
본질: 예배		사명
헬라어 라트레이아(λατρεία, nf): 예배(RSV, worship), 섬김(KJV, service) 라오스(λαός, nm) + 에르곤(ἔργον, nn) : 삶으로 드리는 모든 것이 '예배'		복음 전파 섬김과 봉사 사회 정의(Social Justice) 코이노니아(친교+말씀나눔)
학생: 공부가 예배 자식: 부모를 향한 효도가 예배 부모는 자식을 잘 양육함이 예배이다. 직장인은 열심히 직장에서 '주께 하듯' 일을 하는 것이 예배이며 부부가 아름답게 행복하게 사는 것 또한 예배이다. *참고로 '성지순례'라는 말에서의 성지(聖地)란 성령님이 내주하시는 각자의 몸을 가리킨다. 그렇기에 '부부 간의 성지순례'는 아내가 남편을, 남편이 아내를 찾아가는 것(창 2:25)을 말한다.		

5. 우리를 향하신 하나님의 뜻

	우리를 향하신 하나님의 뜻(살전 4:3, 5:16-18) 거룩(코데쉬): 하나님의 성품 → 그리스도인: 거룩함(카다쉬, 6가지 의미)으로 살아감	
1	구별됨, 다름, 차이남	Set apart 하기오스
2	하나님과 사람 앞에서의 순수함과 정직함	Purity & Honesty
3	알차게 살아감	Fulfill 엑사고라조메노이
4	빛(열 감수)과 소금(용해 감수) 광채 향기로의 역할	Salt & Light Sheen fragrance, perfume
5	고상함 1)예수님의 성품, 즉 온유와 겸손 2)경건 3)선한 양심	Loftiness 1)Gentleness(πραΰτης) & Humble(ταπεινός) 2)Godliness(유세베이아=유+세보마이; 바른 예배를 드리는 것) 3)Controlled by the Holy Spirit(ἀγαθήν συνείδησιν)
6	복음 전파 : 증인으로의 삶 & 선포의 삶	Preaching : Martyr & Proclamation

6. 정경 66권: 6대 언약(일방적 언약, 은혜 언약, 불평등 언약)

정경 66권: 6대 언약(일방적 언약, 은혜 언약, 불평등 언약)	
아담 언약	최초의 원시복음
노아 언약(2중 언약)	홍수 전 언약-방주 언약 홍수 후 언약-무지개 언약
아브라함 언약(3중 언약)	정식 언약 횃불 언약 할례 언약
모세 언약	소금 언약
다윗언약	등불 언약
예수 그리스도의 새 언약(2중 언약)	초림의 구속주-성취 재림의 심판주-완성

레마 이야기 13
주 예수 그리스도로 옷 입으라(13:14)

이곳 13장은 두 부분 곧 전반부(1-7)와 후반부(8-14)로 나누어 묵상하면 일목요연(一目瞭然, quite obvious, patent, as clear as day)한 해석에 도움이 된다.

전반부(1-7)의 경우 그 방점은 진정한 주권자이자 최고의 권위와 권세를 가지신 '하나님'에 관한 이야기이다. 모든 것은 역사의 주관자 하나님의 작정과 예정, 섭리 하 경륜으로 이루어진다는 것이다.

후반부(8-14)는 상징적인 의미를 드러내는 '옷(예수 그리스도)'에 관한 이야기이다. '옷 입는다(갈 3:27)'라는 것에는 하나 됨(연합)과 더불어 거북함이 아닌 자연스러움으로 입으라(삶)는 의미가 함축된 것으로 이제 후로는 자연스럽게 '새로운 피조물, 새 것(고후 5:17), 새 사람의 인격과 삶'으로 살아가되 '예수 그리스도 안에서(in Christ)', '예수 그리스도와 합하여(Union with Christ)'라는 연합 곧 하나 됨이라는 의미가 내포되어 있다.

로마서 13장 → 2부분으로 나누어 묵상	
전반부(13:1~7)	후반부(13:8~14)
역사의 주관자 하나님만이 진정한 주권자, 최고의 권위와 권세 1) Q께만 굴복하라 2) 모든 권세는 Q께서 허락하심(그렇다고 하여 악인의 악한 일에 순복하라는 것은 아니다) 3) 역사의 주관자 Q: 당신의 작정, 예정, 섭리, 경륜 하에서 악인도 의인도 사용하신다	상징적인 의미로서의 옷(예수 그리스도) 이야기 #옷 입는다(갈 3:27): 거북함아닌 자연스러움 함의 →이제후로는 '새로운 피조물 새 것(고후 5:17) 새 사람의 인격과 삶'으로 살아가되 'JC 안에서(in Christ)', JC와 합하여(Union with Christ) 연합 곧 하나 됨이라는 의미가 내포

먼저 전반부(1-7)의 경우, 특별히 1-2절의 해석을 두고 '위에 있는 권세들에게 굴복하라'[138]는 것을 못된 지도자라 할지라도 하나님께서 그들에게 권세를 주셨으니 그들을 인정함으로 굴종(屈從)하라는 것(디도서 3장 1절을 오해하지 말라)으로 해석한다. 그렇기에 그들이 무슨 일을 시키든지 순종(順從)과 복종(服從)하라고 하는데 이에 대해 나와 공저자는 동의하기가 어렵다. 우리가 알아야 할 것은, 일반적으로 약간 모호한 부분을 해석할 때에는 먼저 성경의 저자이신 성령님께 무릎을 꿇고 아버지 하나님의 마음을 헤아린 후에 그분께서 어디에 '방점(傍點bullet point)'을 두고 말씀하시는가에 주목해야 한다.

모든 권세는 하나님께로 났다(13:1).

진실로 아멘이다.

모든 권세는 주권자이신 하나님이 정하셨다(13:1).

역시 아멘이다.

그러므로 지금 위에 있는 권세 혹은 권세자가 아무리 악하고 나쁘다고 할지라도 하나님이 허용하신 것은 맞다. 그렇다고 하여 못된 그들의 무지막지한 권세에 짓눌려 엉뚱한(악한) 명령에 굴종(屈從)하는 것이 하나님의 뜻은 아닌 것이다. 더 나아가 그 말씀을 곡해하여 하나님의 성품도 혹시(?)라고 하거나 하나님의 성품이 그러하니 그런 권세들을 허용하신 것이라고 속단해서도 안 된다.

---

138 왕권신수설(王權神授說, Divine Right of Kings)이 대표적이며 절대주의(絶對主義) 시대에 왕권의 절대성을 주장한 이론으로 왕의 권력은 신으로부터 받은 것(왕은 신에 대해서만 책임을 지며 국민은 왕에게 절대 복종)이라며 그 권력의 정당성을 주장했다.

결국 이곳 13장 1절의 바른 해석은 '각 사람은 모든 종류의 권세들에게 복종하라'에 방점이 있는 것이 아니라 '모든 권세는 다 역사의 주관자 하나님께서 정하신 바라'에 있음을 알아야 한다.

작정과 예정을 주관하시는 창조주 하나님, 전능주 하나님, 섭리와 경륜을 반드시 이루어 가시는 역사의 주관자 하나님은 너무나 크셔서 우리는 매번 그분의 뜻(사 55:8-9)을 세세히 다 알 수가 없다.

무한을 유한에 담을 수 없듯이…….

분명한 것은 '분노적 허용 혹은 진노적 허용(호 13:11)'과 '징계(παιδεία, nf, 히 12:5-13, 회복을 전제한 체벌)', 그리고 영원한 심판인 징벌(유황불못 심판)이 있다라는 것이다.

'분노적 허용 혹은 진노적 허용(호 13:11)' 중 징계(παιδεία, nf, 히 12장)로서의 일시적 징벌(ἐκδίκησις, nf, 회복을 전제한 체벌)이 있는가 하면 영원한 심판으로서의 징벌(유황불못 심판)이 있다. 이 둘은 구분해야[139] 한다. 그렇기에 하나님의 '진노(분노)적 허용'의 결과로 인한 '내어버려둠(롬 1:24, 26, 28)'에는 전후맥락과 더불어 함의된 의미를 잘 살펴 구분해야 한다.

결국 '내어버려둠(롬 1:24, 26, 28)'이란 회복을 전제한 체벌로서 일종의 '사랑의 매'에 해당하는 '징계'로서의 일시적(회복을 전제한)인 ⑴'분노적 허용으로서의 내어버려둠'일 수도 있고 유황불못 심판으로서의 ⑵'다른 권세 아래로의 내어 버림'인 영벌일 수도 있다라는 것이다.

---

139 징계란 the process of training and educating, particularly in the context of moral and spiritual development이라면 징벌(체벌)은 divine retribution or justice, emphasizing God's role as the ultimate judge who will right wrongs and punish evil이다.

분노적 허용 혹은 진노적 허용(호 13:11)		
Q의 진노의 결과: 내어버려둠(롬 1:24, 26, 28)		
징계 (παιδεία, nf, 히 12:5-13)	징벌 (ἐκδίκησις, nf)	
회복을 전제한 체벌	일시적 징벌	영원한 징벌 (유황불못 심판 곧 영원한 심판)
회복을 전제한 분노적 허용으로서의 징계	회복을 전제한 분노적 허용으로서의 징계	다른 권세 아래로의 내어 버림
the process of training and educating		the ultimate judge

회복을 전제한 일시적인 '분노적 허용 혹은 진노적 허용(호 13:11)'의 경우 아버지 하나님의 본래 마음과는 사뭇 다르다는 사실을 직시해야 한다. 왜냐하면 하나님이 원치 않음에도 불구하고 인간이 그치지 않고 지속적으로 그 길을 가려할 때 좋으신 하나님은 인간의 그런 소원(사실은 소욕, 탐욕, Lust)조차도 허용하시기 때문이다. 소위 '분노적 허용 혹은 진노적 허용(호 13:11)'이다. 그러나 그 결과는 참담할 뿐만 아니라 그 과정에서 감수해야만 하는 엄청난 아픔은 고스란히 본인의 몫이다.

결국 악한 지도자조차도 하나님의 분노적 허용 하에 하나님이 허락하셨으니 그에게 권세가 주어진 것은 사실이다. 이때의 권세자는 '공중권세를 잡은 자 곧 불순종의 아들들 가운데서 역사하는 영(엡 2:2)'의 지배 하에 움직이는 악한 지도자들이다. 그러므로 우리는 그들의 그릇된 명령에 복종하는 것이 하나님의 뜻이라고 해서는 안 된다. 그들의 폭정이 우리에겐 약간 아프기는 하나 그들을 막대기로 사용하셔서 우리를 교육 & 훈련시키시는 것임을 알아야 한다. 그렇기에 에베소서(6:12)는 우리의 씨름은 '혈과 육이 아닌 정사와 권세와 이 어둠의 세상 주관자들과 하늘에 있는 악의 영들'이라고 했다.

잊지 말아야 할 것은 징계의 수단으로서의 악한 지도자들조차도 "하나님의 사자가 되어[140](13:4)", 혹은 "하나님의 일꾼이 되어(13:6)" 하나님의 도구로 쓰인다는 점(벧전 2:14, 롬 13:3)이다. 여기서 우리가 놓치지 말아야 할 것은 '하나님의 도구'로 쓰였다고 하여 '하나님의 마음에 합한 자'라는 등식은 곤란하다는 것이다.

> 하나님의 도구 ≠ 하나님의 마음에 합한 자

'하나님의 도구'란 '역사의 주관자 하나님의 섭리와 경륜의 도구'라는 말일 뿐이다. 결국 역사의 주관자 하나님은 당신의 섭리와 경륜을 이끌어가심에 악한 그들조차도 당신의 도구로 그 일에 사용하시는 것일 뿐이다. 그러므로 13장의 전반부를 정확하게 이해하려면[141] 역사의 주관자 하나님의 '절대 주권'을 먼저 전제한 후 그 일에 쓰임받은 모든 지도자들은 부정적이거나 혹은 긍정적 일에 하나님의 도구로 사용된 것임을 알아야 한다.

그렇다면 지난 역사상 그리고 작금에 일어나고 있는 악한 지도자들의 만행과 악행들에 대해 우리는 어떤 관점과 태도를 지녀야 할까?

첫째는 악한 그들이 하나님의 도구로 사용된 것이 바로 우리의 죄와

---

140 로마서 13장 4절의 "그는 하나님의 사자가 되어 네게 선을 이루는 자니라"는 것을 문자적으로 해석하면 곤란하다. 악한 지도자들이란 진정한 선을 이루는 자가 아니다. 더 나아가 그들이 큰 틀로 보았을 때 하나님의 섭리와 경륜을 이루는 '도구로서의 하나님의 사자'는 맞지만 그렇다고 하여 '하나님의 마음에 합한 사자'는 아님을 알아야 한다. 결론적으로 그들의 정체는 2가지이다. (1)그리스도인인 우리에게 선한 일이라고 우기며 자신들의 탈법을 강요하는 자이고 (2)하나님의 도구로서 우리의 선을 이루는 그 일에 악역으로 쓰임을 받은 자이다.

141 로마서 13장의 전반부인 1-7절까지는 '그렇게 하라'는 것에 방점이 있지 않다. '모든 것은 창조주 하나님의 주권 하에 있고 역사의 주관자 하나님의 섭리와 경륜에 있다'는 것을 말하고 있다.

타락, 부패한 본성의 결과라는 사실이다. 그렇기에 우리는 자신을 먼저 점검하고 알게 모르게 우리가 저질렀던 죄를 하나님 앞에 철저히 회개(지성적 회개가 가장 먼저 앞서고 이후 감정적, 의지적 회개 곧 전 인격적 회개를 하여야 한다)해야 한다. 곧 역대하 7장 13-14절이다.

> "혹 내가 하늘을 닫고 비를 내리지 아니하거나 혹 메뚜기로 토산을 먹게 하거나 혹 염병으로 내 백성 가운데 유행하게 할 때에 내 이름으로 일컫는 내 백성이 그 악한 길에서 떠나 스스로 겸비하고 기도하여 내 얼굴을 구하면 내가 하늘에서 듣고 그 죄를 사하고 그 땅을 고칠찌라" _대하 7:13-14

둘째는 악한 그들의 만행에 대해 '아닌 것은 아니다'라고 해야 한다. 그렇기에 그리스도인을 가리켜 프로테스탄트(Protestant)라고 한다. 이는 Protest(저항하다)+Ant(반대하는 사람)의 합성어이다. 결국 그리스도인은 아닌 것에 대해 아니라고 저항(protest)하고 반대(Anti)하는 사람(Protestant)이다. 그런 의로운 행위의 결과로 주어지게 될, 악한 권력을 가진 못된 그들로부터의 압제와 핍박[142]은 피할 수 없다. 그렇지만 기쁨으로 감내해야만 한다. 버가모 교회의 순교자 안디바(Ἀντίπας, 계 2:13)가 좋은 예이다. 프로테스탄트로서의 그는 이름에 걸맞게 황제숭배 사상에 저항(ἀντί, anti, meaning "against" or "opposite")하고 아버지(Heavenly Father, πατήρ (pater, meaning "father")의 뜻을 따르는데(in place of the father) 목숨을 걸었다.

결국 13장의 전반부는 악한 그들에게조차 권세를 주신 '역사의 주관자

---

142 요한계시록에는 종말시대(예수님의 초림~재림 전)에는 모두가 다 일곱재앙(순차적으로 일어나는 것이 아니라 전 지구적이되 각지역적으로는 범위, 강도, 크기, 세기만 다를 뿐 복합적, 반복적으로 일어나며 그리스도인에게는 Training process로 주어졌기에 소망을 바라보며 예수믿음과 하나님의 계명(말씀)을 붙들고 인내로써 싸워나가라고 하셨다. 그러다가 힘들면 마라나타를 외치면 된다)과 더불어 악한 영적세력들의 일시적(한시적/기간), 제한적(범위) 권세에 핍박을 받게 된다고 했다.

하나님의 주권을 인정'하고 '하나님의 질서와 통치에 들어가야 함'을 강조한 말씀이다. 그렇다고 하여 악한 지도자들의 온갖 만행이나 악한 명령에 아무런 생각도 없이, 어떤 저항도 없이 단순히 굴종하는 것은 하나님의 뜻이 아님을 알아야 한다. 먼저는 그들에 의해 악법이 만들어지지 않도록 ⁽¹⁾적극적으로 미리미리 반대해야 하며 기울어진 운동장이라 할지라도 법이 정해진 테두리 안에서는 ⁽²⁾열정적으로 저항해야 한다.

13장의 후반부(8-14)는 옷(예수 그리스도를 상징)에 관한 이야기라고 했다. 21세기는 패션의 시대라고 해도 과언이 아닐 정도로 옷의 종류도, 옷에 대한 관심도 많다. 특별히 패스트(fast) 패션을 제외하면 패션은 다양하다 못해 그 모양이나 색감, 재질 등등에서 엄청난 옷들이 생겨났다. 놀랍게도 각 양각색의 디자인들에는 탐욕과 음욕의 덩어리들이 음산한 웃음을 지으며 한 올 한 올로 엮어진 실타래 속에서 빳빳이 고개를 쳐들고 있다. 그러다 보니 점점 더 디자인을 해석하는 것조차도 벅차다. 속옷에서 겉옷에 이르기까지의 다양함에는 그저 혀를 내두를 뿐이다. 그러나 이곳 13장 후반부에서 언급하고 있는 '옷'은 세상의 그것과는 판이하게 다른 것이다.

특별히 이곳 11-14절은 어거스틴[143](Augustine of Hippo)의 회심 구절로 유명

---

143   어거스틴은 북 아프리카 누미디아(Numidia)에서 이교도인 아버지와 기독교인인 어머니 모니카(Monica) 사이에서 태어났다. 16세 때 카르타고에서 수사학을 배웠고 20세 이후에는 문법학과 수사학을 가르치기도 했다. 그러나 그는 젊은 시절에 방탕과 혼돈 속에서 살았고 한때 마니교에 심취했으며 혼외자를 낳기도 했다. 어느 날 역시 술에 만취된 후 수도원으로 돌아왔는데 담장 너머로 아이들이 외치는 듯한 소리를 들었다. '톨레게(Tolle lege, Pick it up, read it)' '톨레게(Tolle lege, Take & Read)'

한데 여기에는 '옷' 이야기 곧 "주 예수 그리스도로 옷(롬 13:14) 입고", "빛의 갑옷(롬 13:12)"이라는 말씀이 있다. 갈라디아서(3:27, 그리스도로 옷 입었느니라)에도 계시록(7:9, 14, 15)에도 '옷 이야기'가 있다. 이사야서에는 '찬송의 옷(61:3)', '구원의 옷과 공의의 겉옷(61:10)'을, 스가랴서와 이사야서에는 '아름다운 옷(슥 3:4, 사 52:1)'을, 에스겔서에는 "아름다운 장식품(겔 16:7-13)"이, 창세기에는 "가죽 옷(창 3:21)"이 등장한다.

그렇다면 성경에서 문자적으로 쓰여있는 "옷"이란 무엇을 상징하고 예표하는 것일까?

성경에서의 '옷'이란 '예수 그리스도'를 상징하며 '예수 그리스도 안에서(in Christ)', '예수 그리스도와 합하여(Union with Christ)'라는 의미로 연합 곧 하나 됨이라는 뜻이 함축되어 있다. 그렇기에 "옷 입는다(갈 3:27)"라는 것은 둘이 하나 됨(거북함이 아닌 자연스러움)을 전제하며 더 나아가 이제 후로는 '새로운 피조물, 새 것(고후 5:17), 새 사람의 인격과 삶으로 살아가라'는 의미가 곁들어 있다. 결국 '주 예수 그리스도로 옷 입다'라는 것은 '그리스도 안에서(In Christ) 그리스도와의 영적인 연합(Union with Christ, Hendriksen)'을 가리킨다. 동시에 예수 그리스도를 머리(주인)로 하는 다양한 사람들의 연합(Variety in Unity)을 함축하는 말이다. 그렇기에 요한복음(19:23)에는 '호지 아니하고 위에서부터 통으로 짠 것'이라며 상징적으로 그리스도의 옷을 자세히 묘사하고 있는 것이다.

그렇게 하여 펼친 곳이 바로 이곳 로마서 13장 11-14절이었고 회심 후 밀라노 주교 암브로시우스(Ambrosius)를 통해 깊은 감명을 받기도 했다.

그리스도로 옷 입은 후에는 그리스도의 심장(빌 1:8)을 지니고 신의 성품(벧후 1:4)에 참예하는 자가 되어야 하며 종국적으로는 그리스도의 형상[144](갈 4:19)을 이루고 그리스도의 장성한 분량이 충만한 데까지(엡 4:13) 나아가야 한다.

한편 계시록(17-18장)에는 '큰 성 바벨론(경제적, 물질적 세력)'인 큰 음녀(정치적, 종교적 세력)의 이야기가 나온다.

'큰 음녀'는 "자줏빛 옷과 붉은빛 옷"을 입었으며 '사치와 향락'을 의미하는 "금과 보석과 진주"로 꾸미면서 그 손에는 "금잔"을 가졌다고 말씀하고 있다. 그 속에는 "가증한 물건과 그의 음행의 더러운 것들"로 가득했다. 여기서 '붉은 색'이란 죄를 상징하는 색깔이다. 정리해 보면, 큰 음녀는 지독스러운 사치(당장의 욕구(evil desire)를 채우려는 일종의 음행)와 함께 그 옷차림이 대단했다는 것이다. 한편 '사치'라는 것은 '쾌락을 즐기다'는 의미로 헬라어로는 스트레니아오(στρηνιάω, to run riot)인데 이는 '잘못된 방향을 향해 절제하지 않고 끝까지 뻗어 나가는 것'을 말한다. 즉 사치란 일종의 '우상숭배'를 상징하는 것으로 자신을 화려하게 드러내고 치장함으로 신적 권위를 드러내려는 것(행 12:21-23)이다. 더 나아가 하나님 앞에서 절제하지 않고 모든 시선과 갈채를 자신이 받으려는, 곧 하나님의 영광을 가로채려는 것을 말한다.

---

144 형상이란 헬라어는 모르페(μορφή, meaning "form" or "shape."/ G1504 (εἰκών, eikōn): Often translated as "image" in the New Testament, used to describe Christ as the image of God (Colossians 1:15) and believers being conformed to the image of Christ (Romans 8:29)이고 히브리어는 쩨렘(צֶלֶם, nm, a physical or visual form/related to Hebrew words like יָצַר (yatsar, Strong's H3335), which means "to form" or "to fashion," as seen in Genesis 2:7, where God forms man from the dust of the ground)이다. 참고로 데무트(דְּמוּת, nf, the Septuagint (LXX) for "demuth" is ὁμοίωμα (homoioma))는 underscores the inherent dignity and value of human beings이다.

상기의 '큰 음녀'는 디모데전서에서 말씀하고 있는 '염치와 정절이 있는, 아담한 옷을 입은 여자(딤전 2:9-15)'의 모습과는 완전히 상반된 여인으로 디모데전서의 '여자'란 그리스도의 신부 된 우리들을 가리킨다.

우리는 회심 후 어거스틴의 나중 모습처럼 때와 시기를 정확하게 잘 분별해야 함은 물론이요 하나님의 말씀을 통해 그 뜻을 깨닫는 즉시 어두움의 일을 벗어버리고 빛의 갑옷을 입어야 한다. 그리하여 주 예수 그리스도로 옷 입고 주님과 하나(Union with Christ) 되어 그분의 주권, 통치, 질서, 지배 하에서 살아가야 한다.

그런 우리가 바로 예수님의 신부(계 21:9)이다. 그런 우리는 종말시대(교회시대, 은혜시대, 초림 이후~재림 전)의 한 부분을 살아가며 디모데전서의 말씀대로 염치와 정절이 있는, 아담한 옷을 입은 교회라는 사실을 한시도 잊어서는 안 된다.

***핵심 요약** (휘포밈네스코, ὑπομιμνήσκω & 디다스코, διδάσκω)

1. '위에 있는 권세'에 복종하라
2. 분노적 허용 혹은 진노적 허용
3. 성경의 '옷'이란
4. '사치'의 상징적 의미

***강청기도**

성부하나님을 찬양합니다. 성자하나님을 찬양합니다. 성령하나님을 찬양합니다. 삼위일체 하나님 한 분 만으로 만족하겠습니다. 삼위일체 하나님께만 영광 돌리겠습니다.

이곳 13장에서는 주 예수 그리스도로 옷 입으라(13:14)고 하시며 이제 후로는 정욕을 위하여 육신의 일을 도모하지 말라고 하셨습니다. 성령의 능력을 덧입고 전신갑주를 입은 후 근신하고 깨어 있음으로 악한 영적 세력들과 대적하게 하옵소서. 어두움의 일을 벗고 빛의 갑옷을 입게 하옵소서. 사랑의 빚 외에는 아무에게든지 아무 빚도 지지 말라고 하셨음을 기억하고 이웃을 대하여는 악을 행하지 않고 선을 행하게 하옵소서. 더 나아가 온 율법과 선지자의 대강령인 하나님 사랑과 이웃 사랑을 실천하며 살아가게 하옵소서. 무슨 일을 하든지 마음을 다하여 주께 하듯 하게 하고 사람에게 하듯 하지 않게 하옵소서. 살아도 주를 위하여 살게 하시고, 죽어도 주를 위하여 죽게 하옵소서. 모든 영광 하나님께 올려드립니다. 감사드리며 예수 그리스도의 이름으로 기도드립니다. 아멘

*핵심 요약 (휘포밈네스코, ὑπομιμνῄσκω & 디다스코, διδάσκω)

1. 위에 있는 권세들에게 굴복하라: 지도자에 대한 굴종(屈從, 순종(順從)과 복종(服從))X

'방점'에 주목: 모든 권세는 하나님께로부터 났다(13:1) →왜냐하면 하나님이 정하셨기 때문이다(13:1)

비록 위에 있는 권세 혹은 권세자가 악하고 아무리 나쁘다고 할지라도 그런 권세 혹은 권세자조차도 '주권자이신 하나님'이 허용하신 것 →이것을 유추하여 하나님의 성품이라며 그분의 성품이 그러하니 그렇게 하신 것이라고 속단X

2. 호세아 13장 11절: '진노적 허용', '분노적 허용'→ '회복을 전제한 체벌' 곧 '징계(παιδεία, nf, 히 12:5-13)'

#'내어버려둠(파라디도미, 롬 1:24, 26, 28)'의 중의적 의미

1) 분노적 허용으로서의 징계 →기회 O

2) 다른 권세 아래로 내어 버림 →기회X

3. 성경에서의 '옷': '예수 그리스도' 상징

'예수 그리스도 안에서(in Christ)', '예수 그리스도와 합하여'=연합 곧 하나 됨(Union with Christ)

"옷 입는다(갈 3:27)": 둘이 하나 됨 전제 & 이제 후로는 '새로운 피조물, 새 것(고후 5:17), 새 사람의 인격과 삶으로 살라' →'주 예수 그리스도로 옷 입다'라는 것은 '그리스도 안에서(In Christ) 그리스도와의 영적인 연합(Union with Christ, Hendriksen)'

4. 스트레니아오(στρηνιάω, to run riot, 사치)

'쾌락을 즐기다' →잘못된 방향을 향해 '절제하지 않고 끝까지 뻗어 나감'

사치: 일종의 '우상숭배' →자신을 화려하게 드러내고 치장함으로 실상은 신적 권위를 드러내려는 것 & 더 나아가 거룩하신 하나님 앞에서 절제하지 않고 모든 시선과 갈채를 자신이 받으려는, 곧 하나님의 영광을 가로채는 것

레마 이야기 14
사나 죽으나 우리가 주의 것이로다(14:8)

　이곳 14장에서는 한 번 인생에서 목숨 걸고 지켜야 할 본질(essentials)에 대해 말씀해주셨다. 더하여 비본질이나 사소한 것(non-essentials)에는 굳이 목숨 걸지 말라고 하시며 '본질과 곁가지'를 잘 구분할 것을 말씀하고 있다. 나는 특별히 루퍼투스 멜데니우스(Rupertus Meldenius, 17C, 독, 루터교 신학자)의 말을 무척 좋아한다. 당연히 그렇게 살려고 몸부림친다.

　'본질적인 것에는 일치를(In necessaris unitas=In essentials unity),
　비본질적인 것에는 자유를(In unnecessaris libertas=In non-essentials liberty),
　그리고 모든 것에는 사랑을(In omnes charitas=In all things charity)'

상기에서 본질이란 삶의 목적(가치, Value)을, 곁가지란 단순하게 표현한다면 삶의 목표(우선순위, Priority)를 가리킨다. 결국 바른 목적 아래 원대한 목표를 향해 나아가라는 말이다.

　사실 엄밀히 말하면 목적도 중요하고 목표도 중요하다. 그러나 목적이 없는 목표는 본질은 사라진 채 곁가지만 붙드는 격임을 알아야 한다. 우리는 유한된 직선의 한 번 인생 동안 알차게 신앙생활을 한다고 하면서도 목적없이 목표만을 쫓아갈 때가 제법 있다. 최악의 경우는 목적도 목표도 잃어버린 채 라오디게아 교회(계 3:15-16)처럼 매너리즘(Mannerism)에 빠져 미적지근하게 살아가는 것이다. 이런 삶은 곤란하다.

또한 균형과 조화가 무너져버려 너무 뜨겁거나 지나치게 차가운 양극단도 곤란하기는 매한가지이다. 신앙생활에는 절묘한 균형과 아름다운 조화가 필요하다. 이 말인즉 불편부당(不偏不黨, impartial, fair)하라는 말이지 적당하게 타협하라는 말은 아니다. 신앙생활에 있어 태만함으로 인한 게으름과 이것도 저것도 아닌 미적지근함은 가증한(disgusting) 것이다. 더하여 양극단의 뜨거움과 차가움은 상대에 대한 판단의 모든 잣대가 바리새적[145]인 부당한 엄격함으로 작동될 수 있어 주의를 요하기도 한다. 우리는 매사 매 순간 열정에 은근히 깃들어 있는 교만과 위선, 외식, 육신적 정욕, 안목의 정욕, 이생의 자랑, 지나친 탐욕의 개입을 경계해야 한다.

기독교는 예수(The Savior), 그리스도(The Anointed), 생명(Eternal Life) 곧 '복음과 생명'이 본질인 종교다. 그렇기에 음식의 취사선택이나 절기를 지키는 것, 할례(세례)의 지나친 의식(儀式, ritual ceremony)화(化) 등등의 모든 규례들은 그리스도인으로서의 문화와 삶에 대한 태도로서 곁가지이다. 그러므로 곁가지들이 중요하다고 할지라도 그것이 본질을 흔드는 것이어서는 곤란하다. 이곳 14장에서 언급되고 있는 로마 교회도, 이전의 고린도 교회와 마찬가지로, 곁가지들 곧 날(안식일, 금식일, 주일 등등), 할례, 음식 등등의 규례로 인해 심한 홍역을 앓고 있었다.

첫째, 로마서 14장 5-6절은 날(절기)에 관한 말씀이다. 본질이 "주를 위하여"라면 곁가지는 날(안식일, 금식일, 주일 등등)과 달(월삭)과 절기(유월절, 오순절, 장막절,

---

145 '바리새적'이란 하나님을 향한 의식보다는 사람에게 인정받고 사람 앞에 자신을 은근히 드러내려는 종교적 행위(헛된 사상, 억센 고집, 권력과 명예, 자기 의, 율법주의 등등)를 꼬집는 말이다. 이런 사람은 하나님의 은혜로 구원은 받았으나 여전히 새사람을 입기보다는 옛사람이 득세하고 속사람의 변화보다는 겉사람의 변화에 치중한다.

나팔절, 초실절, 무교절, 대속죄일 등등)와 해(안식년, 희년)를 중시하는 것(갈 4:8-11)이다. 다시 말하지만 곁가지가 필요없다는 것이 아니라 본질을 흔들지 말라는 것이다. 모든 일을 행함에 있어 가장 중심은 본질인 '주를 위하여'이다.

둘째는 할례에 관한 말씀이다. 율법의 가장 중요한 기둥[146] 중의 하나인 할례(מוּל, v. 물)의 본질은 '나는 죽었다. 이제는 하나님만을 주인으로 모시고 산다'라는 고백과 더불어 주권 이양적 삶의 결단이다. 이를 위해 기꺼이 몸에 육체의 표식(할례)을 하는 것은 중요하다. 그런 할례의 경우는 시행 여부도 중요하지만 '왜 하는가'를 명확하게 알아야 한다. '할례(구약) 혹은 세례(신약)'란 옛 사람이 예수 그리스도 안에서 자신은 온전히 죽고 이제는 새로운 피조물로 거듭나 하나님께 온전한 주권을 드리고 하나님의 통치, 질서, 지배 하에서 살겠다는 고백이요 결단임을 알아야 한다.

셋째는 음식에 관한 말씀이다. 음식의 경우 먹어도 되냐 아니냐를 두고 그래도 된다는 사람과 그러면 안 된다는 사람이 첨예하게 논쟁을 한다. 그러다 보면 종국적으로는 그리스도 안에서 한 지체된 교회들 간에 감정 싸움으로 번져 본질은 사라진 채 아무 것도 아닌 일로 치열하게 싸우게 된다. 나중에 감정이 격하게 되면 상대가 마치 사마귀(사단 마귀 귀신의 줄임말)라도 되듯이 싸우게 된다.

서로가 서로를 죽일 듯이······.

고린도전서 8장(1-13절)과 이곳 로마서 14장에서는 상기의 음식 문제에 대해 딱 한 마디로 정리하고 있다.

---

146 율법의 중요한 요소는 할례법(창 17:10-14), 정결례법(레 11, 15장), 나그네 환대법(출 22:21, 신 10:19), 안식일 준수법(출 20:8-11), 희년법(레 25장), 십계명(출 20, 신 5장), 제사법(레 1-7장), 사회정의법(레 19:15, 신 24:17-22)등이다.

"주를 위하여" 그리고 너희는 "하나님 안에서 하나(지체)"이니라.

결국 모든 것은 "사랑으로 행하라"이다.

우리는 하나님의 은혜로 예수 그리스도 안에서 한 피 받아 한 몸 이룬 지체(엡 2:10)가 되었다. 그렇기에 지체의 소중함은 강약(强弱)이나 귀천(貴賤)에 있지 않다. 그런 우리는 지체의 강함에 대해 비굴할 필요도 없고 지체의 연약함에 군림해서도 안 된다(약 3:1). 곧 지체의 귀함에 주눅들 필요도 없고 지체의 천함을 냉소 혹은 경시해서도 안 된다. 또한 지체가 앞서가는 것에 태클을 걸거나 발목을 잡는 행위, 더 나아가 시기(猜忌)는 아예 금물이다. 서로의 의견이 다르다고 하여(이단 사이비의 경우는 예외) 분쟁을 해서도 안 된다(롬 13:13, 고전 3:3, 고후 12:20, 갈 5:19-21, 26, 엡 5:3-4, 빌 4:8, 골 4:6, 딤전 6:4-6, 딛 3:3,9 약 3:14-16, 5:9, 벧전 2:1-2). 주인 되신 하나님은 지체에 대해 멸시도 비판(판단, 마 7:1-2, 고전 4:5)도 업신여기지도 말라(롬 14:1-4)고 하셨다(약 4:11-12, 롬 14:4). 왜냐하면 인체 중에도 연약한 부분이 있듯이 공동체에도 연약한 지체가 있기 때문이다.

이곳 14장은 연약한 지체들을 대하는 태도(화평과 연합, 시 133편, 롬 14:13, 15, 19, 20-21)에 대해서도 말씀하고 있다. 잊지 말아야 할 것은, 그들과의 관계 저변에는 반드시 '온유한 겸손과 사랑, 자애, 상대를 향한 선한 의지'가 전제되어야 한다는 것이다.

참고로 '겸손'에 대하여 C.S.루이스는 '자신에 대한 생각을 적게 하는 것'이라고 했다. 나는 '실력은 높이되 자세는 낮추는 것'이라고 정의한다. 성경(잠 3:7, 롬 12:16, 사 5:21, 잠 26:12, 빌 2:3)은 스스로 지혜롭게 여기지 말고 각

각 자기보다 남을 낮게 여기라고 했다.

결국 연약한 지체들을 대함에 있어 먼저는 영적으로 연약한 그들(믿음이 연약한 자들147, 롬 14:1)이 혹시나 어떤 부분에 대해 의심한다고 하더라도 포용하고 비판하지는 말라⁽¹⁾고 하셨다. 이 말인즉 그들의 의심에 동조하라는 것이 아니라 연약한 지체의 약점을 기꺼이 담당하라는 것⁽¹⁵:¹⁾이다. 더 나아가 업신여기거나 판단⁽¹³⁾하지도 말라고 하셨다⁽³, ¹⁰⁾. 또한 음식물 규례로 인해 그들을 근심하게도 말고 망하게 하지도 말라⁽¹⁵⁾고 하셨다. 아니 보다 더 적극적으로 그들을 사랑하라⁽¹⁵⁾고 하셨다. 왜냐하면 연약하기는 하지만 그들 또한 그리스도께서 대신하여 죽은, 주 안에서 하나 된 소중한 지체들이기 때문이다⁽¹⁵⁾.

한편 '먼저 사랑함'에는 약간의 희생과 당연한 손해가 뒤따른다. 그러다 보니 상대를 지속적으로 사랑하다 보면 정작 본인 당사자는 종국적으로 약간 지칠 수가 있다. 이때에는 기도와 간구로 성령님의 능력을 구하며 몸부림침으로 감당해야 한다. 우리는 무엇이든지 '나의 힘으로가 아닌 그분의 힘으로'임을 잊지 말아야 한다.

팁을 드리자면 '먼저 사랑함'에는 사랑(Love)과 더불어 상대를 좋아하기

---

147 "믿음이 연약한 자"라는 것은 어떤 상황이나 특별한 계기로 인한 '믿음이 약해진 자'라는 의미이다(Godet). 개중 당시 그리스도인이 된 후에도 철저한 안식일 준수나 육식을 거부했던 에세네파(Essenes)의 개종자(Meyer, Lightfoot)를 가리켰다.
바우르(Ferdinand Christian Baur, 1792-1860, 독일 신학자)는 유대적 전통에 충실하여 누룩 없는 떡과 물로 성례를 고집하던 에비온(Ebion, 성령님에 의한 마리아의 동정녀 탄생을 부정하며 그리스도의 신성을 부인했다. '가난, 빈민'이라는 의미의 이름에 걸맞게 금욕과 고행을 강조했다. 이들은 모세오경을 강조하고 마태복음만을 믿으며 바울서신은 부인했다. 네이버 지식백과, 교회용어사전)파에서 개종한 신자들이라고 했다.
Calvin은 유대인 신자들 중에서 아직 구약의 규례를 버리지 못한 자들이라고 했다. 또한 당시 이방인 초신자들 중 유대교의 규례와 기독교의 규례를 혼동했던 자들이 있었는데 그들을 가리킨다고도 했다.

로(Like) 작정을 하면 보다 더 오랫동안 지속적으로 행(行)할 수가 있다.

Love (belove→believe, 믿음에는 사랑이 전제) 관계: 수동성, 순종성	Like (amateur) 교제: 능동성, 적극성, 즉각성, 순수성, 지속성(열정)
최고의 가치(Core Value)를 둠 그래도 좋아 프로(대가 요구O) 눈물이 난다 일방적 희생(불평등 약속) Burn out의 위험성	우선순위(Priority)를 둠 그래서 좋아 아마츄어(대가 요구X) 가슴이 설렌다 Win-Win(평등 약속) 서로에게 힘이 나게 한다

매사에 화평의 일과 덕을 세우는 일을 하고(19) 지체를 대하여는 무엇이든지 거리끼게 하는 일을 아니함이 아름답다(21)고 하셨다. 종국적으로 자기의 옳다 하는 바로 상대에게 자신만의 세계관이나 가치관 등등의 잣대를 강요하지 말라(22)고 하셨다. 이런 말씀에 대해 우리의 대답은 명쾌하다.

'Yes, My Lord!'

'아멘'

모든 사람은 비록 유한되고 제한된 직선의 한 번 인생이지만 분명한 목적과 목표를 가지고 살아간다. 여기서 목적을 가치(Value)라고 한다면 목표는 우선순위(Priority)에 해당한다. 그러므로 삶에서 바른 목적이 없다면 목표는 탐욕(Lust)이 되어버리거나 목표를 달성하더라도 그 인생은 뒤엉켜 버리게 되고 만다. 반면에 분명한 목적이 있으면 목표 설정이 보다 더 뚜렷해질 뿐만 아니라 그 목적에 맞게 바른 방향의 지표(목표)들이 주어지게 된다.

분명한 목적(Core Value)과 높은 목표(Vision)를 세우라. 그러면 유한된 한 번 인생을 핵심가치에 맞추어 우선순위대로 '알차게' 살아갈 수가 있게 될 것이다.

Core value

Vision

Priority, 그리고 Trimming & Trimming

Soli Deo Gloria!

하나님께 영광(목적, 핵심 가치 곧 '올려드리다', '드러내다')이라는 삶의 목적이 정해지고 그렇게 살기로 결정했는가?

그렇다면,

그에 맞게 비전(목표, Vision)을 설정하고 위에서 부르신 부름의 상을 위해 정직한 땀과 눈물을 쏟으며 푯대를 향해 한 발자국씩 전진하라. 여기서 벗어난 곁가지들은 쳐내기에 약간 아프더라도 하나 둘씩 가지치기(pruning, trimming)를 해 버리라.

*핵심 요약 (휘포밈네스코, ὑπομιμνήσκω & 디다스코, διδάσκω)

1. 삶의 목적(Purpose, Core Value)과 목표(vision), 우선순위(Priority), 가지치기(Trimming)
2. 14장의 핵심 구절
3. 구약의 7대 절기, 성막의 7대 기구, 5대 제사, 5대 제물, 4대 제사방법
4. 할례(물), 세례(밥티조)

*강청기도

성부하나님을 찬양합니다. 성자하나님을 찬양합니다. 성령하나님을 찬양합니다. 삼위일체 하나님 한 분 만으로 만족하겠습니다. 삼위일체 하나님께만 영광 돌리겠습니다.
이곳 14장을 통해 살아도 주를 위하여 살고 죽어도 주를 위하여 죽나니 그러므로 사나 죽으나 우리가 주의 것이로다(14:8)라는 사도바울의 고백을 통해 우리에게 도전을 허락하신 하나님을 찬양합니다 우리 또한 그런 진솔한 고백이 우러나오게 하옵소서. 특별히 한 번의 인생을 살아가는 동안 믿음이 연약한 자, 예수 그리스도 안에서 한 지체가 되었으나 내게 거슬리는 자, 나를 의심하는 자를 비판하지 않게 하시며 인간관계 속에서 화평의 일과 덕을 세우는 일에 힘쓰게 하옵소서. 모든 것에서 '주를 위하여' 행하게 하옵소서. '이럴 때 주님이라면 어떻게 하실까'를 늘 생각하며 모든 일을 진행하게 하옵소서. 무슨 일을 하든지 마음을 다하여 주께 하듯 하게 하고 사람에게 하듯 하지 않게 하옵소서. 살아도 주를 위하여 살게 하시고, 죽어도 주를 위하여 죽게 하옵소서. 모든 영광 하나님께 올려드립니다. 감사드리며 예수 그리스도의 이름으로 기도드립니다. 아멘

★핵심 요약 (휘포밈네스코, ὑπομιμνήσκω & 디다스코, διδάσκω)

1. Soli Deo Gloria-Vision-Priority-Trimming

2. "우리가 살아도 주를 위하여 살고 죽어도 주를 위하여 죽나니 그러므로 사나 죽으나 우리가 주의 것이로다" _롬 14:8

4. 할례와 세례

   1) 할례(מול, v, 물): 나는 죽었다. 이제후로는 예수님으로만 살아간다
   2) 세례(βαπτίζω, v, 밥티조)-Chemical change(Transformation)

   예수 그리스도의 보혈로 죄 씻음-영접-연합(하나 됨)-온전한 주권 이양

3. 구약의 7대 절기, 성막의 7대 기구, 5대 제사, 5대 제물, 4대 제사방법

레위기 (1-16장: 제사 / 17-27장: 성결)				
7대 성막기구: JC 예표	7대 절기	5대 제사	5대 제물	4대 제사방법
성막 문: 구원의 문이신 JC	유월절 (the Feast of the Passover)	번제(Burnt offering)	소	요제(搖祭, a Wave offering)
번제단: 1)희생제물 되신 2)대제사장이신 JC	초실절 (the Feast of the Firstfruits)	소제(Meal offering)	양	거제(擧祭, a Heave offering)
물두멍: 생수이신 JC	무교절 (the Feast of the Unleavened Bread)	화목제(Peace offering or Fellowship offering)	염소 (1)제물 (2)아사셀	번제(a Burnt offering) 화제(火祭, Offering by Fire)
향단위의 향로: 중보자되신 JC	오순절(Pentecost, Pentecostes) 맥추절(the Feast of the Harvest) 칠칠절(the Feast of the Weeks)	속죄제(Sin offering or Purification offering)	비둘기	전제(奠祭, a Drink offering)
떡상 위의 전병: 생명의 떡, 산 떡 하늘로서 내려온 참 떡이신 JC	나팔절(the Feast of the Trumphets) 유대력 7월 1일	속건죄(Guilt offering or Trespass offering)	곡식	혹은 관제(灌祭) 딤후 4:6
금 촛대: 세상의 빛, 생명의 빛이신 JC	대 속죄일(욤 키푸르, Yom Kippur, 속죄의 날) 유대력 7월 10일			
지성소 안의 법궤: 말씀이신 JC	장막절(the Feast of the Booths) 유대력 7월 15일, or 초막절			

*절기: 유월절-초실절-무교절-오순절(칠칠절, 맥추절)-나팔절-대 속죄일(욤 키푸르)- 장막절(초막절)
*화목제(감사제, 서원제, 자원제(혹은 낙헌제))
*아빕월(the Feast of the spring): 유대력의 첫 달(현, 3-4월경), 아빕-곡식의 어린 이삭
*유대력: 태양력으로는 월(月): +3 / 시(時): +6

레마 이야기 15
소망의 하나님(15:13)

"소망의 하나님(Θεὸς τῆς ἐλπίδος, the God of Hope)이

모든 기쁨(χαρά, nf)과 평강(εἰρήνη, nf)을 믿음(πιστεύω, 고백하는, 반응하는 믿음) 안에서

너희에게 충만(πληρόω, v, to make full, to complete)케 하사

성령의 능력으로(ἐν δυνάμει Πνεύματος Ἁγίου, in the power of the Holy Spirit)

소망(엘피스, ἐλπίς nf/ἐπαγγελία, nf, 히 10:36)이 넘치게 하시기를 원하노라" _롬 15:13

우리 모두에게 확실하고도 명료한 약속(ἐπαγγελία, nf, 히 10:36) 곧 소망(엘피스, 미래형 하나님나라에의 입성과 영생)을 허락하신, 좋으시고 신실하신 소망의 하나님(The God of Hope)은 소망에 더하여 모든 기쁨(카라, 하나님의 은혜의 복음, 화평의 복음)과 평강(샬롬, 하나님과의 바른 관계와 친밀한 교제)을 아울러 주셨다.

다시 말하면 아버지 하나님은 믿음(오직 믿음, 믿음, 그리고 믿음)으로 구하는 모든 자(약 1:5-8)에게 전능하신 성령님의 능력을 통해 성령충만함(주권, 통치, 질서, 지배) 가운데 소망(엘피스)을 더욱더 충만토록 덧입혀 주신다는 것이다. 그리하여 마지막 그날까지 그 소망을 붙들고 세상 속에서 살아가되 세상과 타협하지 않고 세상에 동화되지 않고 시류에 흔들리지 않으며 견고함과 당당함으로 살아가게 하신다.

소망[148](엘피스, HOPE)!

그리스도인이건 불신자건 간에 모든 사람(생각할 수 있는 존재, can think of existence)은 한 번 인생 동안에, 비록 양(量, quantity)적으로나 질(質, quality)적으로는 차이가 있겠지만 저마다의 소망을 가지고 살아간다. 물론 불신자들이 가진 소망은 세상적 성공에 기반한 단순한 희망이라는 비전이거나 삶의 목표일 것이지만.

그러고 보면 '소망'의 종류에 대한 다양함은 차치하고라도 유한된 한 번의 직선 인생에서 크든 작든 간에 소망이 없는 사람은 단 한 명도 없는 것이 사실이다. 혹시라도 소망이 없는 듯이 보이는 사람이 있다면 소망이 없는 것처럼 보일 뿐인 것이다. 만약 정말 내일에의 소망이 없다면 그것은 현실의 삶이 너무 버거워 미처 소망을 추스릴 여유조차 없는 것일 게다.

인간(人間, human being)에게 소망이 없는 것은 최악이다. 그런 인생은 살아있는, 살아가는 삶이 아니다. 살았으나 실상은 죽은, 죽음을 향해 달려가는 삶일 뿐이다. 그렇기에 길지 않은 제한되고 유한된 한 번의 직선 인생을 살며 크든 작든 간에 소망이 있다는 것은 생명줄을 아직 붙잡고 있다라는 것(롬 15:4, 13)이다.

문제는 우리가 가졌던 실낱같은 소망(所望)이 조금씩 희미해지기 시작하는 것이다. 소망이 옅어지기 시작하면 처음에는 실망(失望, disappointment)으로

148　HOPE란 Holy Spirit, Oriented, Persistent, Enthusiasm의 약자로 성령님에 의해 인도되어지는 지속적인 열정을 말한다. 다시 말하면 지속적인 열정은 성령님의 능력으로 유지된다는 것이다. 그래서 지난날 'HRC(HOPE RETREAT CENTER)'라는 초교파 청년연합단체를 만들었는데 거의 대부분의 공저자들이 그 소망학당 출신이다.

연결되다가 곧 낙망(落望, despair)으로 떨어지게 되고 급기야는 나락에서 절망(絶望, hopeless)으로 허우적거리다가 종국적으로는 사망(死亡)에 이르게 되고 만다. 소위 '4망(四亡)'이다.

감사하게도 유대인이든 이방인[149]이든 상관없이 열방의 모든 그리스도인들에게는 예수[150], 그리스도, 생명이라는 최고의 '소망(롬 15:12, 1:17, 갈 3:11, 사 11:10, 17:7-8, 45:22, 31:1, 시 9:10, 22:26, 34:5, 69:6, 32, 70:4, 암 5:4, 6, 8, 욘 2:4, 미 7:7, 아 4:8)'이 있다. 그렇기에 그 소망만을 붙들고 예수 믿음(피스티스, 피스튜오, 피스토스)과 하나님의 계명(오직 말씀)을 원동력으로 하여 인내(휘포모네, 히 10:35)함으로 종말시대(예수 그리스도의 초림 이후~재림 전)의 한 부분을 알차게 당당하게 살아가기만 하면 된다.

참고로 그리스도인에게 있어서 '소망(롬 15:4, 12-13, 엡 1:12)'이란 ⑴예수, 그리스도, 생명인 것(요 20:31)과 ⑵예수 그리스도를 통한 미래형 하나님나라에의 입성과 영생을 말한다.

하나님의 무한하신 은혜와 예수 그리스도의 사랑으로 말미암아 우리에게 주어진 '소망(엘피스, 미래형 하나님나라에로의 입성과 영생)'은 우리의 한 번 인생 동안에 견고하고도 든든한 반석이자 바른 방향을 알려주는 나침반이다. 그렇기에 예수 그리스도를 붙들면 고해(苦海) 속에 아무리 지독한 풍랑을

---

149 '이방 구원' 혹은 '열방 구원'에 관한 사도 바울의 확신은 히브리 구약 정경 TNK(타나크)를 통한 로마서 15장 9-12절을 보면 알 수 있다. 토라를 통하여는 신명기 21장 10-13절을, 네비임을 통하여는 이사야 11장 10-16절을, 케투빔을 통하여는 시편 117편 1-2절을 인용하여 상기의 구절을 기록했다.

150 로마서 15장 12절에는 "또 이사야가 가로되 이새의 뿌리 곧 열방을 다스리기 위하여 일어나시는 이가 있으리니 열방이 그에게 소망을 두리라 하였느니라"고 하셨다. 여기서 "이새의 뿌리"란 나단의 신탁(예언)을 통한 다윗 언약(삼하 7:11-17)을 함의하는 표현으로 다윗의 혈통에서 메시야가 탄생하실 것이라는 의미이다. 한편 "열방을 다스리기 위하여 일어나시는 이"가 있는데 이는 온 인류의 구속을 이루시는 예수 그리스도를 가리키는 것으로 모든 인간의 소망은 오직 예수 그리스도뿐이다.
"그 날에 이새의 뿌리에서 한 싹이 나서 만민의 기호로 설 것이요 열방이 그에게로 돌아오리니 그 거한 곳이 영화로우리라"_사 11:10

만난다 할지라도 표류하지 않고 거침없이 목표를 '향해' '항해'(word play)하며 나아갈 수 있게 된다.

비슷한 듯 보이나 비슷하지 않은,

표류(漂流, drift)가 아닌 항해를!

앞서 언급했지만 그리스도인들이 가진 중의적 의미의 '소망'은 아주 깔끔하고 선명하며 확실하고 분명하다.

그리스도인들이 가진 중의적 의미의 소망(엘피스)	
소망(엘피스, ἐλπίς, nf) HOPE H: Holy Spirit O: Oriented P: Persistent E: Enthusiasm	(1) 예수, 그리스도, 생명 곧 복음과 생명이라는 유일한 '소망'
	(2) 예수 그리스도를 통해 주어진 소망 1. 하나님의 은혜로 예수 그리스도로 말미암아 주어진 현재형 하나님나라와 영생(already~not yet로서의) 2. 장차 주어질 미래형 하나님나라에로의 입성과 영생(부활체로서의)

그리스도인은 '예수, 그리스도, 생명'을 통해 영적 죽음(영적 사망, 첫째 사망)에서 영적 부활(첫째 부활)한 후 현재형 하나님나라에서 비록 already~not yet이기는 하나 영생을 누리며 살아간다. 그렇다 하더라도 모든 인간은 예외없이 한 번은 육(신)적 죽음(히 9:27, 아날뤼시스)을 맞게 된다. 그러나 전혀 걱정할 것이 없다. 왜냐하면 육(신)적 죽음은 현재형 하나님나라에서 미래형 하나님나라에로의 이동(옮김)이지 '모든 것이 끝장난다'라는 의미의 죽음이 아니기 때문이다(요 11:25-26). 더 나아가 우리는 육신의 장막을 벗는 즉시(개인적 종말과 역사적 종말은 하나다(죽는 순간 부활한다), Paul Tillich, Emil Brunner, Oscar Cullmann, Karl Barth, Gisbert Greshake, Gerhard Lohfink, Jacob Cremer) 시공을 초월(벧후 3:8)한 부활체(고전

15:42-44)로 다시 부활(둘째 부활, 고전 15:51-52, 홀연히 다 변화)함과 동시에 미래형 하나님나라에로의 입성과 영생을 누리게 되기 때문이다. 그런 우리에게는 둘째 사망(영원한 죽음, 세세토록 밤낮 괴로움을 당하는 것, 계 20:10)이란 있을 수 없다.

나는 이런 일련의 사실(fact)을 가리켜 '희미한 확실함 혹은 흐릿한 확실함(blurred certainty)'이라는 표현으로 설명해왔다. 곧 분명한 사실이기에 확신할 수 있다는 것이며 확실한 것이기는 하나 지금은 부분적으로 아는, 거울로 보는 것같이 희미할(흐릿한 것일 뿐) 뿐이라는 것이다. 그러나 그날에는 얼굴과 얼굴을 맞대어 보는 것(고전 13:12) 같이 선명하게 알게 될 것이다.

삼위일체 하나님과의 영원한 동거!
영생!
그것은 생각만 해도 힘이 솟는 '소망(所望, 엘피스)'이다.

거룩한 성 새 예루살렘(미래형 하나님나라, 계 21:1-8, 22-27, 22:1-5)에서 12가지 보석(계 21:19-20)처럼 다양하게(variety in Unity) 살아갈 거룩한 성 예루살렘(교회된 성도들, 계 21:9-21)!
그것은 상상만 해도 힘이 솟는 '소망(所望, 엘피스)'임에 틀림없다.

하나님의 영광의 빛을 받아 매사 매 순간 귀한 보석같고 벽옥과 수정같이 맑은(계 21:11) 상태인 거룩한 성 예루살렘!
그것은 생각만 해도 힘이 솟는 '소망(所望, 엘피스)'이다.

하나님과 어린 양의 보좌로부터 흘러나오는 생명수를 마시며 그 생명수를 통해 달마다 맺히게 되는 12가지 실과를 먹고 만국을 소성케 하는 무성한 잎사귀들(계 22:1-2)에 대한 상상!

그곳은 생각만 해도 힘이 솟는 '소망(所望, 엘피스)'이다.

모든 눈물을 그 눈에서 씻기시매 다시 사망이 없고 애통하는 것이나 곡하는 것이나 아픈 것이 다시 있지 않는, 처음 것들이 다 지나가게 되며(계 21:4) 다시 저주가 없으며 하나님과 그 어린 양의 보좌가 거룩한 성 새 예루살렘 가운데 있으며(계 22:3) 그 이마에 아버지의 이름과 어린 양의 이름이 새겨진(계 14:1) 거룩한 성 예루살렘들이 하나님의 얼굴을 보며(계 22:4) 더불어 함께하는 상상!

그곳은 생각만 해도 힘이 솟는 '소망(所望, 엘피스)'이다.

하나님의 영광이 비취고(계 21:11, 23, 22:5) 등불이신 예수님(계 21:23)이 계시기에 밤이 없고(계 22:5) 해나 달의 비췸이 쓸데없으며(계 21:23) 주 하나님 곧 전능하신 이와 및 어린 양이 성전[151](ναός, nm)이시기에 성전(ἱερόν; nm)이 없으며(계 21:22) 성문들을 낮에 도무지 닫지 않는(계 21:25) 그 곳!

그곳은 생각만 해도 힘이 솟는 '소망(所望, 엘피스)'이다.

---

151 '성전'을 나타내는 2개의 헬라어가 있다. 첫째는 (1)요한복음 2장 14절의 히에론(ἱερόν; nn, a temple, either the whole building, or specifically the outer courts, open to worshippers)으로 성전과 뜰, 그리고 감람산의 일부까지도 포함하는 넓은 범위의 하드웨어 개념이다. 둘째는 (2)요한복음 2장 21절의 나오스(ναός, nm, a temple, a shrine)이다. 14절의 히에론이 하드 웨어를 가리킨다면 21절의 나오스는 예수님을 가리킨다. 예수님은 돌덩어리인 성전(히에론)을 보며 성전 된 실체(나오스)인 자신을 드러내셨다.

"소망¹⁵²(所望, 엘피스)의 하나님(Θεὸς τῆς ἐλπίδος, the God of Hope)"이
모든 기쁨(πάσης χαρᾶς, with all joy)과 평강(εἰρήνης, peace)을
믿음 안에서(ἐν τῷ πιστεύειν) 너희에게 충만케하사(τὸ περισσεύειν, Art-ANS V-PNA)
성령의 능력으로(ἐν δυνάμει Πνεύματος Ἁγίου in the power fo the Holy Spirit)
소망(ἐν τῇ ἐλπίδι, 所望, 엘피스)이 넘치게 하시기를 원하노라"_롬 15:13

---

152 우리의 소망은 성경 전체에 흐르고 있는 하나님의 6대 언약(아담 언약, 노아 언약, 아브라함 언약, 모세 언약, 다윗 언약, 예수 그리스도의 새 언약)때문에 더욱더 견고해진다. 아담 언약(창 3:15)은 최초의 원시복음이며 노아 언약(창 6:18~9:17)은 이중 언약으로 홍수 전 언약(방주언약; 창 6:18, 7:1)과 홍수 후 언약(무지개언약; 창 9:8-17)으로 나눈다. 아브라함 언약(창 12:1-3, 15:1-21, 17:1-14)은 3중 언약으로 정식 언약(창 12:1-3), 횃불 언약(창 15:17-18), 할례 언약(창 17:10-11)을 말하며 모세 언약(출 19-24, 신 18, 28장)은 소금 언약(민 18:19, 대하 13:5), 시내산 언약(출 24:7-8)이라고 하며 다윗 언약(삼하 7:8-16, 시 89:3-4)은 등불 언약(왕상 15:4, 왕하 8:19, 대하 21:7), 왕국 언약(삼하 7:12, 16)을 말한다. 예수 그리스도의 새 언약은 이중 언약으로 초림의 구속주 예수님으로 인한 성취(렘 31:31-34, 눅 22:20, 히 8:6-13)와 재림의 심판주, 승리주 예수님으로 인한 완성(계 1:7, 22:7, 20)을 말한다.

*핵심 요약 (휘포밈네스코, ὑπομιμνήσκω & 디다스코, διδάσκω)

1. 소망

   1) 중의적인 의미 및 그 내용

   2) 구체적인 미래형 하나님나라의 모습

   3) 소망이 없다면?

2. 성전(2가지 의미, 그리고 그 차이)

3. 하나님의 뜻(델레마 데우)

   1) 살전 4:3

   2) 살전 5:16-18

   3) 샬롬-은혜(카리스)-기쁨(카라)과 감사(유카리스테오)

4. '희미한 확실함 혹은 흐릿한 확실함(blurred certainty)'

5. 15장의 핵심 구절

*강청기도

성부하나님을 찬양합니다. 성자하나님을 찬양합니다. 성령하나님을 찬양합니다. 삼위일체 하나님 한 분 만으로 만족하겠습니다. 삼위일체 하나님께만 영광 돌리겠습니다.

이곳 15장을 통하여는 소망을 채워주시는 "소망의 하나님(Θεὸς τῆς ἐλπίδος, the God of Hope)을 만나게 하심에 감사드립니다. 이 모든 것은 전적인 성령님의 주권임을 고백하게 하옵소서. 앞서가시는 나하흐의 하나님, 함께하시는 에트의 하나님, 동행하시는 할라크의 하나님을 붙들게 하옵소서. 우리의 든든한 힘이 되시는 삼위일체 한 분 만으로 만족하며 살아가게 하옵소서. 모든 영광 하나님께 올려드립니다. 감사드리며 예수 그리스도의 이름으로 기도드립니다. 아멘

*핵심 요약 (휘포밈네스코, ὑπομιμνήσκω **& 디다스코,** διδάσκω**)**

1. 1~2) 모든 그리스도인들: 예수, 그리스도, 생명이라는 '소망'→ 그 예수를 통해 미래형 하나님나라에로의 입성과 영생이라는 소망을 가지고 살아간다.

　⑴ 삼위일체 하나님과의 영원한 동거! & 영생!

　⑵ 거룩한 성 새 예루살렘에서 12가지 보석처럼 다양하게 살아갈 거룩한 성 예루살렘(계 21:9-21)!

　⑶ 하나님의 영광의 빛을 받아 매사 매 순간 귀한 보석같고 벽옥과 수정같이 맑은(계 21:11) 상태인 거룩한 성 예루살렘!

　⑷ 하나님과 어린 양의 보좌로부터 흘러나오는 생명수를 마시며 그 생명수를 통해 달마다 맺히게 되는 12가지 실과를 먹고 만국을 소성케 하는 무성한 잎사귀들(계 22:1-2)에 대한 상상!

　⑸ 모든 눈물을 그 눈에서 씻기시매 다시 사망이 없고 애통하는 것이나 곡하는 것이나 아픈 것이 다시 있지 않는, 처음 것들이 다 지나가게 되며(계 21:4) 다시 저주가 없으며 하나님과 그 어린 양의 보좌가 거룩한 성 새 예루살렘 가운데 있으며(계 22:3) 그 이마에 아버지의 이름과 어린 양의 이름이 새겨진(계 14:1) 거룩한 성 예루살렘들이 하나님의 얼굴을 보며(계 22:4) 더불어 함께하는 상상!

　⑹ 하나님의 영광이 비취고(계 21:11, 23, 22:5) 등불이신 예수님(계 21:23)이 계시기에 밤이 없고(계 22:5) 해나 달의 비췸이 쓸데없으며(계 21:23) 주 하나님 곧 전능하신 이와 및 어린 양이 성전(ναός, nm)이시기에 성전(ἱερόν; nn)이 없으며(계 21:22) 성문들을 낮에 도무지 닫지 않는(계 21:25) 그 곳!

3) 소망(所望)이 희미해지기 시작하면 처음에는 실망(失望)하다가 곧 낙망(落望)으로 떨어지게 되고 급기야는 절망(絶望)으로 허우적거리다가 종국적으로는 사망(死亡)에 이르게 되고 만다.

2. '성전'을 나타내는 2개의 헬라어

(1) 히에론(ἱερόν; nn, a temple, either the whole building, or specifically the outer courts, open to worshippers, 요 2:14): 성전과 뜰, 감람산의 일부까지도 포함하는 넓은 범위의 하드웨어 개념

(2) 나오스(ναός, nm, a temple, a shrine, 요 2:21): 예수님 →예수님은 돌덩어리인 성전(히에론)을 보며 성전 된 실체(나오스)인 자신을 드러내심

3. 하나님의 뜻(델레마 데우)

		하나님의 뜻(델레마 데우)
(1) 살전 5:16-18	항상 기뻐하라 쉬지 말고 기도하라 범사에 감사하라	*샬롬(에이레네) →은혜(카리스) →기쁨(카라) & 감사(유카리스테오) 그리고 기도는 성도의 특권
(2) 살전 4:3	하나님의 성품인 거룩(코데쉬)을 본받아 거룩함(카다쉬)으로 살아가는 것	구별됨(Set apart) 하나님과 사람 앞에 순수하고 정직하게 살아감(Purity & Honesty) 알차게 살아감(Fulfill) 빛과 소금의 역할 감당(Salt & Light) 고상한 성품(Loftiness, 온유와 겸손, 바른 예배, 선한 양심) 복음전파(Preaching, 복음과 십자가로 살아가고(복음의 증인) 복음과 십자가를 자랑(선포의 삶))

4. 예수, 그리스도, 생명을 통해 영적 죽음에서 부활(첫째 부활)한 후 현재형 하나님 나라에서 영생(already~not yet)을 누리는 가운데 모두가 한 번은 맞게 되는 육적 죽음(히 9:27, 아날뤼시스)을 맞게 된다. 죽는 즉시(개인적 종말과 역사적 종말은 하나다) 다시 부활(둘째 부활, 부활체)함과 동시에 미래형 하나님나라에로의 입성이 이루어져 영생(부활체)을 누리게 된다. 나는 이를 가리켜 '희미한 확실함'이라는 표현으로 설명해왔다. 곧 분명한 사실이기에 확신하며 확실히 알기는 하나 지금은 거울로 보는 것 같이 희미할 뿐이라는 것이다. 그러나 그날에는 얼굴과 얼굴을 맞대어 보는 것 같이 선명할 것이다.

5. 롬 15:13

"소망의 하나님이

모든 기쁨과 평강을

믿음 안에서 너희에게 충만케 하사

성령의 능력으로

소망이 넘치게 하시기를 원하노라" _롬 15:13

괴짜의사 Dr. Araw의
쉽고 바르게 읽는 로마서 장편(掌篇)강의 Handbook

살아도 주를 위하여 죽어도 주를 위하여

3부
지체 간의 교제

레마 이야기 16
선한데 지혜롭고 악한데 미련하기를(16:19)

로마서는 전체 16장 433구절(1:1-16:27)로 되어 있다. 나와 공저자는 첫 1장에서 바로 앞의 15장까지 서술 & 묵상해오며 이신칭의, 이신득의의 은혜를 듬뿍 누렸다.

이제 16장은 바야흐로 로마서 대단원의 막을 내리게 되는 마지막 장(epilogue)이다. 에벤에셀153(삼상 7:12)의 하나님을 찬양한다. 우리의 주인 되신 삼위일체 하나님은 나하흐(앞서가시는), 에트(함께하시는), 할라크(동행하시는, 등 뒤에서 토닥거려주시는)의 하나님이셨다. 그저 감사이고 그저 은혜이다.

노년이 된 바울154(AD 5~68)은 자신이 달려왔던 지난 인생을 되돌아보며 무한하신 하나님의 은혜에 지극한 감사와 찬송, 영광을 돌리고 있다. 동시에 자신의 삶을 마무리하면서, 평생 달려오며 이루어왔던 자신의 사역보다는 자신과 함께했던 소중한 동역자들(전 4:12, 롬 8:28)을 추억하며 마음

---

153 에벤에셀이란 에벤(Derived from אֶבֶן (eben, meaning "stone")과 에제르(עֵזֶר (ezer, meaning "help"))의 합성어로 '도움의 돌' 곧 '하나님이 여기까지 도우셨다'라는 의미이다. 헬라어로는 βοηθός(boēthos, meaning "helper")이다.

154 사도 바울은 AD 35년에 다메섹에서의 회심 후 AD 68년 순교하기까지 성령님에 이끌려 알차게 열정적으로 선교여행을 다녔다. 1차 선교 후 1권 갈라디아서를, 2차 선교 후 2권 데살로니가 전후서를, 3차 선교 후 3권 고린도 전후서와 로마서를, 4차 선교(로마 1차 감옥, AD 61~63, 2차 감옥 AD 67~68) 후 4권의 옥중서신(Prison Epistles; 엡, 빌, 골, 몬)과 더불어 히브리서, 디모데 전후서 등 14권을 기록(나의 주장)했다. 기억하기 쉽게도 선교여행 차수와 기록한 권수에 일정한 규칙이 있음을 알 수 있다.

껏 축원하는 것으로 이곳 로마서 마지막 16장을 마무리하고 있다.

모든 사역자들이 눈여겨 볼 대목이다.

바울은 자신의 지난 인생 여정에, 그리고 선교 여정에 매사 매 순간 동행하며 힘이 되어주었던, 정말 귀하고 소중했던 동역자들(전 4:12, 롬 8:28)의 이름을 하나씩 호명해가며 그들을 마음껏 축복하고 있는 것을 볼 수 있다.

특별히 나는 이 부분에서 깊은 도전과 감명을 받았다.

우리 부부는 '더불어, 함께' 지난 반세기를 변함없이 일관되게 청년 사역자, 성경 교사로 살아왔다. 대자연이 수차례 변하기까지 청년들을 양육하며 지속적인 멘토링을 해왔다.

<small>수준의 고(高)하(下)는 차치하고라도 양적 질적으로는……..</small>

그리하여 지금까지 약 318여 명(창 14:14)의 멘티들(HRCian)을 집중적으로 키워냈다. 그중 반(半)은 우리 부부의 곁을 매몰차게 떠나갔다. 나의 마음에 각인되어 있는, 여전히 지워지지 않은, 아픈 상흔(Scar) 중 하나이다. 그리하여 〈HRC Mentoring〉이라는 책을 썼다. 상처로 얼룩진 책이라 아직도 출판하지 못하고 머뭇거리고 있다. HRCian 중 반(半)은 감사하게도 아직 우리 부부의 인생 곁에 남아있다. 그저 고맙고 감동이다.

아픔이라는 상흔(Scar)과 기쁨이라는 열매가 혼재되어 있는 나는 떠나간 그들에 대한 기억으로 종종 가슴이 시리도록 쓰리고 온 몸이 아리기도 하다. 숨이 막혀 넘어갈 때도 종종 있다. 그러나 아직도 우리 부부 곁에 남아 있는 이들로 인해 힘이 솟고 다시 회복이 되기도 한다.

우리 부부를 멀리 떠났던 혹은 아직도 곁에 있던 간에 그들 모두는 우리 부부의 인생을 가득 채운 삶의 궤적(Πράξεις, 프락세이스, 발자취)이다. 물론 떠난 그들에 대해 몹시 섭섭한 것은 인지상정(人之常情)이지만¹⁵⁵…….

참고로 첨언하고 싶은 것은 '멘토¹⁵⁶(Mentor, 멘토르, Μέντωρ)'라는 말의 사용이다. 나는 멘토로 살아왔다. 멘토로 불리기를 원했고 그래서 멘토가 되었다.

분명한 것은 '예수님이 인생 최고의 멘토'라는 사실이다. 그렇기에 내가 감히 멘토로 불리는 것에는 예전부터 약간의 주저함이 있었다. 동시에 우리의 주인(Lord) 되신 예수님을 한낱 인간의 언어인 '멘토'라는 존칭을 붙이는 것에도 불편했고 지금도 여전히 불편하기는 마찬가지이다. 이 말인즉 예수님은 한낱 인간의 멘토(역사적 예수)가 아니라는 말이다. 곧 예수님(Christology, 기독론)은 삼위일체 하나님으로서 '예수, 그리스도, 생명'이신 복음(신앙)의 주체이시자 믿음의 주체이시다. 그렇기에 나는 예수님을 존경한다라며 인간 멘토의 자리로 끌어내리는 것에는 극도로 예민하다.

예수님은 하나님의 본체(빌 2:6, 히 1:3)로서 우리가 숭배해야 할 유일한 삼위일체 하나님(다른 하나님, 한 분 하나님)이신 완전한 신(神, 하나님)이시다. 유일무이(唯一無二)한 길이요 생명이요 진리이시다. 성경(특히 요한복음은 7가지로)은 하나님의 자기 계시인 에고 에이미(ἐγώ εἰμί, 출 3:14, 요한복음, 떡(6), 빛(7), 양의 문(10), 선한 목자(10), 부활이요 생명(11), 길이요 진리요 생명(14), 포도나무(15))를 통해 '예수님이 누구신가'를 분명

---

155 지난날을 돌아보며 쓴 책이 <HRC Mentoring>이다. 불과 2주 만에 원고를 다 썼다. 기쁜 일, 슬픈 일, 속상한 일, 화나는 일, 답답한 일, 눈물이 그치지 않는 일, 안타까운 일, 황당한 일, 당황스러운 일 등등 이루 말로 다할 수 없는 장면들이 스쳐갔다. 한번 하면 반드시 끝을 보는 내 성격과는 달리 지금까지 출간하지 못하고 원고만 붙들고 끙끙 앓고 있다.

156 이 단어는 <오디세이 (Odyssey)>에 나오는 오디세우스(Odysseus, 이타카의 왕, 로마신화이름 Ulyxes(별칭, 율리시즈, Ulysses))의 충실한(현명한) 조언자(멘토르, Mentor, Μέντωρ)의 이름에서 유래했다. Μέντωρ는 친구였던 오디세우스가 트로이 전쟁에 참전하자 그의 아들(mentee 텔레마코스 왕자)의 교육(친구, 선생 or 스승, 상담자, 아버지 역할)을 담당했다.

하게 밝히고 있다.

데이비드 웰스(David Wells, 1939~, Gordon-Conwell Theological Seminary)의 날카로운 지적이 생각난다. 그는 수정복음주의파[157](N.T. Wright, I. Howard Marshall, Brian McLaren, Rob Bell)들이 성경의 영감설(유기영감, 완전영감, 축자영감), 성경의 권위(케리그마, 레마, 로고스)를 수정 변개(變改)하며 '성령의 인도 아래서 성경의 진리가 진화하고 있다'는 주장에 대해 강력하게 반박했다. 심지어 그들은 '하나님의 권위를 성경의 권위에서 분리'시키며 '성령이 성경에 담긴 일부 내용에서 우리를 해방시켰다'느니 '성경이 우리 세계에서 절대 진리의 역할이나 영구적인 진리의 역할을 못 하도록 해야 한다'라고까지 설익은 소리들을 지껄여대는 것에 대해 통렬히 비판했다. 그들의 주장에 의하면, 결국 성경은 더 이상 교회(소프트 & 하드웨어)의 삶에서 6대 속성, 3대 영감은 아니라는 것이다. 그래서 나와 공저자는 데이비드 웰스와 함께 수정복음주의파(N.T. Wright, I. Howard Marshall, Brian McLaren, Rob Bell)들과 그들을 추종하는 모두에게 진리의 전쟁을 선포한다.

진리이신 예수 그리스도만이 복음의 주체이며 예수 그리스도로 인해서만, 예수 그리스도로 말미암아, 예수 그리스도에 의하여, 예수 그리스도 안에서만 생명(구원으로 인한 영생)이 있고 하나님나라(현재형, 미래형)의 백성(자녀, 소속)이 되며 하나님나라에서 영원히 삼위일체 하나님과 샬롬의 관계 속에서 영생을 누릴 수가 있게 됨을 천명한다.

---

157 데이비드 웰스는 그들을 가리켜 '문화적 첨단주의자'라고 일갈했다. <용기있는 기독교>, 부흥과 개혁사, p120~147참조

다시 이곳 16장으로 돌아와 바울은 1절에서 겐그레아[158] 교회의 일꾼 "뵈뵈[159]"를 언급한다. 그녀는 여러 사람들과 바울의 보호자가 되었던 고린도 교회의 소중한 일꾼이다. 2,000년 전 로마서를 로마에 전달하기도 했던 두려움 없는 인물이기도 하다. 우리 부부 곁에 아직도 남아있는 HRCian 중에는 뵈뵈 같은 자매들이 제법 있다. 언제든지 그 얼굴과 이름이 선명하게 교차된다. 지금까지 우리 곁에 남아있는 그런 소중한 자매들에겐 그저 고맙고 감사한 마음 뿐이다.

3절에서 바울은 "브리스가와 아굴라"를 언급한다. 그들 부부[160]는 바울의 목숨을 구하기 위해 자신들의 목을[161] 내어놓기까지 했다. 내게도 아굴라 같은 그런 형제가 있었다. 처음에 그 형제는 기이한 모습을 하고 나타났다. 당시 가장 신뢰했던 자매의 소개로 독특하게 만났다. 훗날 더 독특하게(?, 나는 아직까지도 그가 떠난 이유를 알지 못한다) 헤어졌다. 지금은 아예 소식이 끊겼다. 웬일인지 그는 아무 말없이 일방적으로 떠난 후 연락이 두절되었

---

158 겐그레아는 아가야 지방에 있는 해상 무역 도시이며 고린도에서 동남 쪽 10Km에 위치한 항구로서 겐그레아 교회란 고린도 교회를 말한다.

159 "뵈뵈(Φοίβη, nf, Phoebe, a Christian woman in the church at Cenchreae)라는 말은 '달의 여신의 이름'으로 로마의 다이아나(Diana) 여신, 그리스의 아르테미스(Artemis) 여신을 가리키는데 이는 '빛나다, 밝게 비추다'라는 의미이다. 그녀의 이름으로 보아 뵈뵈는 개종자인 듯하다.

160 이들 부부는 로마의 4대 황제 글라우디오(Claudius)의 칙령(AD 49)으로 로마에서 추방되어 고린도로 갔던 인물이다. 그곳에서 바울을 만나 천막을 깁는 일(tentmaker)에 함께하며 바울로부터 정확한 복음을 배우고 훗날 복음을 전하는 자가 되었던 사람들이다. 후에 바울이 에베소로 갈 때에도 동행했던 인물이다.

161 로마서 16장 4절에는 "저희는 내 목숨을 위하여 자기의 목이라도 내어 놓았나니"라고 했다. "자기의 목이라도 내어 놓았나니(τὸν ἑαυτῶν τράχηλον ὑπέθηκαν)"라는 것은 '도끼 아래 자신들의 목을 내어 놓았다'는 의미이다(행 19:29-41). 예언적인 말이기라도 하듯 전승에 의하면, 바울은 AD 68년에 목이 잘려 죽었다(순교)고 전해진다.

다. 간간이 미치도록 보고 싶다.

5절에서 바울은 "에배네도¹⁶²"를 언급한다. 그는 아시아에서 그리스도께 처음 익은 열매이다. 내게도 북미와 남미에, 중국과 동남아시아에, 유럽과 아프리카에 '처음 익은' 그런 지체들이 있다. 오랜 기간 함께 했으나 지금은 소수를 제외하고는 거의 대부분 연락이 끊어졌다.

6절에는 '많이 수고'한 "마리아¹⁶³"를, 7절에서는 바울보다 먼저 성도가 되었던, 그리하여 사도로부터 인정을 받았던 "안드로니고와 유니아"¹⁶⁴가 언급되어 있다.

8-9절에는 "암블리아¹⁶⁵"와 "우르바노, 스다구¹⁶⁶"가 언급되어 있고 뒤

---

162 "에배네도"란 에파이네토스(Ἐπαίνετος, nm, "praiseworthy", Epaenetus, a Christian of Rome)로서 헬라식 이름이며 '칭찬을 받는' 이라는 의미이다. "아시아"란 터키의 영토인 소아시아의 서쪽을 말한다.

163 "마리아(요 19:25의 5명과 Μαρία, Mary, Miriam, (a) the mother of Jesus, (b) of Magdala, (c) sister of Martha and Lazarus, (d) wife of Cleopas, (e) mother of John Mark(행 12:12), (f) a Christian woman in Rome, 본 절의 여인 등 7명의 마리아가 등장)"의 경우 알렉산드리아 사본(A), 바티칸 사본(B)에는 히브리식 이름인 마리안(Μαριάν)으로, 시내 사본과 베자 사본(D)에는 헬라어 형태인 마리암(מִרְיָם, 미르얌, מִרְיָם)으로 되어 있다. 누구인지는 정확하게 알 수 없으나 바울의 기억에는 '많이 수고'한 자매로 각인되어 있었던 것이다.

164 "안드로니고(Ἀνδρόνικος, nm)와 유니아(Ἰουνιᾶς, nf)"는 둘 다 헬라식 이름이다. 그러므로 그들은 이방인이었을 수도 있다. 그러나 친척임을 감안한다면 유대인일 것으로 예상한다. 한편 "사도에게(가운데, among the apostles) 유명히 여김을 받고(롬 16:7)"라는 말로 보아 둘 다 남성일 가능성도 있다. 그런데 유니아라는 이름이 여성적 이름으로 보여 애매하기는 하다.

165 "암블리아(Ἀμπλίας, nm)"는 '큰, 확장된'이라는 의미로 당시 노예들 가운데 흔했던 이름이다(William Sanday & Arthur C. Headlam, Hendriksen).

166 "우르바노(Οὐρβανός, nm, Urbanus, a Christian in Rome, fellowworker of Paul)"는 노예들에게 흔한 이름으로 이는 '도시에서 자라난, 세련된'이라는 의미로 영단어 urban의 어원이기도 하다. "스다구(Στάχυς, nm, Stachys, a Christian man at Rome/στάχυς, nm, a head of grain)"는 '이삭 한 알'을 의미하는 헬라식 이름으로 '나의 사랑하는'이라는 수식어로 보아 바울과 각별한 사이였던 듯하다.

이어 10절에는 "아벨레[167]와 아리스도블로의 권속[168]"이, 11절에는 "헤로디온과 나깃수[169]의 권속 중에 주안에 있는 자들"이 언급되어 있다. 12절에는 주 안에서 많이 수고하고 신실했던 "드루배나, 드루보사, 버시[170]"가 언급되어 있다.

13절에는 바울에 대해 어머니처럼[171] 보살펴주었던 "구레네 시몬의 아

---

167 로마서 16장 10절에는 "그리스도 안에서 인정함을 받은 아벨레에게 문안하라"고 말씀하고 있다. 여기서 "인정함을 받은"에서 인정함의 헬라어는 도키모스(δόκιμος, adj)인데 이는 '연단 후에 인정받다(approval after trial)'는 의미이다. 이로 보아 아벨레(Ἀπελλῆς, nm)는 극심한 어려움을 믿음으로 극복했던 동역자인 듯하다.

168 "아리스도볼로의 권속(τοὺς ἐκ τῶν Ἀριστοβούλου, those of the household of Aristobulus)"이란 '아리스도불로의 집으로부터 나온 사람들'이라는 의미이다. 한편 아리스도불로는 헤롯대왕의 손자로서 헤롯 아그립바 1세의 동생으로 추측한다(Sanday & Headlam, Lightfoot, Bruce).
참고로 헤롯 가문을 '대충' 살펴보면 다음과 같다. 헤롯의 가계는 너무 복잡하여 성경을 이해하는 데 꼭 필요한 부분만 나누려고 한다. 헤롯 안티파터(헤롯 가문의 원조, 이두매(Ἰδουμαία, nf, Idumea, Edom, a district of Arabia, immediately south of Judea) 곧 에돔에게는 파사엘루스와 헤롯대왕이라는 두 아들이 있었다. 형 파사엘루스는 동생을 위해 사연있는 목숨을 바친(안토니우스 앞에서 자결) 후 헤롯을 살린다. 동생이었던 헤롯이 바로 우리가 익히 들어 알고 있는 그 못된 헤롯대왕이다.
그에게는 3아들 곧 갈릴리 동쪽을 다스리게 했던 H. 빌립 2세(이는 살로메와 결혼), 서쪽을 다스리게 했던 H. 안디바(H. 빌립 1세의 처 헤로디아를 뺏고 그 딸 살로메로 인해 세례요한을 참수했던 인물), 나머지 지역의 분봉왕인 H. 아켈라오(마 2:19-23)가 있었다.
세례요한이 참수된 후 H. 대왕의 손자인 H. 아그립바 1세(행12:23, 충이 먹어 죽음을 당했던 왕)가 H. 빌립 2세 지역을 다스렸다. 참고로 사도행전 12장 23절의 "충이 먹어 죽으니라"라는 것을 요세푸스는 "심한 통증이~그의 배에서 일어났으며 5일 후에 죽었다"고 기술했다. 브리스톨(Bristol)대학의 외과교수 랜들 쇼트(Rendle Short)박사는 그의 저서에서 헤롯은 회충이 장에서 단단한 공 모양으로 뭉쳐져서 급성 장폐색증으로 죽었다고 했다.
그 다음으로 분봉왕이 된 헤롯왕가는 H. 아그립바 2세이다(행 25:13).

169 "헤로디온"은 헤롯 집안의 사람으로 그 가문의 이름을 물려받은 것이다.
"나깃수의 권속"이란 '나깃수의 집으로부터 나온 사람들'이라는 의미로서 그의 노예 중 로마 교회의 일원이었다고 전해진다. 나깃수는 노예였으나 글라우디오 황제 때 공을 세워 노예로부터 해방된 듯하다. 그의 이름은 디베료 글라우디오 나깃수(Tiberius Claudius Narcissus)이다(sanday & headlam, Denny, Calvin, Murray, Bruce).

170 "드루배나(Τρύφαινα, nf)"는 '섬세한'이란 의미이고 "드루보사(Τρυφῶσα, nf)"는 '고상한'이라는 의미로서 둘 다 동일한 어근을 가진다. 이로 보아 둘은 자매(Dunn)이거나 쌍둥이(Robertson, Bruce) 혹은 고상한 가문(Harrison, Hendriksen)의 여인이었을 것으로 추측한다.
"버시(Περσίς, nf, Persis, name of a Christian lady in Rome)"는 '페르시아 여자'라는 의미인데 이는 아마도 출신을 의미하는 것으로 추측된다.

171 로마서 16장 13절에는 "그 어머니는 곧 내 어머니니라"고 말씀하고 있다. 여기서 루포의 어머니는 첫

내"와 그의 아들 "루포[172]"가 언급되어 있다. 한편 루포의 형제인 알렉산더(막 15:21)가 언급되지 않은 이유를 알 수가 없어 답답하기도 하다. 성경에는 '알렉산더'라는 이름이 여러 명(행 4:6, 19:33, 딤후 4:14, 딤전 1:20) 나오지만 하나같이 부정적이어서 혹시라도 이 구절에서 '루포'만 언급된 것과 상관관계가 있지 않을까 싶다.

14-15절에는 가정교회 멤버[173]인 "아순그리도, 블레곤, 허메, 바드로바, 허마"와 그의 형제들, 그리고 또 다른 가정교회 멤버[174]인 "빌롤로고, 율리아, 네레오와 그 자매와 올름바와 저희와 함께 있는 모든 성도"들을 언급하고 있다.

째, 바울의 유모로서 바울이 어릴 적 예루살렘에 유학왔을 때 그를 돌보았던 여인(Godet)이라고 한다. 그런데 바울은 길리기아 다소 출신으로 청소년(15세경)때에 예루살렘으로 유학을 왔기에 약간 어색하기는 하나 상관관계를 유추해볼 수는 있을 듯하다. 둘째, 바울의 안디옥 생활 동안(행 11:25-26) 니게르("피부가 검은"라는 시므온(행 13:1)의 집에 머물렀는데 그가 바로 구레네 시몬이라는 것이며 그의 부인이 루포의 어머니였는데 바울을 어머니처럼 돌보아 주었다는 것이다(Dodd, Bruce). 셋째, '어머니'란 단어는 문자적 의미가 아니라 일반적인 의미로서 하나님의 영광과 바울의 공궤를 위해 봉사하던 여인이라는 것(Hendriksen)이다. 나는 둘째 해석에 줄을 섰다.

172 "루포(Ῥοῦφος, nm)"는 '붉다'라는 의미이다. 알렉산더와 루포의 아버지는 구레네 시몬(막 15:21)일 것으로 추측(Vincent, Meyer, Godet, Bruce, Murray, Sanday & Headlam)한다.

173 "아순그리도(Ἀσύγκριτος, nm)", "허메(Ἑρμῆς, nm)", "바드로바(Πατρόβας, nm/파테르(πατήρ, nm)와 비오스(βίος, nm)의 합성어)", "허마(Ἑρμᾶς, nm)"등 상기 모두는 다 노예의 이름들이다. "블레곤 (Φλέγων, nm, Phlegon, a Roman Christian man/φλόξ, φλογός, nf, a flame)은 '불길, 불꽃'이라는 의미이다. 이들이 누구인지는 정확하게 알 수가 없다. 그러나 블레곤을 제외하면 모두가 다 노예의 이름으로 남성이었으며 일정한 지역에 거주했거나 동일한 직업에 종사했을 가능성이 크다.

174

빌롤로고(Φιλόλογος, nm) 율리아(Ἰουλία, nf)	왕실 노예나 후에 자유인이 된 자들 가운데서 아주 흔한 이름이며 부부일 것으로 추측(Godet, Bruce, Murray, Hendriksen)
네레오(Νηρεύς, nm, Nereus, a Christian in Rome/of uncertain name of a mythological sea god)와 그 자매	빌롤로고와 율리아 부부의 자녀들
올름바(Ὀλυμπᾶς, nm, Olympas, a Christian man in Rome)와 저희와 함께 있는 모든 성도	그 가정교회 공동체에 속한 가족 혹은 성도

21-23절에는 "디모데, 누기오, 야손, 소시바더, 더디오[175], 가이오, 에라스도, 구아도"를 마지막으로 소개하며 그들[176]에게 문안하라고 언급하고 있다.

사도 바울의 진심어린 권면이 담긴 결론 부분은 16-20절까지인데 이를 끝으로 로마서는 대단원의 막을 내린다.

---

[175] 필립 도드리지(Philip Doddridge, 1702-1751, 영, 목사, 찬송시 작사가) 박사는 실라와 동일인물로 추정했다. 왜냐하면 실라는 라틴어로 더디오(Τέρτιος, 테르티우스, Tertius)이기 때문이다.

[176]

디모데(τιμόθεος, Τιμόθεος, nm) 티메(τιμή, nf, 경배하다) + 데오스(θεός, nf, nm)	'하나님을 경배하는 자' 부(父): 이방인 할머니; 로이스와 어머니; 유니게의 살뜰한 신앙적 영향(딤후 1:5, 3:15) 훗날 바울의 동역자이자 믿음의 아들로 인정받음(행 16:1-3, 17-18장, 빌 2:20-22)
누기오(Λούκιος, nm)	누구인지 정확히 알기 어렵다
야손(Ἰάσων, nm, Jason, a Christian of Thessalonica, perhaps the same as the relative of Paul)	데살로니가에서 바울을 도왔던 인물(행 17:5-7)
소시바더(Σωσίπατρος, nm, "of a safe father", Sosipater, a Christian) 베뢰아 사람 소바더와 동일인물(행 20:4)	예루살렘 교회를 위한 이방 교회의 헌금 전달자(롬 15:25-27, 고후 8:18)
더디오(Τέρτιος, nm, "third", Tertius, a Christian to whom Paul dictated Romans)	세번째(third)라는 의미의 로마식 이름 이미 로마 교회에 잘 알려진 인물
가이오(Γάϊος, nm, Gaius, (a) a Corinthian, (b) a Macedonian, (c) a citizen of Derbe, (d) an Ephesian) 고린도에 살고 있던 로마 시민인 디도 유스도(행 18:7)와 동일한 사람인 듯 #마케도니아 사람 가이오(행 19:29), 더베 사람 가이오(행 20:4)와는 다른 인물	바울이 고린도에서 세례를 준 두 사람 중의 하나(고전 1:14) 그의 공식적 이름: 가이오 디도 유스도(이름, 가족명, 성) (Bruce)
에라스도(Ἔραστος, nm, "beloved", Erastus, steward of Corinth, a Christian, the name of two Christians) 행(19:22), 딤후(4:20)와는 다른 인물	성의 재무(ὁ οἰκονόμος τῆς πόλεως, the steward of the city)로서 고린도 시(市)의 재무 관리관
형제 구아도(Κούαρτος, nm, Quartus, a Christian, brother of Erastus the Corinthian)	'형제': 혈연이 아니라 예수 그리스도 안에서 한 형제라는 의미 (Dunn, Godet, Hendriksen, Bruce, Murray)

바울은 구약의 인물 중 다니엘처럼 '선한 데'에는 민첩하기를, 반면에 '악한 데'에는 물들지 않기를 간절히 구하며 자신의 인생에서 소중했던 동역자들과 예수 그리스도 안에서 한 지체된 모든 이들을 추억하면서 그들을 축복하며 동시에 무한한 애정이 담긴 권면을 하고 있다.

"선한 데 지혜롭고 악한 데 미련하기를[177]" -롬 16:19

---

[177] "선한 데 지혜롭고 악한 데 미련하기를"이라는 것은 거짓 선생들을 잘 분별하면서 바른 신앙생활을 하라는 것이다. 한편 "지혜롭고"의 헬라어는 소포스(σοφός, adj, wise, learned, cultivated, skilled, clever)인데 이는 '영적인 민감성과 재치(Hendriksen)'를 의미한다. 나는 다니엘의 민첩함(단 6:3), 솔로몬이 구했던 듣는 마음(שֹׁמֵעַ, understanding, 왕상 3:9, לֵב, an heart, 시 40:6, 분별하는 머리, 영안, 큰 귀, 예민한 마음, 열정적인 손과 발)으로 해석한다. "미련하기를"의 헬라어는 아켈라이오스(ἀκέραιος, adj)인데 이는 마태복음 10장 6절의 "순결하라"는 의미이다. 즉 악한 데에는 섞이지 않고 순수하라는 말이다. 공동번역은 "물들지 않기를"이라고 되어 있다.

***핵심 요약** (휘포밈네스코, ὑπομιμνῄσκω & 디다스코, διδάσκω)

1. 코이노니아(κοινωνία)

2. 나사렛 칙령(글라우디오 칙령, (AD 49-50년))

3. 헤롯 가문(헤롯 안티파터, 이두매(에돔))

4. 사도로서 '최초의 순교자인 야고보'를 죽인 헤롯(행 12:2)

5. 지혜로운 마음(듣는 마음, 민첩함, 레브, 쇼메아)

*강청기도

성부하나님을 찬양합니다. 성자하나님을 찬양합니다. 성령하나님을 찬양합니다. 삼위일체 하나님 한 분 만으로 만족하겠습니다. 삼위일체 하나님께만 영광 돌리겠습니다.
로마서의 마지막 장인 이곳 16장을 통하여는 사도 바울이 동역자들을 소중하게 대하는 태도를 보여주었습니다. 지난날 크고 광대한 사역이 중요하다며 결과 중심으로 일하다가 주변의 동역자들에게 거칠게 대함으로 상처주지는 않았는지 살펴보는 기회를 주셔서 감사드립니다. 사람에게는 용서를 구하고 하나님께는 회개하게 하옵소서. 여생에는 사역을 하며 Person-oriented와 Task-oriented를 잘 구분하며 적절하게 균형과 조화를 맺는 연습이 있게 하옵소서. 그럼에도 불구하고 여의치 않는 상황이라면 사람 중심으로 우선하게 하옵소서. 예수님 안에서 한 지체된 소중한 동역자들과 합심하여 삼위일체 하나님을 주인으로 모시고 아름답고 행복한, 기쁨 넘치는 동역을 하게 하옵소서. 모든 일들에 성령하나님보다 말씀보다 앞서지 않게 하옵소서. 가까운 장래에 이 세상을 떠날 때 동역자들을 생각하며 한 명씩 떠올리며 웃음짓게 하옵소서. 그들을 마음껏 축복하게 하옵소서. 앞서가시는 나하흐의 하나님, 함께하시는 에트의 하나님, 동행하시는 할라크의 하나님을 붙들게 하옵소서. 우리의 든든한 힘이 되시는 삼위일체 한 분 만으로 만족하며 살아가게 하옵소서. 모든 영광 하나님께 올려드립니다. 감사드리며 예수 그리스도의 이름으로 기도드립니다. 아멘

*핵심 요약 (휘포밈네스코, ὑπομιμνήσκω & 디다스코, διδάσκω)

1. 코이노니아(κοινωνία): Fellowship(식탁공동체) + 말씀 나눔

세상과의 차이 →반드시 말씀 나눔이 동반

2. 로마의 4대 황제 글라우디오(Claudius)의 칙령(AD 49)으로 로마에서 추방된 유대인은 대략 25,000명이었고 그 중에 브리스길라와 아굴라가 있었다.

3. 참고로 헤롯 가문을 '대충' 살펴보면 다음과 같다. 헤롯의 가계는 너무 복잡하여 성경을 이해하는 데 꼭 필요한 부분만 알면 된다.

헤롯 안티파터(헤롯 가문의 원조, 이두매(Ἰδουμαία, nf, Idumea, Edom, a district of Arabia, immediately south of Judea) 곧 에돔에게는 파사엘루스와 헤롯대왕이라는 두 아들이 있었다. 형 파사엘루스는 동생을 위해 사연있는 목숨을 바친(안토니우스 앞에서 자결) 후 헤롯을 살렸는데 그가 바로 우리가 익히 들어 알고 있는 그 못된 헤롯대왕이다.

그에게는 갈릴리 동쪽을 다스리게 했던 H. 빌립 2세(이는 살로메와 결혼), 서쪽을 다스리게 했던 H. 안디바(H. 빌립 1세의 처 헤로디아를 뺏고 그 딸 살로메로 인해 세례요한을 참수했던 인물), 나머지 지역의 분봉왕인 H. 아켈라오(마 2:19-23)가 있었다.

세례요한이 참수된 후 H. 대왕의 손자인 H. 아그립바 1세(행12:23, 충이 먹어 죽음을 당했던 왕)가 H. 빌립 2세 지역을 다스렸다. 참고로 사도행전 12장 23절의 "충이 먹어 죽으니라"라는 것을 요세푸스는 "심한 통증이~그의 배에서 일어났으며 5일 후에 죽었다"고 기술했다. 브리스톨(Bristol)대학의 외과교수 랜들 쇼트(Rendle Short) 박사는 그의 저서에서 헤롯은 회충이 장에서 단단한 공 모양으로 뭉쳐져서 급성 장폐색증으로 죽었다고 했다. 그 다음으로 분봉왕이 된 헤롯왕가는 H. 아그립바 2세이다(행 25:13).

4. H. 아그립바 1세

5. Hendriksen은 '영적인 민감성과 재치'를, 나와 공저자는 다니엘의 민첩함(단 6:3), 솔로몬의 듣는 마음(שֹׁמֵעַ, understanding, 왕상 3:9, לֵב, an heart, 시 40:6, 분별하는 머리, 영안, 큰 귀, 예민한 마음, 열정적인 손과 발)으로 해석한다

에·필·로·그 (나가면서)

로마서는 역사를 통해 사람과 교회공동체를 변화시키는 그 일에 엄청난 영향을 끼쳐왔다. 개중 대표적인 구절은 1장 16~17절로서 여기에 영향을 받은 신앙선배로는 마틴 루터(M Luther, 1483-1546, 독일), 울리히 쯔빙글리(Ulrich Zwingli, 1484년 1월 1일 ~ 1531년 10월 11일, 스위스 종교개혁자), 필립 멜랑히톤(Philipp Melanchthon, 본명: 필리프 슈바르체르트 Philipp Schwarzert, 1497-1560), 존 캘빈(John Calvin, 1509-1564, 프, 신학자, 목사, 종교개혁가, 작가), 요한 웨슬레(John Wesley, 1703-1791, 영국의 종교개혁자, 감리교 창시자, 신학자)등이 있다.

"내가 복음을 부끄러워하지 아니하노니 이 복음은 모든 믿는 자에게 구원을 주시는 하나님의 능력이 됨이라 첫째는 유대인에게요 또한 헬라인에게로다 복음에는 하나님의 의가 나타나서 믿음으로 믿음에 이르게 하나니 기록된바 오직 의인은 믿음으로 말미암아 살리라 함과 같으니라" _롬 1:16-17

더하여 어거스틴(St. Augustine, AD 354-430, 북아프리카)은 로마서 13장 11~14절로부터 불씨[178]를 받아 불꽃의 영향력을 발휘하기도 했다.

"또한 너희가 이 시기를 알거니와 자다가 깰때가 벌써 되었으니 이는 이제 우리의 구원이 처음 믿을 때보다 가까웠음이니라 밤이 깊고 낮이 가까왔으니 그러므로 우리가 어두움의 일을 벗고 빛의 갑옷을 입자 낮에와 같이 단정히 행하고 방탕과 술 취하지 말며 음

---

[178] '불씨와 불꽃'이라는 단어를 떠올릴 때마다 생각나는 개혁가로는 소설 <불씨, 도몬 후유지, 교보문고>의 주인공 우에스기 요잔(1751-1822, 요네자와번 제 9대 번주, 에도시대의 대표적인 명다이묘)이 있다.

란과 호색하지 말며 쟁투와 시기하지 말고 오직 주 예수 그리스도로 옷입고 정욕을 위하여 육신의 일을 도모하지 말라"_롬 13:11-14

특별히 나는 로마서를 묵상할 때마다 어거스틴(St. Augustine, AD 354-430, 북아프리카)과 그의 어머니 모니카(Monica), 그리고 암브로시우스(Ambrosius, 340-397, 독일) 주교를 떠올리며 당시 그들이 살아가는 모습들을 상상하곤 한다. 사진 외에는 그들을 한 번도 본 적이 없건만 왠지 낯설지(unfamiliar)가 않다. 간혹 그들의 음성도 들리는 듯하다. 결국 나도 남이 보지 못하는 것을 보게 되고 남이 듣지 못하는 음성을 듣게 된 것일지도 모르겠다. 지난날 이런 유의 사람을 가리켜 의학박사인 나는 정신분열병(Schizophrenia) 환자라고 놀려대곤 했었다.

그랬었는데…….

지난날부터 지금까지 나는 로마서를 외우다시피 무수히 반복하여 읽고 또 읽었다. 더하여 수많은 주석들과 참고도서들을 정독했다. 나중에는 너무 깊이 들어가다보니 나 스스로 헤어 나오기가 쉽지 않았다.

특별히 나는 로마서를 묵상하며 나의 주인 되신 원저자 성령님을 많이 그리고 자주자주 찬양하곤 한다. 그리고 조나단 에드워즈(Jonathan Edwards, 1703-1758, 미, 목사, 신학자)와 마틴 로이드 존스(David Martin Lloyd Jones, 1899-1981, 영, 의사, 목사)에게도 거듭거듭 감사를 표한다. 동시에 역사적 배경을 살피며 마틴 루터(M Luther, 1483-1546, 독일), 얀 후스(Jan Hus, 1372-1415, 체코), 존 위클리프(John Wycliffe, 1320-1384, 영국), 윌리엄 틴데일(William Tyndale, 1494-1536, 영국)의 삶을 자주 자주 그려보곤 한다.

그들은 하나같이 세상 속에서 세상과 타협하지 않고 구별되게 살았으며 세상에 동화되지도 않았던 소중한 나의 신앙 선배들이다. 오롯이 복음과 십자가로 살아가고 복음과 십자가만 자랑했던 나의 자랑스러운 선배들이다. 그런 그들과 비록 살아서 대면(對面)하지 못한 아쉬움은 있으나 책으로 접할 때마다 그들은 세월을 뛰어넘어 나를 찾아와 살갑게 맞아 주곤 했다. 그런 그들이 못내 고맙다.

그리하여 나는 그들을 통해 로마서 14장 8절을 읊조리게 되었다. 그렇게 몸부림치며 살아가는 나 자신을 자주 발견하곤 한다.

"우리가 살아도 주를 위하여 살고 죽어도 주를 위하여 죽나니
그러므로
사나 죽으나 우리가 주의 것이로다" _롬 14:8

아주 오래 전에 로마서 주석을 쓰느라 끄적거렸던 적이 있다. 그 결과는 냉혹했다. 사연인즉 당시 글 꽤나 쓴다는 사람들과 소위 신학을 했다는 몇몇들로부터 여러 가지 다양한 지적질에 시달렸기 때문이다.

2022년, 지난날보다 강도는 훨씬 덜했으나 다시 로마서 장편(掌篇) 주석 〈살아도 주를 위하여, 죽어도 주를 위하여〉를 쓴 후에도 그랬다. 그러다 보니 외적인 반복된 악재와 더불어 내적인 곤고함, 고난의 파고가 나를 많이 괴롭혔다. 계속하여 덮치던 파도가 더욱더 거세어지자 그만두고픈 마음을 지나 심지어 죽고 싶은 생각마저 들기도 했다. 악플의 무서움을 경험한 것이다. '악플'은 한 번 그냥 슬쩍 읽고 지나쳐도 계속하여 생각나는, 뇌와 골수에 깊이 박히는, 치명적인 독이다. 진정한 크리스천이라

면 악플은 아예 멀리해야 할 '사단스러운 짓거리'임을 알아야 한다.

매번 느끼는 것이지만 성경말씀을 읽고 또 읽고 연구하고 또 연구한 후 글쓰기를 시작하려 하면 반드시 찾아오는 것이 내우외환(內憂外患)이다. 그럼에도 불구하고 '성령님으로부터 듣고 기록하는' 글쓰기만큼 행복한 것이 있을까 싶다.

나는 나 자신의 일천한 실력을 너무나 잘 알기에 글을 쓸 때면 언제나 성령님께 바싹 엎드리곤 한다. 그분의 인도하심을 바라며 그분의 음성에 보다 더 집중하려고 애를 쓴다. 나 자신이 앞서가지 않으려고 무던히 노력한다.

되돌아보면 지금까지 출간했던 모든 책들의 글을 쓰던 초기에는 항상 장애물이 있었다. 그러다 보니 힘은 배나 들었고 진도는 느렸다. 그러다가 중반이 되면 탄력이 붙었고 끝맺을 즈음이 되면 그 다음에 쓸 책에 대한 기대와 열망으로 활활 불타오르곤 했다. 이번에 4번째로 출간하게 되는 로마서 장편(掌篇)주석 〈살아도 주를 위하여, 죽어도 주를 위하여〉의 Handbook 또한 마찬가지다.

지난 모든 저술의 프롤로그와 에필로그에서 공히 밝혔듯이 나의 삶은 늘 삼위일체 하나님과 함께였다. 지금도 그렇다. 앞으로도 영원히 그럴 것이다.

'다른(기능론적 종속성) 하나님, 한 분(존재론적 동질성) 하나님(구분되나 분리되지 않는 하나님)'이신 삼위일체 하나님은 언제나 내겐 든든함이요 나의 뒷배이다. 그렇기에 나는 언제 어디서나 삼위일체 하나님만을 찬양하고 경배한다. 육신의 장막을 벗는 그날까지 삼위일체 하나님 한 분 만으로 만족하며 삼위일체 하나님께만 영광(Soli Deo Gloria) 돌릴 것이다.

매사 매 순간 앞서가시며 인도하시는
나하흐(ἐξάγω, נחה)의 성부하나님!

매사 매순간 함께하시는
에트[179](את, עִמָּנוּאֵל)의 성자하나님!

매사 매순간 뒤에서 밀어주시며 당신의 의도대로 가게 하시는
할라크(הלך)의 성령하나님!

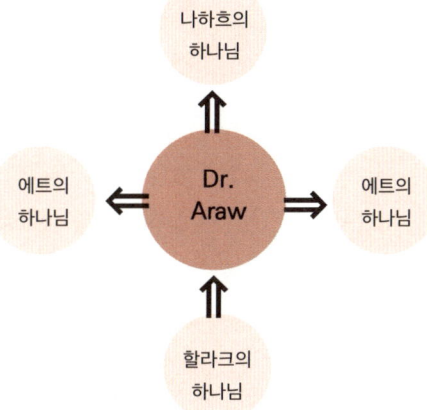

---

179 에트는 "with us is God", the name of a child/Ἐμμανουήλ, "God with us", Immanuel, a name of Christ라는 의미이다.

요한계시록 장편(掌篇) 주석 〈예수 그리스도 복음의 계시라〉의 Handbook(2024. 2. 28 출간)에 이어 요한복음 장편(掌篇) 주석 〈은혜 위에 은혜러라〉의 Handbook(2024. 6. 27 출간)과 히브리서 장편(掌篇) 주석 〈오직 믿음, 믿음, 그리고 믿음〉의 Handbook(2024. 9. 5 출간)을 출간했다. 이번에는 로마서 장편(掌篇) 주석 〈살아도 주를 위하여, 죽어도 주를 위하여〉의 Handbook을 출간하게 되었다. 뒤이어 갈라디아서 장편(掌篇) 주석 〈예수 믿음과 하나님의 계명을 붙들라〉의 Handbook, 그리고 사도행전 장편(掌篇) 주석 〈오직 성령이 너희에게 임하시면〉의 Handbook까지 쉬지 않고 달릴 것이다. 가능하다면 창세기 장편(掌篇) 주석 〈태초에 하나님이 천지를 창조하시니라〉의 Handbook 또한 출간하고 싶은 마음 간절하다.

기록자임을 잊지 않고.
저자이신 성령님을 놓치지 않고.

모든 것은 전적으로 하나님의 은혜이다.
할렐루야!

'살아도 주를 위하여'
'죽어도 주를 위하여'

그런 나는,
'사나 죽으나 주의 것이다.'

*References (참고도서)

1) 살아도 주를 위하여, 죽어도 주를 위하여, 이선일•이선호•윤요셉, 산지, 2022
2) 그랜드 종합주석, 성서교재간행사(14권), 1993. P641-991
3) 두란노 HOW주석 39, 목회와 신학 편집부, 두란노 아카데미, 2012(11쇄). P6-289
4) 로마서 주석, 조나단 에드워즈, 복있는 사람, 김귀탁 옮김, 2017
5) 마틴 로이드 존스의 로마서 강해시리즈 1권(속죄와 칭의), 서문 강 옮김, CLC(Christian, Literature Crusade, 기독교 문서 선교회), 2012
6) 마틴 로이드 존스의 로마서 강해시리즈 2권(확신), 서문 강 옮김, CLC(Christian, Literature Crusade, 기독교 문서 선교회), 2017
7) 마틴 로이드 존스의 로마서 강해시리즈 3권(새사람), 서문 강 옮김, CLC(Christian, Literature Crusade, 기독교 문서 선교회), 2015
8) 마틴 로이드 존스의 로마서 강해시리즈 4권(율법의 기능과 한계), 서문 강 옮김, CLC(Christian, Literature Crusade, 기독교 문서 선교회), 2007
9) 마틴 로이드 존스의 로마서 강해시리즈 5권(하나님의 자녀), 서문 강 옮김, CLC(Christian, Literature Crusade, 기독교 문서 선교회), 2007
10) 마틴 로이드 존스의 로마서 강해시리즈 6권(성도의 견인), 서문 강 옮김, CLC(Christian, Literature Crusade, 기독교 문서 선교회), 2005
11) 마틴 로이드 존스의 로마서 강해시리즈 7권(하나님의 복음), 서문 강 옮김, CLC(Christian, Literature Crusade, 기독교 문서 선교회), 2013
12) 마틴 로이드 존스의 로마서 강해시리즈 8권(하나님의 의로운 판단), 서문 강 옮김, CLC(Christian, Literature Crusade, 기독교 문서 선교회), 2007
13) 마틴 로이드 존스의 로마서 강해시리즈 9권(하나님의 절대주권의 목적), 서문 강 옮김, CLC(Christian, Literature Crusade, 기독교 문서 선교회), 2007

14) 마틴 로이드 존스의 로마서 강해시리즈 10권(이신칭의), 서문 강 옮김, CLC(Christian, Literature Crusade, 기독교 문서 선교회), 2007

15) 마틴 로이드 존스의 로마서 강해시리즈 11권(하나님의 영광을 위해), 서문 강 옮김, CLC(Christian, Literature Crusade, 기독교 문서 선교회), 2017

16) 마틴 로이드 존스의 로마서 강해시리즈 12권(그리스도인의 행실과 윤리), 서문 강 옮김, CLC(Christian, Literature Crusade, 기독교 문서 선교회), 2005

17) 마틴 로이드 존스의 로마서 강해시리즈 13권(두 나라와 그리스도인의 삶), 서문 강 옮김, CLC(Christian, Literature Crusade, 기독교 문서 선교회), 2017

18) 마틴 로이드 존스의 로마서 강해시리즈 14권(그리스도인의 자유와 양심), 서문 강 옮김, CLC(Christian, Literature Crusade, 기독교 문서 선교회), 2005

19) 메시지 신약(유진 피터슨), 복 있는 사람, 2009

20) 게제니우스 히브리어 아람어사전. 이정의 옮김, 생명의 말씀사, 2007

21) 스트롱코드 헬라어사전, 로고스편찬위원회, 로고스, 2009

22) 로고스 스트롱코드 히브리어 헬라어사전(개혁개정4판), 로고스편찬위원회, 2011

23) 핵심 성경히브리어, 김진섭, 황선우 지음, 2012

24) 핵심 성경히브리어, 김진섭, 황선우 지음, 크리스챤출판사, 2013

25) 직독직해를 위한 히브리어 400 단어장, 박철현, 솔로몬, 2016

26) 직독직해를 위한 헬라어 400 단어장, 박철현, 솔로몬, 2017

27) 성경 히브리어, PAGE H. KELLEY, 류근상, 허민순 옮김, 크리스챤출판사, 1998

28) 신약성경 헬라어 문법, S. M. BAUGH, 김경진 옮김, 크리스챤출판사, 2003

29) 요한계시록 장편주석, 예수 그리스도 새 언약의 성취와 완성, 이선일・이성진, 산지, 2021

30) 요한계시록 장편주석, 예수 그리스도 복음의 계시라, 이선일・이성진, 산지, 2022

31) 요한복음 장편주석, 은혜 위에 은혜러라, 이선일・이성진, 산지, 2022

32) 히브리서 장편주석, 오직 믿음, 믿음, 그리고 믿음, 이선일・이성혜, 산지, 2021

33) 갈라디아서 장편주석, 예수 믿음과 하나님의 계명을 붙들라, 이선일・황의현, 산지, 2022

34) 창세기 장편주석, 태초에 하나님이 천지를 창조하시니라, 이선일·최용민·이상욱, 산지, 2023

35) 사도행전 장편주석, 오직 성령이 너희에게 임하시면, 이선일·이성준, 산지, 2023

36) 기독교의 3대 보물(사주십), 이선일·이성진·김선민, 산지, 2023

37) 복음은 삶을 단순하게 한다. 이선일 지음, 더메이커, 2018

38) 복음은 삶을 선명하게 한다. 이선일 지음, 더메이커, 2019

39) 로마서 이야기, 조갑진, 도서출판 바울, 2004

40) 기타 참고 도서
Oxford Learner's THESAURUS, A dictionary of synonyms, OXFORD, 2008 / 아가페 성경사전, 아가페성경사전편찬위원회, 아가페출판사, 1991/ 네이버 지식백과(라이프성경사전)/ 구글(위키백과)/ Bible Hub app /복음과 하나님의 의(로마서강해1), 존 파이퍼 지음, 주지현 옮김, 좋은 씨앗, 2013/ 복음과 하나님의 은혜(로마서강해2), 존 파이퍼 지음, 주지현 옮김, 좋은 씨앗, 2013/ 복음과 하나님의 구원(로마서강해3), 존 파이퍼지음, 주지현옮김, 좋은 씨앗, 2013/ 복음과 하나님의 사랑(로마서강해4), 존 파이퍼 지음, 주지현 옮김, 좋은 씨앗, 2013/ 복음과 하나님의 주권(로마서강해5), 존 파이퍼 지음, 주지현 옮김, 좋은 씨앗, 2013/ 복음과 하나님의 백성(로마서강해6), 존 파이퍼 지음, 주지현 옮김, 좋은 씨앗, 2013/ 복음과 하나님의 나라(로마서강해), 존 파이퍼 지음, 주지현 옮김, 좋은 씨앗, 2013/ 복음과 하나님의 나라, 그레엄 골즈워디, 김영철 옮김, 성서유니온, 1988/ 복음과 하나님의 계획, 그레엄 골즈워디, 김영철 옮김, 성서유니온, 1994/ 내가 자랑하는 복음, 마틴 로이드 존스, 강봉재 옮김, 복있는 사람, 2008/ 바이블 키(신약의 키), 송영목 지음, 생명의 양식, 2015/ 바이블 키(구약의 키), 김성수 지음, 생명의 양식, 2015/ 최신 구약개론(제2판), 트렘퍼 롱맨,레이몬드 딜러드, 박철현 옮김, 크리스챤다이제스트, 2009/ 구약 탐험, 찰스 H. 다이어 & 유진 H. 메릴 지음, 마영례 옮김, 디모데, 2001/ 성경 배경주석(신약), 크레이그 키너, 정옥배외 옮김, IVP, 1998/ 성경배경주석(창세기-신명기), 존 월튼, 빅터 매튜스, 정옥배 옮김, IVP, 2000/ 한권으로 읽는 기독교, 앨리스터 맥그래스, 황을호, 전의우 옮김, 생명의 말씀사, 2017/ 성경해석, 스코트 듀발-J.다니엘 헤이즈 지음, 류호영 옮김, 성서유니온, 2009/ 성경을 어떻게 읽을 것인가, 고든 D 피-더글라스 스튜어트 지음, 오광만, 박대영 옮김,성서유니온, 2014/ 책별로 성경을 어떻게 읽을 것인가?, 고든 D 피-더글라스 스튜어트 지음, 길성남 옮김,성서유니온, 2016/ 성경파노라마, 테리 홀 지음, 배응준옮김, 규장, 2008/ 넬슨성경대관, 죠이선교회, 2012/ 이 책을 먹으라, 유진 피터슨, 양혜원 옮김, IVP, 2006/ 성경통독(통박사 조병호의), 조병호, 통독원, 2004, 2017/ 성경해석학, 권성수 지음, 총신대학출판부, 1991/ 현대신학연구, 박아론저, 기독교문서선교회, 1989/ 기독교강요 (상,중,하), 존 칼빈 지음, 김종흡,신복윤,이종성,한철하 공역, 생명의 말씀사, 1986/ 프란시스 쉐퍼전집(1-5), 기독교철학 및 문화관, 프란시스 쉐퍼, 생명의 말씀사, 1994/ 바벨탑에 갇힌 복음, 행크 해네그래프 지음, 김성웅 옮김, 새물결플러스, 2010/ 복음의 진수, 프란시스 쉐퍼 지음, 조계광 옮김, 생명의 말씀사, 2014 /첫째는 유대인에게, 대럴보크-미치 글래이저 공동편집, 김진섭 옮김, 이스트윈드, 2009 /한눈에 보는 성경 조직신학, 안명준 지음, 성경말씀사관학교, 2014/ 순례자의 노래, 스탠리 존스지음, 김순현 옮김, 복있는사람, 2007/ 영성을 살다, 리처드 포스터, 게일 비비지음, 김명희, 양혜원 옮김, IVP, 2009/ 하나님 나라를 욕망하라, 제임스 스미스지음, 박세혁 옮김, IVP, 2016/ 성령을 아는 지식, 제임스 패커지음, 홍종락 옮김, 홍성사, 2002/ 쉽게읽는 진정한 기독교, 윌리엄 윌버포스 지음, 조계광 옮김, 생명의 말씀사, 2001. 2009/ 세계개혁교회의 신앙고백서, 본문 및 해설, 이형기 교수, 한국장로교출판사, 1991, 2003/ 복음은 삶을 단순하게 한다, 이선일 지음, 더메이커, 2018/ 복음은 삶을 선명하게 한다, 이선일 지음, 더메이커, 2019 등등/ 요한계시록 신학, 라챠드보쿰 지음, 이필찬 옮김, 한들출판사, 2013(7쇄). P15-133/ 요한계시록 어떻게 읽을 것인가, 이필찬 지음, 성서유니온, 2019(개정 2판 2쇄). P7-198/ 요한계시록 40일 묵상 여행, 이필찬 지음, 이레서원, 2018(4쇄) / 신천지 요한계시록 해석 무엇이 문제인가, 이필찬 지음, 새물결플러스, 2020(5쇄)/ 내가 속히 오리라, 이필찬 지음, 이레서원, 2006 /평신도를 위한 쉬운 요한계시록 1, 양형주 지음, 브니엘, 2020. P12-382/ 요한계시록 Interpretation, 유진 보링 지음, 한국장로교출판사, 2011 /요한계시록, 이달 지음, 한국장로교출판사, 2008/ 만화 요한계시록 1, 2, 백금산 글, 김종두 그림, 부흥과 개혁사/ 히브리서 강해, 마틴 로이드 존스, 정상윤 옮김, 복 있는 사람, 2019, p7-327/ 히브리서, 틴데일 신약주석 시리즈 15, D. 거쓰리 지음, 김병모 옮김, CLC, 2015, p5-415)/ 하나님나라, George Eldon Ladd, 원광연 옮김, CH북스(리스천 다이제스트), 2018/ 하나님나라, 헤르만 리델보스, 오광만 옮김, 솔로몬, 2012/ 하나님나라 복음, 김세윤, 김회권, 정형구 지음, 새물결플러스, 2017/ 프레임, 최인철, 21세기 북스, 2022⁽⁴판 ⁶쇄⁾/ 성경적 세계관, 이정훈, PLI, 2022/ 성령의 역사 분별 방법, 조나단 에드워드 지음, 노병기 옮김, 부흥과 개혁사, 2023/ 신앙감정론, 샘 스톤즈, 복있는 사람, 2022/ 거룩하신 하나님, 데이비드 웰스 지음, 윤석인 옮김, 부흥과 개혁사, 2015/ 기독론, 데이비드 웰스 지음, 이승구 옮김, 부흥과 개혁사, 2015/ 위대하신 그리스도, 데이비드 웰스 지음, 윤석인 옮김, 부흥과 개혁사, 2017/ 윤리실종, 데이비드 웰스 지음, 윤석인 옮김, 부흥과 개혁사, 2016/ 용기있는 기독교, 데이비드 웰스 지음, 홍병룡 옮김, 부흥과 개혁사, 2020/ 신학실종, 데이비드 웰스 지음, 김재영 옮김, 부흥과 개혁사, 2023/ 한민족 기원 대탐사, 김성일, 창조사학회, 1999/ 제정신이라는 착각, 필리프 슈테르처 지음, 유영미 옮김, 김영사, 2023/ 내몸 공부, 엄융의, 창비, 2020/ 성경적 세계관, 이정훈 지음, PLI, 2022/ 요한복음⁽말씀이 육신이 되어⁾, 브루스 밀른, IVP, 2023/ 기독교 교리 핸드북, 브루스 밀른 지음, 안종희 옮김, IVP, 2024

살아도 주를 위하여 죽어도 주를 위하여 Handbook

2025년 10월 1일 1판 1쇄 발행

지은이 이선일, 이선호, 최영일
펴낸이 조금현
펴낸곳 도서출판 산지
전화 02-6954-1272
팩스 0504-134-1294
이메일 sanjibook@hanmail.net
등록번호 제309-251002018000148호

@ 이선일 2025
ISBN 979-11-91714-36-4 (03230)

이 책은 저작권법에 따라 보호받는 저작물이므로 무단전재와 무단복제를 금지합니다.
이 책의 전부 또는 일부 내용을 재사용하려면 저작권자와 도서출판 산지의 동의를 받아야 합니다.
잘못된 책은 구입한 곳에서 바꿔드립니다.